BORNICHE STORY

Roger Borniche

BORNICHE STORY

Gendarmes et Voleurs

Récit

FRANCE LOISIRS
123, boulevard de Grenelle, Paris

Édition du Club France Loisirs, Paris,
avec l'autorisation des Presses de la Cité

ISBN 2-7242-5342-6

Avant-propos

Je voulais être artiste, je suis devenu flic. Je voulais rester flic, je suis devenu romancier. Je ne fais pas un drame de ces caprices du destin. Il est vrai que, chemin faisant, j'ai obtenu quelques compensations.

La guerre avait ruiné mes espérances de voir mon nom au sommet de l'affiche. Pour échapper au Service du Travail Obligatoire instauré par les Allemands, je m'étais engagé dans la police. Mais quand on me colla en Section politique, où mon job consistait à arrêter des juifs, des communistes, des francs-maçons et des réfractaires au STO, je désertai et me retrouvai sur le pavé parisien, traqué, affamé, sans le sou, ayant rompu toutes relations avec les miens. Ces heures de misère, je ne les ai jamais oubliées. Elles m'ont permis de mieux comprendre par la suite ceux qui, dans les mêmes circonstances, ont mal tourné.

A la Libération, je fus réintégré à la 1re Brigade de la PJ. L'épuration ayant passablement désorganisé les services de police, le banditisme était à son apogée. Équipés de tractions avant et d'armes de guerre, les truands de l'époque menaient de véritables opérations de commando au rythme de trois ou quatre braquages par semaine. Les Pierrot le Fou, Émile Buisson et autres

René la Canne régnaient en seigneurs sur Paris, tout comme Al Capone à Chicago au temps de la Prohibition.

De 1945 à 1955, j'ai mené contre eux un combat sans merci. Jour après jour, j'ai mis au point ma propre méthode d'investigations en utilisant le réseau d'indicateurs que j'avais réussi à constituer, en faisant systématiquement appel aux archives – travail de fourmi qui se révéla souvent payant – et en me servant à l'occasion de mon expérience de la scène pour jouer les comédiens, mettre en confiance les suspects, infiltrer des gangs...

Sans arme – je n'ai jamais porté de pistolet –, j'ai réussi 567 arrestations, dont quelques-uns des plus beaux « crânes » de l'époque.

Entre eux et moi, je l'ai dit, c'était la guerre. Mais une guerre sans haine qui n'empêchait pas l'estime réciproque, la commisération devant le destin de certains d'entre eux, une forme d'amitié, même, parfois, pour des adversaires du calibre de René la Canne, Claudius Liogier, Jo Attia ou François Marcantoni.

Sans doute les mœurs ont-elles changé. Les truands d'aujourd'hui trafiquent dans la haute finance, contrôlent de véritables industries de la drogue et, dans la rue, attaquent les fourgons au bazooka ou prennent des otages pour se protéger. C'est un autre style.

Je voulais être artiste, je suis devenu flic.

Mais, au fond, ai-je jamais eu l'âme d'un flic?

ROGER BORNICHE

1

Claudius Liogier
Le Roi de l'évasion

Ciel gris. A huit heures du matin, le jour ne semble pas décidé à se mettre au travail. Une lumière sale baigne mon appartement du 10, rue Danton, à l'angle du boulevard Saint-Germain. L'immeuble est cossu mais deux clochards, un homme et une femme, soucieux de leur confort nocturne, ont pris l'habitude de se faufiler dans le vestibule pour trouver refuge et chaleur au pied du large escalier. J'esquisse un haussement d'épaules. Pauvres bougres...

Dans la glace, au-dessus du lavabo, la mousse à raser me donne des allures de père Noël. Je m'apprête à trancher cette belle barbe blanche d'un aller et retour de coupe-chou lorsqu'un coup de sonnette suspend mon geste.

Maria, la plantureuse concierge espagnole, devrait se prénommer Exactitude. Jamais de retard dans la distribution du courrier que le facteur du bureau de poste, situé au pied de l'immeuble, dépose à sa loge en priorité.

Nouveau tintement de sonnette.

– Kali ?

Kali, c'est mon dégingandé serviteur guinéen dont le défaut est une nonchalance africaine que je n'oserai pas qualifier de paresse. En revanche, il est d'une piété exemplaire. Toujours en prière. Il m'a usé un tapis avec ses genoux.

– Kali, le courrier...

Seule la sonnette de la porte palière me répond. Soit. J'assure la ceinture de mon peignoir, traverse l'entrée, déverrouille la serrure. Ce n'est pas Maria qui apparaît dans l'encadrement de la porte mais un inconnu de petite taille, engoncé dans un imperméable mastic tombant sur des chaussures éculées. Cheveux blancs, visage buriné. Un confrère du couple de clochards ? J'appuie sur le bouton de la minuterie.

L'importun qui me fait face tourne un béret entre ses doigts osseux. Soudain, le voile se déchire. Les souvenirs émergent :

– Claudius !

L'homme esquisse un sourire. Une lueur de satisfaction traverse son regard. Je ne me trompe pas. C'est bien Claudius Liogier, un de mes clients des années cinquante. Plus de vingt-deux années se sont écoulées depuis notre ultime entrevue, une nuit de Noël, dans une sinistre cabane de banlieue.

– Qu'est-ce que tu fais là, Claudius ?

Le béret continue sa ronde.

– Je viens vous remercier, monsieur Borniche. Quand vous m'avez arrêté, vous ne m'avez pas mis les menottes. Je sors de prison. Alors, ma première pensée a été pour vous.

Je reste figé sur le seuil de l'appartement, ne sachant que répondre. Tel un fantôme, Liogier a surgi du passé. Une sorte de compassion m'envahit. M'accable presque devant la touchante initiative d'un vieillard qui fut naguère le recordman des évasions, plus spectaculaires les unes que les autres.

– J'espère que je ne vous dérange pas...

La voix a quelque peu perdu de son énergie d'antan.
– Mais non, Claudius. Entre. Le temps de me passer un gant de toilette sur le visage et je suis à toi. La cuisine est au bout du couloir, là-bas, à droite. Installe-toi.

C'est en mai 1949 que j'ai entendu parler de lui pour la première fois. Son transfert de la centrale de Loos, près de Lille, à la tranquille maison d'arrêt de Beauvais (Oise), s'était déroulé sans incident. Le gardien-chef ne se doutait pas alors que la notoriété de son nouveau pensionnaire allait être, pour lui et ses surveillants, une telle source de désagréments.

La cambriole était la spécialité de Liogier, récidiviste incorrigible, catalogué cependant comme non-violent par les services de police. Jamais d'arme sur lui. Rien d'autre qu'une pince-monseigneur, « la plume », et un jeu de fausses clés. Jamais de résistance non plus, lorsque les agents le surprenaient en flagrant délit d'inventaire de meubles ou de tiroirs éventrés. Cette « discrétion », il s'en targuait, Claudius, il en tirait même une sorte de vanité. Un jour que je l'interrogeais à propos d'une condamnation à six mois de prison pour violences à agent et port d'armes, il avait explosé, perdant pour une fois son habituelle placidité.

– Pure malchance! Je venais de déserter – on m'avait refusé une permission avant mon départ pour les Bat' d'Af –, et je m'étais planqué chez un ami. Je me trouvais dans sa voiture, une vieille sauterelle Ford, lui au volant, quand cet abruti trouve le moyen de heurter un agent, juste devant le poste de police! Trois fois rien, un simple effleurement d'aile. Mais il panique, arrête la bagnole et détale en abandonnant un pistolet sur la banquette. Comme un idiot, j'essaie de le planquer sous mon pull, mais les poulets me tombent dessus et me fouillent. Le temps de réaliser, je me retrouve au car ! J'ai trinqué pour lui. Vous savez, monsieur Borniche, ça m'est arrivé plusieurs fois de trinquer pour les autres.

Claudius exagérait sans doute. Mais son histoire illustre bien le proverbe concernant les mauvaises fréquentations : « Près des ânes, on prend des coups de pied... »

Ses premiers démêlés avec la Justice remontent à son adolescence. Claudius, qui n'a pas encore dix-huit ans, travaille aux mines de Racamarie, dans la Loire. Un soir, en compagnie de camarades de son âge, il se rend à un bal de village que fréquentent, en majorité, des manœuvres polonais. La bagarre éclate. Un ami de Claudius, dont plusieurs condamnations ornent le casier judiciaire, assomme l'un d'eux d'un coup de bouteille. Une condamnation de plus, et il est relégable, risquant la déportation en Guyane. Claudius s'accuse à sa place, écope de trois mois de prison.

– Une fois en cellule, j'ai été confié à des prisonniers plus anciens qui devaient m'initier à la fabrication des filets, imposée par le règlement. En fait, ils m'ont surtout appris à utiliser une chignole, une pince-monseigneur et un rossignol. Comme nous n'avions pas le matériel sous la main, ils construisaient des modèles réduits en mie de pain.

» Ces types-là, des longues peines, savaient tout faire de leurs dix doigts. En sortant du trou, j'ai voulu mettre la théorie en pratique. Et puis il fallait bien manger et je n'avais pas le sou. Pas de travail non plus, puisque j'étais considéré comme un bagarreur. Avec un copain, nous avons fracturé la porte d'un marchand de vins et fouillé une armoire. On est tombés sur des billets et des pièces, de belles pièces blanches de ce temps-là. Mon camarade a empoché les billets. Moi, naïf, le lendemain au bal, j'ai payé les consommations avec les pièces. Le taulier l'a remarqué. Résultat, la correctionnelle, deux ans de prison à Clairvaux et dix ans d'interdiction de séjour. Ça fait mal, la trique! On ne peut plus aller où on veut. J'ai passé outre. Je me suis fait piquer pour infraction à arrêté d'interdiction de séjour et remettre en taule. Libéré, j'ai recommencé. Ces malheurs-là, ça fait boule de neige, jusqu'à la relègue...

Je sais, et pour cause, de quoi parle Liogier. Avant sa suppression en 1970, existait une peine dite de relégation, pénalité injuste qui consistait dans l'internement perpétuel des récidivistes, même les moins dangereux, dans une colonie pénitentiaire. Tout individu ayant eu quatre condamnations correctionnelles était passible de la déportation en Guyane, au même titre que des assassins ou des bandits de grand chemin! A la suppression du bagne, les relégués furent confiés aux maisons centrales de force qui, il faut le préciser, n'ont rien de commun avec les prisons départementales. Non seulement les murs en sont plus épais, mais le régime y est extrêmement strict : interdiction de parler, de fumer, brimades permanentes, cachot à la moindre incartade.

Chaque jour les détenus sont assujettis à la promenade que relégués et bagnards, dans le langage imagé qui est le leur, ont baptisée « queue de cervelas ». Dans la cour bétonnée de la centrale, ils déambulent, distants l'un de l'autre de cinquante centimètres, comme un interminable chapelet de saucisses. Pas un centimètre de moins, pas un de plus. Sinon, la sanction.

Le sifflet du gardien, assis sur un escabeau au centre du cercle, ou celui du prévôt, détenu passé dans le camp des gardes-chiourme, rythme la marche. Le ciment résonne du martèlement des sabots. Le soleil, le froid ou la pluie frappent les têtes tondues. Pas question d'ouvrir la bouche. Selon son humeur ou s'il souhaite jouer un tour à un prisonnier dont le masque ou le caractère ne lui reviennent pas, le surveillant accélère le mouvement puis le ralentit brusquement, provoquant à son gré des bousculades qui rompent la distance réglementaire et entraînent la punition immédiate : direction le cachot, au deuxième sous-sol du bâtiment central, avec une couverture raide de crasse pour litière, une boule de pain et un litre d'eau tous les quatre jours. Sans compter les coups que distribuent les gardiens hargneux, trop heureux de justifier la devise inscrite en énormes lettres noires sur le mur intérieur de la cour de promenade : ICI, ON ENTRE LION, ON EN RESSORT MOUTON.

Mouton, Claudius Liogier l'est devenu, en apparence. Un agneau, même, malgré un palmarès impressionnant : vingt-cinq condamnations qui représentent jusqu'en 1948 un total de cinquante-quatre années de prison ferme, neuf évasions dont une de la Santé en 1941 et une autre de la prison de Nantes, en 1946, dans des conditions si extraordinaires qu'elles lui ont valu le titre envié de « Roi de l'évasion »...

C'est l'heure de la promenade. Le tournis habituel, au sifflet. Le détenu qui le précède émet un léger chuintement pour attirer son attention. Les vieux taulards ont une manière bien à eux de s'exprimer sans bouger les lèvres, ce qui leur permet de communiquer malgré les interdictions.

Claudius dresse l'oreille. Il le connaît bien, le type qui traîne les sabots devant lui. C'est Collet, Paul Collet dit Paulo, un petit bonhomme taillé comme une bouteille champenoise. Une figure démoniaque, des yeux durs. Un sale « fer », comme on dit, prêt à étriper l'importun qui se dresserait sur son chemin.

Claudius l'avait rencontré lorsque Paulo faisait

équipe avec Émile Buisson, le tueur, l'ennemi public numéro un. Collet, condamné à mort à deux reprises, avait été gracié par le président de la République. En vérité, l'homme n'est pas du genre avec lequel aurait aimé travailler Liogier « dans le civil ». René Girier, dit René la Canne, un champion lui aussi de l'évasion, était davantage son type d'homme.

Néanmoins, Claudius dresse l'oreille. Il n'est pas à Loos pour décerner des brevets de moralité à ses compagnons.

Dès qu'ils se retrouvent à l'extrémité de la cour, guettant du coin de l'œil la réaction éventuelle du gardien, Collet chuchote, les lèvres en biais :

– Claudius, tu devrais te marier.

Liogier ne répond pas. Par prudence, d'abord. Il sait que la moindre faute l'enverrait au cachot pour deux ou trois mois, retardant d'autant ses perspectives d'évasion. Quant à l'idée de mariage, il n'essaie même pas de comprendre. Sa situation de perpétuel hors-la-loi, dedans comme dehors, ne lui permet pas de prendre femme. Surtout pour la rendre malheureuse. Il se contente de hausser les épaules. Collet est devenu fou.

Le cercle des détenus entame un dernier tour de piste, toujours au rythme du sifflet. Arrivé à l'endroit favorable, Collet lance dans un souffle :

– Je t'envoie le yoyo!

Le yoyo, c'est le service postal de la prison, intérieur et clandestin : une ficelle à laquelle on attache un clou rouillé ou une pierre ramassée au cours de la promenade et que l'on entoure du message que l'on veut transmettre. L'expéditeur la glisse entre les barreaux de sa cellule le long du mur extérieur, donne du fil sur une longueur de deux ou trois mètres, après avoir prévenu l'occupant de la cellule voisine en tapotant sur la cloison ou sur le tuyau de chauffage, selon un code.

Une fois largué le message lesté, le lanceur, d'un geste sec, précis, imprime à la corde un mouvement de balancier d'abord, de rotation ensuite, pour qu'elle vienne s'enrouler autour du bras du receveur d'à côté, du dessus ou du dessous. Le compère récupère le tout et assure à son tour la transmission. Ainsi, de lucarne en lucarne, d'étage en étage, frôlant les moellons du bâtiment et se balançant, montant, descendant, le billet parvient à son destinataire.

Le yoyo délivre donc son message à Claudius. Bref mais éloquent, qui éclaire d'un jour nouveau l'étrange suggestion faite à mi-voix par Collet. « *Michou Gasnier, une indépendante de la Madeleine, a deux clients pleins de fric : un mandataire aux Halles et un diamantaire d'Anvers. Des souteneurs veulent la maquer, des demi-sel de Belleville. Il lui faut un homme pour la protéger. Tu en es un, tu as une solide réputation, ils auront les chocottes. Épouse-la.* »

Claudius saisit aussitôt le sens et les implications de cette annonce matrimoniale tombée du ciel. Collet cherche un compagnon capable de monter une évasion. Sur ce plan, la réputation de Liogier n'est plus à faire. Mais ce n'est pas le tout de s'évader, il faut de l'argent pour tenir le coup une fois la cavale réussie. Ça coûte cher, très cher, une cavale ! Michou, assurée de ne plus avoir à subir les assauts des maquereaux désireux d'inscrire une pouliche de rendement dans leur écurie, se fera un devoir de payer le service rendu. Une gagneuse de ce calibre n'offre que des avantages. Claudius a l'intuition soudaine qu'il n'aura que des bénéfices à retirer de cette union.

Deux mois plus tard, le 17 août 1948, dans le bureau du directeur de la prison de la Santé où il a été momentanément transféré, en présence du maire ceint de son écharpe, du commissaire de police du 14ᵉ arrondissement et du sous-directeur faisant office de témoin, Claudius Liogier et Micheline Gasnier unissent leur destinée pour le meilleur et pour le pire. Michou, une superbe fille de vingt-cinq ans, aux longs cheveux auburn et en tailleur Chanel, débarquée une heure auparavant d'une Cadillac bleu ciel, présente à l'assistance une mine de chatte énamourée. Le baiser nuptial accordé au couple par les autorités traduit parfaitement la passion – et le souffle – de ces tourtereaux qui, de toute évidence, ne seront pas en mesure de fonder une famille avant longtemps. Sinon jamais. Claudius paraît subjugué par sa jeune et ravissante épouse, dont nul ne peut soupçonner qu'il la voit pour la première fois, tant son regard traduit le bonheur.

Les formalités administratives expédiées, la toute neuve Mme Liogier abandonne le déprimant bureau directorial. Second baiser cinématographique avant la séparation. Cinq minutes plus tard, Liogier retrouve la morosité de sa cellule, dans l'attente de sa réintégration à la centrale de Loos.

Les jours, les semaines s'écoulent dans la routine du travail forcé et des promenades. Si Michou use peu de son droit de visite, elle n'en oublie pas pour autant son cher mari. Régulièrement, elle l'approvisionne en colis de denrées rares qu'il partage volontiers avec Paulo, d'autres compagnons de misère, voire quelques gardiens. En outre, elle lui expédie chaque mois un mandat qui lui permet de se ravitailler à la cantine.

Mais, si matériellement sa situation s'est améliorée, il apparaît vite à Claudius que son union ne lui permettra pas de tenter la Belle. A tout hasard, il demande pourtant audience au directeur que le coup du mariage n'a pas fini d'intriguer.

– Vous vouliez me voir, Liogier ? Je vous écoute.

Debout devant le bureau, Claudius se tient au garde-à-vous, bien droit dans son droguet de bure au dos frappé des initiales AP : Administration Pénitentiaire, les sabots réglementaires d'une impeccable netteté, respectueux mais nullement servile.

– Voilà, monsieur le Directeur. Si c'était un effet de votre bonté, j'aimerais vous demander quelque chose...

– Quoi donc, Liogier ?

– Vous avez appris que je m'étais marié, alors ça me ferait bien plaisir de consommer mon mariage... Ma femme ne ferait pas d'histoires... Une nuit avec elle, en cellule, vous voyez ce que je veux dire...

Aujourd'hui, ce genre de revendication ne surprend plus personne. On a oublié la terrifiante rigueur de l'univers carcéral de l'après-guerre. Pour ne citer qu'un exemple, les cellules de la Santé ne possédaient pas l'eau courante. Dans les toilettes rudimentaires, les matières fécales tombaient en chute libre dans des récipients mobiles que les hommes de corvée déversaient le matin et le soir dans une fosse dite d'aisances d'où se dégageait une odeur pestilentielle. Aucun système d'aération n'avait été prévu.

Revenons à Loos et à l'effarement du directeur devant la supplique du condamné 1014 CL. Sagement, Claudius n'insiste pas. Le refus camouflé derrière le règlement, il le subodorait. Mais sa démarche a suffi à renforcer l'image qu'il souhaite donner de lui : celle d'un type inoffensif, naïf, presque lunaire. Désireux en tout cas de se réinsérer dans une société qu'il a si souvent spoliée.

Lorsque l'étonnement quitte les traits de son vis-à-vis, Claudius bredouille :

– Je comprends votre position, monsieur le Directeur. A votre place, je ferais pareil. Tout ce que je voulais, c'était connaître un peu de joie. J'aimerais tant rentrer dans le droit chemin et payer mes fautes. Ma femme veut m'y aider. Peut-être alors la Justice me témoignera-t-elle quelque bienveillance...

Et voilà! La graine était semée. Claudius avait mis le directeur en condition.

Un mois plus tard, le procureur de la République de Beauvais reçoit une lettre ainsi libellée :

Monsieur le Procureur,

Vous ne me connaissez pas, je ne vous connais pas non plus. Je suis Claudius Liogier, condamné à la détention perpétuelle. Et c'est pour cette raison que je veux soulager ma conscience.

Dans votre bonne ville de Beauvais, en 1946, a eu lieu un vol important chez un joaillier de la rue Jeanne-d'Arc. On n'a jamais découvert les coupables. Ne cherchez plus, c'est moi. J'ai commis ce vol – je suis désolé de passer à vos yeux pour un délateur – en compagnie d'un certain Paul Collet que j'ai eu la surprise d'apercevoir, faisant sa promenade dans la cour de la Centrale. Il est condamné à perpétuité mais il veut, lui aussi, faire amende honorable. Il est prêt à dire la vérité sur les bijoux et les pierres que nous avons dérobés.

Je suis, monsieur le Procureur, votre très repentant Claudius Liogier.

Le devoir des magistrats est de rendre la justice. Même à retardement. Aussi, le chef du Parquet de Beauvais s'empresse-t-il de relancer l'information contre X, qui se dirigeait tout doucettement vers un classement sans suite. Le juge d'instruction se frotte les mains. Non seulement les coupables sont identifiés mais leurs aveux circonstanciés vont lui permettre d'adresser un rapport à la Chancellerie où le joaillier volé semble posséder de solides appuis. L'honneur de la Justice est sauf. Peu importe si les condamnations encourues par les malfaiteurs sont minimes par rapport à celles, maximales, qui leur ont déjà été infligées. Le dossier sera bouclé, c'est le principal.

Flanqués de quatre gendarmes mobiles, têtes rases, entraves aux mains et aux chevilles, Liogier et Collet font une entrée remarquée à la prison de Beauvais. Les détenus se sont agglutinés aux barreaux pour apercevoir ces forçats d'envergure. Au premier coup d'œil, Claudius apprécie la hauteur des murs de sa nouvelle résidence, salue avec respect le surveillant-chef qui l'accueille.

– Du gâteau, lance-t-il à Collet avant que la porte de la cellule ne se referme sur lui.

Vite, le juge d'instruction se met à la tâche. Un vrai plaisir. Collet et Liogier reconnaissent tout. Le vol, la date, l'heure, la disposition des lieux visités, la méthode. Il va pouvoir rapidement renvoyer les deux coupables devant le tribunal correctionnel.

De fait, le casse de Beauvais n'a aucun secret pour Liogier et Collet. Ce dernier connaît bien son réel auteur, un truand avec lequel il a déjà collaboré.

– Trouve quelque chose dans le Nord, avait dit Claudius.

– Pourquoi le Nord ?

– Ma femme a des relations en Belgique...

Bref, le juge est content. C'est bien la première fois que deux oiseaux gazouillent avec autant de volubilité dans son cabinet ! Son greffier en est, lui aussi, tout ébahi. Une seule ombre au tableau : la main sur le cœur, les deux inculpés regrettent que les receleurs, des Camerounais qui ont acheté les bijoux volés, soient morts dans un accident de circulation en Afrique noire.

Le 4 mai, je m'en souviens, le téléphone grésille sur mon bureau de la Direction des services de police judiciaire, installé au 5e étage de l'immeuble de la Sûreté nationale, rue des Saussaies.

– Thomas à l'appareil, monsieur Borniche. Je peux vous voir ?

– Maintenant ?

– Si c'était possible.

– Qu'est-ce qu'il y a de cassé ?

– Je peux pas vous dire mais ça urge. Je suis à côté, au Rochambeau. Venez, vous ne le regretterez pas.

Je raccroche, enfile la veste que j'avais suspendue au dossier de ma chaise, dévale mes cinq étages et gagne la sortie arrière de la Sûreté, rue Cambacérès. Thomas Buscardi, un Corse de Cargèse, l'ancienne colonie grecque, est devenu depuis peu un de mes indicateurs. Il se dit plongeur spécialisé dans la recherche d'épaves et d'amphores mais, en fait, il nage entre deux eaux, à la manière des maquereaux.

Le Rochambeau est un bar élégant et tranquille de la rue La Boétie, une oasis tamisée et feutrée où, chaque soir, des vedettes de l'écran, des industriels, des mannequins du faubourg Saint-Honoré se rencontrent, se mélangent. Thomas m'y attend devant une coupe de champagne et un cendrier débordant de mégots de cigarettes américaines. L'anxiété se lit sur son visage.

– Une calamité, monsieur Borniche !

– C'est-à-dire, Thomas ?

Je m'assieds face à lui, sur la banquette de cuir.

– Michou.

– Quoi, Michou ?

Il me dévisage comme si j'étais un demeuré.

– Eh bien, Liogier, voyons ! Vous ne savez pas ?

J'avance une lippe d'ignorance. Le nom me dit vaguement quelque chose. L'ai-je lu dans un dossier ou dans un journal ?

– Enfin quoi, monsieur Borniche, reprend-il. Liogier, le casseur qui s'est marié il y a pas si longtemps en taule avec Michou. La presse en a autant parlé que du mariage de Jo Attia à Fresnes...

– Alors ?

– Alors la Michou, elle vit avec moi, maintenant...

Je m'en moque. Je n'ai pas l'habitude de faire remplir des curriculum vitae à mes indicateurs. Je m'assure, certes, que ce ne sont pas de franches canailles, mais il faut bien reconnaître que ces types doivent côtoyer un certain milieu si la police souhaite récolter quelques renseignements.

– C'est pour me dire ça que tu m'as appelé ?

Il a un imperceptible geste d'agacement.

– Non, c'est pour vous annoncer qu'hier après-midi, elle est allée à Beauvais voir son mari qui vient d'y être transféré.

– Bonne maîtresse mais aussi bonne épouse, dis-je en souriant.

Thomas se rebiffe :

– Ne vous moquez pas, ce n'est pas le moment. Si Claudius met les voiles, je perds tout !

– Pourquoi veux-tu qu'il mette les voiles ?

Thomas martèle ses mots :

– Parce qu'elle lui a apporté un petit cadeau, tiens ! Une paire d'espadrilles fourrées. Et dans ces chaussons, il y avait deux lames de scie planquées. Vous comprenez maintenant pourquoi ça ne m'intéresse pas qu'il s'évade !

L'Apollon plongeur semble au bord de la panique. Une vague de dégoût me submerge. Je détourne les yeux, puis je parviens à retrouver mon calme :

– Ce que tu crains, en somme, c'est de perdre ton casse-croûte. C'est ça ?

– Et l'amour, monsieur Borniche, qu'est-ce que vous en faites ?

– Tu as raison, Thomas. Si Michou n'aimait pas son mari, elle n'essaierait pas de l'aider à scier les barreaux de sa prison. Rassure-toi, je fais le nécessaire. Plus de mauvais sang à te faire pour ton gagne-pain...

– Merci, monsieur Borniche. Ça reste entre nous, n'est-ce pas ?

– Comme d'habitude.

D'abord étonné, le procureur de Beauvais finit par me remercier chaudement des informations que je viens de lui donner par téléphone.

– Je fais procéder à la fouille de sa cellule et de celle de ses voisins, mon cher. Dès que j'ai le résultat, je vous rappelle. Il est six heures et demie. D'ici une heure ou deux, ça va ?

– J'attendrai, monsieur le Procureur.

J'attends, en effet. Les aiguilles de ma montre tournent avec une lenteur inhabituelle. Il est presque vingt heures, et je commence à avoir une petite faim. Le restaurant Cambacérès, sur la place des Saussaies, étant encore ouvert, je prie le chef de poste d'aller me chercher un sandwich au jambon et un demi de bière. Un vrai Maigret. Seulement moi, je n'ai pas la placidité du commissaire de Georges Simenon. Une autre heure s'écoule. J'essaie de m'occuper l'esprit en étudiant le dossier de ce fameux Liogier que je suis allé extraire du fichier central, juste au-dessus de mon bureau. L'occasion de faire plus ample connaissance.

Vingt et une heures. Enfin, le téléphone vibre, je vais savoir. A l'autre bout, le procureur, mais la voix n'est plus la même :

– Dites-moi, Inspecteur (ce n'est plus « mon cher »), êtes-vous sûr habituellement de vos informations ?

Je sens le coup dur arriver au galop.

– Généralement oui, monsieur le Procureur.

– Eh bien en ce qui concerne Liogier, j'ai l'impression que vous vous êtes fait mener en bateau. Dommage, pour un officier de police judiciaire, non ?

– Pourtant, monsieur le Procureur...

– Il n'y a pas de pourtant. J'ai fait fouiller sa cellule et celles de ses proches voisins et rien de suspect n'y a été découvert. Une paire de chaussons neufs est bien arrivée chez Liogier mais pas de lames de scie dedans. On les a éventrés pour rien... Merci quand même de m'avoir alerté. Et un conseil : dormez tranquille.

La bouche sèche, je quitte le bureau. L'air est doux, les marronniers de l'avenue Marigny sont en fleur. Après tout, je n'ai fait que mon devoir. Il vaut mieux avoir tenté d'empêcher une évasion que de courir après un fugitif. Et faute de mieux, je suis le conseil du procureur, je dors tranquille. Mais le lendemain matin, chez le boucher voisin où je suis allé acheter de la viande pour mon chien, le titre énorme du *Parisien Libéré* étalé sur le comptoir attire mon attention : « *Deux dangereux gangsters, Claudius Liogier et Paul Collet, se sont évadés cette nuit de la prison de Beauvais. Le commissaire Gauthier mène l'enquête.* »

Quand j'arrive au bureau, le commissaire Chenevier, le chef de la section criminelle, le Gros pour les intimes, écume :

– Qu'est-ce que c'est que cette histoire, Borniche ? Le procureur de la République de Beauvais ne cesse de vous appeler... Vous ne pourrez donc jamais être à l'heure ?

Il se tait un moment, rajuste sur son front ses lunettes d'écaille, frappe du revers de la main le dossier Liogier qu'il a récupéré sur ma table.

– Comment avez-vous été au courant de ça ? Encore vos indics ?

– C'est ça, Patron. Thomas le Corse, en

l'occurrence. J'en ai parlé hier au procureur, je l'ai avisé de l'évasion éventuelle de Liogier, mais il m'a conseillé de dormir tranquille! Quant à Thomas, où le contacter à cette heure-ci, où le dénicher?

– Il est comme vous, il dort tranquille, réplique le Gros en claquant la porte.

Puis il l'ouvre à nouveau :

– Souhaitez que la préfecture ne nous baise pas dans cette affaire... Ce serait dommage pour vos notes! Elle ne dort pas, elle!

La préfecture ne nous a pas fait de croche-pied. A midi, la radio annonçait que les deux évadés venaient d'être repris à la suite d'une battue effectuée par les gendarmes, alors qu'ils tentaient de se dissimuler dans un silo de betteraves à sucre, à quelques kilomètres de Beauvais.

***

Liogier... Nous sommes assis depuis près d'une heure, l'un en face de l'autre, devant la table de la cuisine. La baie qui donne sur la rue de l'Éperon laisse filtrer la lumière diffuse du jour qui vient de se lever. Avec appétit, mon invité surprise a englouti les trois tartines beurrées que je lui ai proposées. Kali a enfin daigné paraître, et il a servi le café avant de s'éclipser à nouveau. Il doit planer quelque part, sur son tapis à prières.

Je ne parviens pas à détourner mon regard du visage de Liogier : les années de détention l'ont ravagé. Quel avenir, désormais, pour ce vieillard qui a si sottement gâché sa vie? Lui, bien posé sur sa chaise, ne paraît pas s'en émouvoir. Il continue à vivre sa légende de « Roi de l'évasion ».

– Je n'étais pas si mal en taule, murmure-t-il comme

pour répondre à mes réflexions. Question d'habitude. Faut dire aussi que ça a beaucoup changé. Maintenant, on est chauffés. On a même le droit d'avoir une montre. Comme si on avait besoin d'une montre pour enregistrer la fréquence des rondes!

Il rit et, presque timidement, ajoute :

– Je n'en ai jamais eu besoin, de montre, moi!

Je pressens, au fond, qu'il est venu me voir pour évoquer le passé. Pour parler, parler encore, parler toujours. Hier, nous étions chasseur et chassé, d'un côté et de l'autre de la barricade. Aujourd'hui, nous voici en train de converser amicalement comme des anciens combattants qui se retrouvent, après une guerre fratricide, pour se porter le toast de l'amitié.

– Paraît que vous écrivez des bouquins, maintenant? demande-t-il soudain en me fixant de ses yeux délavés.

– J'en ai fait un, oui.

– Sur votre ancien boulot ou sur les truands?

– Les deux. J'ai écrit *Flic Story* sur Buisson, et j'attaque maintenant ton ami René la Canne...

Il réfléchit quelques secondes puis :

– Je pourrais vous donner un coup de main. Parce que j'en connais des histoires, moi...

Pensif à nouveau, il remue la cuiller dans son bol de café.

– Je n'en doute pas, dis-je. Celle des lingots d'or, par exemple. Tu ne t'es jamais beaucoup étendu sur cette affaire. Mais l'or n'a pas dû être perdu pour tout le monde, hein?

Il relève la tête. L'expression de son visage est toujours amicale, souriante, même. Cependant, quelque chose a changé dans son regard. La vanne est fermée. Sa mémoire s'est mise sous scellés.

– Oh, là, là... C'est vieux tout ça.

– C'est justement parce que c'est vieux que tu peux

m'en parler. Il y a prescription, tu ne risques rien, d'autant que je ne suis plus flic. Ces lingots, tu les as récupérés, oui ou non ?

Silence absolu. Claudius Liogier n'en dira pas plus.

C'est au cours de la nuit du 2 au 3 décembre 1939 que cent quatre-vingt-un kilos d'or en plaques avaient quitté clandestinement les locaux du Comptoir des Métaux précieux, rue Dareau, à Paris.

Un mois plus tard, un inspecteur du commissariat d'Athis-Mons signalait à son patron que deux suspects en possession d'une grosse quantité d'or étaient hébergés dans un café-hôtel des bords de Seine sans que la propriétaire, une dame Joly, leur ait fait remplir les fiches de voyageurs, obligatoires en ces temps d'hostilités franco-allemandes.

La décision de cerner l'établissement est prise. La nuit est noire. Un chien hurle à l'approche des gardiens de la paix. Apercevant deux silhouettes dans la cour de son hôtel, la dame Joly s'inquiète.

– Qui se trouve chez vous en ce moment ? interroge à voix basse le commissaire.

– Des amis, personne d'autre.

L'hôtelière tente de refermer la porte mais déjà les policiers se ruent à l'intérieur du café où un inconnu dégaine un pistolet automatique. Il n'a pas le temps de s'en servir. Le second suspect, lui, a levé les mains. Il s'agit de Claudius Liogier qui, fouillé, est trouvé porteur d'un lingot d'or.

La femme Joly, effondrée, avoue avoir vendu un modeste pavillon à l'autre suspect qui refuse de dévoiler son identité. Les empreintes digitales révéleront qu'il s'agit d'un nommé Casimir Franchino, repris de justice alors en fuite. A l'intérieur de son pavillon, au

16 de la rue de la Gare, les policiers découvrent une partie des plaques volées, ainsi qu'un matériel de fondeur dont un four et des lingotières de fortune. Une partie seulement, car les deux complices prétendent ignorer où se trouvent les cent cinquante-deux kilos manquants.

– Si vous me laissez filer, huit cent mille francs pour vous, propose Liogier à l'inspecteur qui procède seul à son audition dans les locaux du commissariat.

Le policier feint de jouer les corrompus :

– D'accord mais ce pognon, tu vas le prendre où ?

– Vous en faites pas. Vous me lâchez et dans moins d'une heure je vous l'apporte, parole d'homme. De toute façon je n'y resterai pas longtemps, en cage. Le fric, ça ouvre toutes les portes.

La cage devait vite s'ouvrir, en effet. A peine incarcéré à Fresnes, Claudius Liogier se plaint du ventre. Le médecin des prisons qui diagnostique une appendicite décide de le faire opérer. La nuit même de l'intervention, Claudius, encore à demi chloroformé, se lève, traverse la salle commune en direction des toilettes, pousse une porte de service. Un jeu pour lui d'escalader le mur d'enceinte malgré le tiraillement des agrafes abdominales et de disparaître dans l'obscurité des jardins environnants.

Les événements de mai 1940, la débâcle, l'Armistice, font passer à l'arrière-plan l'affaire des lingots d'or. La France est coupée en deux. Les Allemands règnent en maîtres dans la zone occupée.

L'inspecteur d'Athis-Mons apprend pourtant que Liogier et Franchino ont été aperçus, fin décembre, chargeant des sacs de pommes de terre à proximité de l'écluse d'Ablon-sur-Seine, gardée jour et nuit par une sentinelle allemande. A l'endroit signalé, quelle n'est pas sa surprise de découvrir un trou fraîchement creusé au fond duquel un morceau de papier semble le narguer. A moitié rongées par l'humidité, trois lettres s'en détachent : CMP, initiales de Comptoir des Métaux précieux!

Cette fois-là, la police s'est avouée vaincue. Les lingots ne seront jamais découverts.

Impayable Claudius dont le silence excite ma curiosité sans pour autant la satisfaire. Rassasié, détendu, il tire béatement sur la nième gauloise qu'il a extraite d'un paquet froissé, les doigts en pince de crabe, la paume la dissimulant, souvenir des interdits de centrale, geste rituel du bagnard impénitent. L'air bleuit dans la cuisine, des volutes rasent le plafond. J'ouvre la fenêtre.

– Ça vous dérange peut-être que je fume?

– Mais non.

Il approuve, d'un mouvement de paupières. Tout à l'heure, lorsque je l'ai branché sur l'affaire des lingots, il s'est refermé comme une huître. Un nuage a passé. Si ce coup-là, unique dans les annales, l'avait rendu milliardaire, Liogier aurait mis une bonne distance entre sa personne et l'univers carcéral. Nul besoin de recourir à l'assistance d'une demi-mondaine. Et puis sans doute ne porterait-il pas les vieilles godasses qui pointent sous le bas effrangé de son pantalon de fortune. Il s'est donc passé quelque chose, un incident de parcours dont le rappel le rend maussade. N'aurait-il pas été victime de fondeurs indélicats, d'amis mal intentionnés grenouillant dans le monde de la truanderie, sachant à l'avance que leurs victimes ne pourront jamais porter plainte? Chez certains, tout manquement aux lois du Milieu se règle à coups de pistolet. Mais chez un Liogier, qui abhorre toute forme de violence...

– En fait, dis-je pour le soustraire à ses pensées moroses, ta plus belle cavale, ça a quand même été celle de Reims !

Et j'ajoute, complice :

– Elle nous a permis de faire connaissance.

J'ai touché juste. Claudius se redresse sur sa chaise. Son œil s'allume. Reims, c'est un de ses chefs-d'œuvre !

Poli, il me renvoie l'ascenseur :

– Vous aussi, vous avez été sensas dans cette affaire, monsieur Borniche. Pour être franc, je me disais durant tout le temps de ma cavale : « Il a arrêté Pierrot le Fou, il a fait marron Émile Buisson, il a piqué René la Canne, c'est sûrement lui qui va me cravater sans que je l'attende ! » Je ne me suis pas trompé. Si j'avais eu du fric, je me serais tiré, mais cette salope de Michou m'a laissé tomber.

– Ne dis pas ça, tu devais passer le réveillon avec elle...

– Ouais, drôle de réveillon... La coupure, quoi. Il n'y avait qu'elle qui connaissait l'histoire de Beauvais. Elle m'apporte les chaussons et patatras, le lendemain, fouille de la cellule et de celle de Paulo.

– On n'a pas trouvé les lames...

– Forcément, elles étaient dans les tiges, pas dans les semelles. Je les avais planquées sous le rebord des chiottes et j'avais recollé l'ouverture du tissu, juste à la couture, sur un centimètre. Ces cons de gardiens n'ont rien vu.

Il ne se vante pas, Claudius. Il commente, en technicien de la Belle qu'il était, tout à fait à l'aise quand il se remémore les tours qu'il a joués aux matons. Mais à quoi cela lui a-t-il servi ?

– Donc, Reims...

– Ah, Reims !

Après l'évasion de Beauvais, les événements s'étaient enchaînés selon l'implacable logique administrative. Frais cueillis dans leur silo de betteraves, Collet et Liogier avaient eu droit à une sacrée dérouillée, les gendarmes n'ayant guère apprécié le rôle de cul-terreux que leur avaient fait jouer les fuyards dans la glèbe grasse du Beauvaisis. Le juge avait refermé le dossier et réexpédié à Loos des inculpés aussi machiavéliques. Plus question de poursuites correctionnelles, ni pour le vol bidon, ni pour l'évasion. Cela n'en valait pas la peine, et puis désormais il fallait se montrer prudent avec des voyous de cet acabit.

A Loos, séjour au mitard, naturellement. Épilogue normal d'un exploit qui en avait fait sourire plus d'un. Mais le mitard, on en sort quand on a la santé et la volonté de survivre chevillée à l'âme. Ensuite, on se fait tout petit, humble, le temps que les mauvaises impressions des gardiens s'estompent. Dans ce domaine, Claudius Liogier avait la manière.

Quasi évanescent et invisible, il ne cessait de retourner son problème dans sa tête : comment jouer une nouvelle fois la fille de l'air sans attirer l'attention des gaffes ? S'évader de la centrale, impossible, sans cela il aurait tenté le coup. Il fallait trouver un autre moyen, atterrir encore dans une prison départementale où s'offrirait la possibilité de s'échapper. Difficile aussi de refaire le coup de Beauvais en s'attribuant un forfait qu'il n'avait pas commis. L'administration pénitentiaire n'oublie pas facilement...

Seule partie jouable : Reims. Sur Reims, Claudius est ferré à glace, puisque le vol, il l'a effectivement commis. Un casse sans bavure à la cathédrale, qui avait drôlement secoué l'archevêché ! Alors que la profanation du lieu saint faisait hurler les hommes d'Église, le pillage du trésor des rois de France mobilisait police et médias.

Lorsque, en cette belle matinée de juillet 1946, le gardien Deglot avait pris son service quotidien, il n'avait pu que constater les dégâts : la salle où étaient conservés les diamants et la couronne du sacre de Charles X avait été violée, et les précieuses reliques s'étaient volatilisées. Sciant un barreau et fracturant deux portes, les cambrioleurs s'étaient introduits dans la place par la fenêtre située sur le mur de clôture du palais épiscopal. Pour tout indice, la police n'avait découvert qu'une pince abandonnée et recueilli le témoignage d'une habitante du quartier, réveillée vers deux heures du matin par un bruit de moteur. C'était peu. La description des pièces volées fut immédiatement diffusée aux antiquaires, orfèvres et joailliers de France et des territoires limitrophes. En vain.

Un mois plus tard, en jouant en bordure du canal, deux gamins découvraient des morceaux de métal jaune, débris apparemment sans valeur ayant appartenu au trésor mais abandonnés en connaissance de cause par les monte-en-l'air.

L'enquête piétina jusqu'en 1948, lorsqu'une indiscrétion parvenue au commissariat de Reims mit enfin les policiers sur une piste. Un nommé Budin, distillateur rémois, aurait exhibé quelques pièces du trésor à un compagnon de beuverie. Son dossier révélait que sa fille avait été la maîtresse d'un certain Claudius Liogier qui demeurait introuvable. Personne n'avait eu l'idée de venir l'interroger à la centrale de Loos, où il venait d'être incarcéré.

L'occasion était trop belle pour la laisser passer. Claudius décide de tenter le coup. Quelques jours plus tard, le procureur de la République de Reims jubile lorsque la lecture d'une lettre, portant le cachet du ministère de la Justice, Direction de l'administration pénitentiaire, Maison centrale de Loos, lui livre les noms des auteurs du méfait.

Monsieur le Procureur,

Vous ne me connaissez pas, je ne vous connais pas non plus. Je suis Claudius Liogier dont on a parlé dans l'affaire du Trésor de la cathédrale, condamné à la détention perpétuelle. Et c'est pour cette raison que je veux soulager ma conscience. Dans votre bonne ville de Reims, le 9 juillet 1946, a eu lieu le vol des bijoux et de la couronne du Roi. Alors, ne cherchez plus, c'est moi. J'ai commis ce vol – je suis désolé de passer à vos yeux pour un délateur – en compagnie d'un certain Paul Collet que j'ai eu la surprise d'apercevoir, faisant sa promenade dans la cour de la Centrale. Lui aussi veut faire amende honorable et est prêt à reconnaître les faits.

Votre très repentant Claudius Liogier.

PS : J'adresse le double de cette lettre à l'Évêché pour le cas où vous ne recevriez pas celle-ci.

Le temps de faire remonter le dossier, d'expédier les imprimés de transfert et voilà Liogier et Collet qui débarquent à Reims entre quatre gardes républicains. Tout s'étant déroulé dans les conditions les plus légales, le directeur de la centrale, méfiant, n'avait pu s'opposer au nouveau départ de ses deux ouailles.

A Reims, après les inculpations et les aveux circonstanciés des deux candidats à la Belle, il n'y avait plus qu'à patienter. L'occasion favorable allait se présenter un jour ou l'autre. Michou s'étant mise d'elle-même hors circuit pour éviter une éventuelle inculpation de complicité, Claudius allait devoir se débrouiller seul.

Mais la patience n'est pas la vertu première de Collet. D'autant qu'étranger à l'affaire il n'arrive pas à s'y insérer vraiment, malgré les adjurations de son complice. Et parce que le juge d'instruction mène son dossier avec compétence, que le distillateur Budin reconnaît avoir reçu de Claudius le sac contenant la couronne mais affirme que Collet n'est pas dans le coup, il préfère se rétracter, laissant à Liogier le soin d'en informer le magistrat instructeur.

Le souci de Claudius, c'est de faire durer son séjour à la prison locale. Il demande audience à son juge, ayant d'importantes révélations à lui faire.

– Oui, c'est moi qui ai emporté le trésor à Paris, confesse-t-il. Budin n'a eu que des broutilles et a jeté les débris en toc dans le canal. J'ai vendu le tout à des receleurs africains dont je n'ai plus les noms en mémoire mais que je vais m'efforcer de retrouver par des amis communs. Quant à Collet, il n'est pas dans le coup. Il avait besoin de vacances. Alors, pour lui faire prendre un bol d'air de la campagne champenoise, je l'ai obligé à se dénoncer. Mais il n'y est pour rien, vous pouvez me croire. D'ailleurs vous avez constaté qu'il n'était pas très à l'aise devant vous.

Paulo, gratifié d'un non-lieu dans les jours qui suivent, reprend le chemin du mitard nordique. Claudius, lui, fort de ses aveux, bénéficie d'un régime de faveur puisque sa bonne volonté éclate et qu'il a même participé, très détendu, à la première reconstitution en nocturne, dans la cathédrale plongée dans une semi-obscurité seulement trouée par les lueurs des torches.

Claudius marque un temps, ferme les yeux. Sous ses paupières baissées, il doit revivre la scène. Quand il les rouvre, une lueur malicieuse danse dans sa prunelle.

– Je peux encore avoir une tasse de café, monsieur Borniche ?

Pour une fois, Kali débouche illico. Il devait être planqué derrière la porte à écouter les histoires du clochard que Monsieur reçoit. Il sert le café et une nouvelle tartine avec une lenteur étudiée, puis disparaît.

– Faire la Belle, monsieur Borniche, c'est un sacré boulot, croyez-moi. Il faut de la gamberge, de la patience, une énorme patience, et la maîtrise constante de ses nerfs. Les matons dont vous étudiez le comportement pendant des jours, des semaines et des mois ne doivent pas se douter de ce que vous mijotez. Il ne faut jamais se confier à personne, sauf à des amis qui ont fait leurs preuves. Se faire surtout oublier : pas d'entorse au règlement, discipline, discipline.

Je m'en doute. Et je pense que si Claudius avait mis son art, son acharnement et son esprit inventif au service de la bonne cause, comme ouvrier serrurier ou maçon, il vivrait aujourd'hui de ses rentes.

Entre deux gorgées de café, il reprend le récit d'une évasion qui, avec celle de René la Canne s'échappant du fourgon cellulaire en sciant le plancher, restera un classique du genre. Liogier, Girier. Deux noms à terminaison semblable. Deux amis. Deux ennemis de la violence.

– Faut vous dire que je n'étais plus le fringant jeune homme que j'avais été. J'avais dépassé la quarantaine, je souffrais d'une hernie, Michou avait freiné ses envois de fric et de colis. Elle s'était installée à Lille où elle travaillait comme serveuse montante dans un bar. Bref, une fois le climat créé, j'ai demandé à voir le directeur de la taule. Oh, je ne revendiquais rien de bien extraordinaire. Simplement le droit de travailler en cellule, histoire de m'occuper et de me faire un peu de fric. Après tout, je sortirais certainement un jour.

La requête de Liogier, le dur devenu tendre, ne surprend pas la direction de la maison d'arrêt. Il offre l'image d'un homme brisé, usé par l'enfermement et la maladie. Ses codétenus le considèrent même comme une lavette tant les étonne son désir de confectionner des boîtes en carton, tâche confiée aux hôtes de la prison par une entreprise de la ville.

On installe donc dans le réduit de Liogier une table, des plaques de carton et de la colle, après l'avoir toutefois prévenu que les frais de justice impayés absorberont la plus grande partie de ses gains.

Claudius se met à l'œuvre. Un vrai délire s'empare de lui. Il est si adroit de ses mains que les boîtes semblent en jaillir comme par enchantement. Il sollicite de plus en plus de travail. Le carton est devenu sa raison d'être...

Pourtant les semaines qui succèdent aux semaines ralentissent peu à peu l'ardeur du tâcheron. Il s'étiole, jaunit. Il se plaint de sa hernie. Le gardien qui l'observe par le judas s'avise qu'il boite.

– Ça ne va pas fort, Liogier, hein ? Tu maigris dis donc !

– Ça me tire tellement dans l'aine...

Le cas est signalé au docteur attaché à l'établissement. L'examen est convaincant. Liogier souffre réellement d'une hernie inguinale. Malgré tout, le médecin hésite. L'opération s'impose, certes, mais il connaît le dossier du patient qui, naguère, a filé de Fresnes sitôt débarrassé de son appendice. Une ceinture herniaire soulagera momentanément la douleur, dans l'attente de la décision des responsables médicaux de la centrale, où Liogier sera transféré après le procès du vol de la cathédrale.

La cellule n° 8, au premier étage du bâtiment de détention, a été affectée à Liogier. La fenêtre, protégée par d'épais barreaux de quatre centimètres de diamètre, donne sur l'arrière de la prison, juste au-dessus du poste de garde de nuit. Des barreaux, Claudius en a déjà « traités » des dizaines. Se procurer une scie est l'enfance de l'art. Quitter la cellule, gagner la cour intérieure n'offre aucune difficulté. Mais comment franchir le mur d'enceinte ?

L'imagination de Claudius s'échauffe. De quoi dispose-t-il ? De carton, en abondance. Et de bois. Le bois de la table qu'on a mise à sa disposition pour ses travaux de cartonnier et qu'il suffira de découper en planches. Dans sa tête, il construit déjà l'engin, cet engin qui sa vie durant restera sa fierté. Puis il se met à l'œuvre...

Dans la nuit du 8 novembre 1952, le Roi de l'évasion entreprend de confirmer son titre. A 18 heures 30, le gardien a fait sa ronde pour le coucher des détenus. La cérémonie est brève : le prisonnier dépose devant la porte de sa cellule ses vêtements de pensionnaire : veste, pantalon, et paire de sandales, ainsi que sa cuiller et sa bouteille de vin vide. Il ne garde pour la nuit que son caleçon et un tricot de corps.

A 18 heures 40, la porte de la cellule n° 8 se referme. Claudius Liogier s'étend sur sa paillasse.

Soudain, il dresse l'oreille. Un bruit de pas dans le couloir. La ronde vient de passer. Alors Claudius se lève d'un bond. D'un trou dissimulé dans le mur et masqué par de la mie de pain, il tire une queue-de-rat, longue et fine, et attaque le premier barreau qu'il a calé contre son voisin à l'aide d'une planchette horizontale, afin de limiter les vibrations provoquées par la scie. La seconde ronde de nuit ne s'est pas encore pointée que le barreau est éliminé, livrant un passage suffisant pour Claudius. Nouvelle attente. La chiourme s'éloigne. Liogier se remet à la tâche. Des gestes précis. Il déchire en lanières la toile de son lit, s'en sert pour tresser une corde de plus de trois mètres, dont il fixe une extrémité au barreau non scié. Puis, de son matelas éventré et de la pile de carton il sort les planches, éléments de son futur engin. Cinq suffiront, longues de quatre-vingt-dix centimètres, larges de cinq.

Tout en s'activant, Liogier glousse de satisfaction. Il imagine la tête du maton quand, à six heures du matin, il découvrira sa disparition.

Les pièces de son engin sous le bras, il se faufile par la fenêtre, se laisse glisser en s'aidant de la corde jusqu'à la terrasse des cuisines. Tout est silence. De son perchoir, il saute dans la cour.

Pieds nus, en caleçon et tricot de corps, il file vers un pavillon en construction où il est sûr de ne pas être surpris. Il s'agit maintenant de monter l'engin en un temps record. De ce côté, aucun souci. Il possède l'automatisme de l'habitude. Dans les pieds de la table il a taillé des chevilles grâce auxquelles il fixe les pièces entre elles. La ceinture herniaire se transforme en bandelettes qui solidifient à chaque point de jonction l'assemblage des planches, mises bout à bout. Une perche est ainsi constituée, qui se termine par une sorte de grappin en forme de A dont la branche extérieure servira de crochet.

D'un coup d'œil, dans le clair-obscur des fondations du pavillon, Claudius jauge son œuvre, mesure la solidité de la corde que le second drap lui a permis de constituer. C'est bon. Les nœuds tiendront.

Tel le Christ sur son chemin de croix, l'engin sur l'épaule, Claudius enjambe les gravats du chantier, se coule, plié en deux, le long du mur d'enceinte noyé d'ombre. Au-dessus de lui, dans le mirador, le garde ne se doute pas qu'une des plus inattendues évasions de l'histoire des prisons est en train de prendre forme. Comme pour fêter le succès de l'entreprise, la lune, jusque-là au plus haut point du ciel, se fourvoie derrière un paquet de nuages.

Liogier dresse sa perche contre le mur, à l'abri de la réserve de poubelles, troublant le festin d'une colonie de rats. Le grappin de bois s'agrippe au faîte. Nouvel essai de résistance : la corde, pas plus que la perche made-by-Claudius, ne trahit son constructeur.

Malgré ses quarante-cinq ans, et la hernie que l'effort rend douloureuse, s'aidant de ses biceps et de ses pieds recroquevillés sur les aspérités des pierres, Liogier s'élève, arc-bouté, vers le sommet de la muraille. A peine le temps d'une pause sur la crête dominant la rue Leroy, calme sous la lumière blafarde des lampadaires, et il attire à lui la perche qu'il fait pivoter en direction de la rue. La corde suit. Trente secondes lui suffisent pour opérer une descente rapide et fouler le trottoir après avoir décroché et laissé choir son engin de liberté.

Une cavale réussie, c'est de l'astuce, du travail, mais aussi et surtout de la chance.

Claudius possède les trois. Coudes au corps, il fuit le quartier maudit, fonce vers la gare. Qu'un Rémois l'aperçoive en caleçon en cette froideur de novembre et la Belle risque de tourner court. Mais ce soir le dieu de la cavale est avec lui. La lune continue à jouer les invisibles et les petites rues qu'il emprunte aspirent au repos provincial. Il connaît la ville mieux que personne, l'ayant suffisamment disséquée avant le coup de la cathédrale. Il galope, souffle précipité, tempes battantes, avant de s'astreindre à un pas normal à l'approche de la gare. Se glisser entre les voies n'est plus qu'un jeu. Là-bas, une locomotive manœuvre pour s'accrocher à un convoi de marchandises, dans un sifflement de vapeur. La lanterne du cheminot balance son jet de lumière jaune sur un enchevêtrement de rails luisants.

Claudius repère le wagon-citerne d'un viticulteur connu, en queue de convoi. Il se hisse dans la guérite du serre-frein, ressent le choc de l'accrochage, perçoit, tapi dans l'ombre, la voix du cheminot et le verrouillage des tampons. Un sifflement déchire l'air. Le train s'ébranle.

La suite ? Un rêve.

Le convoi se traîne, à petite vitesse, stationne tout au long de sa route sur des voies de garage pour laisser le champ libre aux trains de voyageurs. Quelle est sa destination ? Claudius risque un œil. La vue du nom de Château-Thierry qui apparaît en lettres noires sur fond blanc, au passage d'une gare, le rassure. La locomotive prend bien le chemin de la capitale.

Terminus : Paris-La-Villette. Il fait grand jour. Et froid. Claudius, toujours en caleçon, grelotte. Les heurts successifs des wagons ont accentué sa douleur. Qu'importe, ce n'est pas le moment de flancher. Il lui faut maintenant quitter son perchoir sans être repéré par les cheminots qui braillent au bas des boggies. Il s'en souviendra, du 9 novembre 1952 et de la conversation de deux débardeurs devant son wagon, commentant l'explosion de la première bombe à hydrogène par les Américains. La bombe, c'est à Reims qu'elle a dû éclater ce matin, au réveil, lorsqu'on s'est aperçu que le souffreteux Liogier avait joué la fille de l'air.

Il n'a pas que froid, Claudius. Il a soif et il a faim. Depuis trois semaines déjà, il modérait ses rations, de crainte que son corps ne puisse se glisser entre les barreaux. Seule l'idée de la liberté le nourrissait.

Un heurt plus violent. La locomotive commence la manœuvre inverse. Le convoi s'ébranle doucement, s'arrête, repart en marche arrière vers un quai de triage. Au passage, Claudius repère une baraque de cantonnier, de l'autre côté de l'aiguillage. Tant pis, il tente le coup, saute, traverse les voies désertes le dos courbé, en fautif, comme s'il s'attendait à être rappelé à l'ordre. Mais personne ne remarque l'étrange personnage en tricot et caleçon, les pieds meurtris par les silex, qui vient de trouver refuge dans l'abri de fortune.

La nuit est tombée. Dans la cabane, il a décroché un vieux chandail, un pantalon à la forte odeur de goudron, une paire de bottes d'égoutier. C'est plus qu'il n'en faut pour plagier les travailleurs de la SNCF. Une pelle sur l'épaule, il quitte la baraque, enjambe les voies, salue d'un doigt le planton du poste d'accès à la gare des marchandises, prend, l'air dégagé, la direction de la Porte de La Villette.

Quand il abandonne sa pelle contre la grille des abattoirs, il pense que la traversée de Paris jusqu'à la planque qu'il a choisie, en banlieue, va être longue et pénible.

C'est quand même d'un cœur léger qu'il attaque la rue de Flandre où les devantures illuminées des restaurants lui rappellent qu'il n'est bon bec que de Paris.

... Liogier a fait la Belle! A Reims, la nouvelle a éclaté comme un coup de tonnerre.

C'est à six heures du matin, en décadenassant la porte de la cellule n° 8, que le gardien a eu un haut-le-corps. Réglementairement, le prisonnier doit se lever, récupérer ses vêtements et ses chaussures déposés au moment du coucher, foncer à la salle de douche où les lavabos ébréchés sont alignés sur un mur couvert de graffiti. Bas-des-Miches – inutile de dresser le portrait du surveillant – a claironné dans un cliquetis de clés :

– Debout, Claudius, c'est l'heure!

La forme, lovée sous la couverture, demeure immobile.

– T'entends, Claudius? ajoute le maton en faisant jaillir la lumière. T'es pas malade, au moins?

Devant la pâleur cadavérique du visage dont pas un cil ne bouge, il s'avance, le regard soupçonneux sous la casquette étoilée enfoncée jusqu'aux oreilles, empoigne la couverture, la rejette.

– Ça, alors!

La tête n'est qu'une méchante reproduction en carton-pâte de celle de Claudius, dont le corps s'est évaporé. Levant les yeux, Bas-des-Miches s'aperçoit alors qu'un des barreaux, scié à la base, a été tordu vers le ciel. Pour le coup, c'est la panique. A fond de train sur ses courtes jambes, il gagne le poste central, alerte le brigadier qui mobilise le surveillant-chef qui réveille le directeur. Les autorités pénitentiaires se retrouvent au grand complet à l'intérieur de la cellule n° 8. Dans la prison, la nouvelle de l'évasion s'est répandue comme une traînée de poudre. Liogier n'était donc pas si lavette qu'il avait bien voulu le faire croire!

– Par là, monsieur le Directeur, c'est par là qu'il s'est enfui! pérore Bas-des-Miches au pied de la lucarne. Il s'est servi de la table de travail comme tremplin. Voilà comment il a fait.

Joignant le geste à la parole, le surveillant saute sur la table... qui s'effondre. Claudius l'avait reconstituée en carton-pâte.

Le brigadier rigole. Mais celui qui ne s'amuse pas, c'est le commissaire du quartier, réveillé lui aussi en sursaut.

– Encore Liogier? On n'en finira donc jamais avec cette histoire de la cathédrale!

Quarante-huit heures de fouilles dans la ville, d'indicateurs contactés, de primes promises. Et pourtant, il faut se rendre à l'évidence : le Roi de l'évasion s'est bel et bien évanoui dans la nature.

Ce même jour, le coup de fil du patron me cueille dès mon arrivée au bureau.

– Liogier s'est évadé de Reims, m'informe-t-il. Ça m'étonnerait qu'on l'y retrouve. Vous connaissez sa femme, je crois?

Le Gros a une excellente mémoire. J'ai effectivement aperçu Michou dans la salle d'audience du tribunal correctionnel de Senlis, il y a trois ou quatre mois. Elle était témoin dans une vague histoire de vol à l'entôlage commis par une de ses consœurs, au préjudice d'un fermier de la région, gras à lard et bègue de surcroît. Pendant qu'il procédait à des ablutions intimes dans la chambre d'hôtel où l'avait entraîné l'hétaïre, son portefeuille avait disparu. Il avait quand même eu le temps de relever le numéro minéralogique de la Cadillac bleu ciel prêtée par Michou à son amie. Toujours jolie fille, Mme Liogier, installée depuis peu à Lille.

– Je compte sur vous, Borniche. On ne va pas renouveler le loupé de Beauvais. Cherchez la femme!

Du bureau, j'appelle Grassien, commissaire à la brigade de PJ de Lille.

– Si tu peux serrer de près la femme Liogier, ça m'intéresse.

– Pourquoi ça?

– Son mari s'est fait la malle. Je préviens Reims que je suis chargé de l'enquête.

Quelques contacts téléphoniques avec mes indics, ces petits pions de l'ombre furtifs et efficaces sans lesquels on ne fait pas tomber les « beaux crânes », pour qu'ils aillent renifler du côté de Barbès, jadis quartier de prédilection de Liogier.

Une enquête, ça n'a rien à voir avec un scénario de film de gangsters. C'est un travail de fourmi, un puzzle dont il faut constamment assembler et ajuster les pièces pour reconstituer les éléments disparates au premier abord. Une bobine de fil, comme disait mon premier instructeur, dont il suffit de tirer le bout mais doucement, pour éviter qu'il ne casse. Je sais, par expérience, que rien ne devrait bouger avant une quinzaine ou un mois. Un évadé, quel qu'il soit, se tapit dans son refuge provisoire le temps que les recherches s'essoufflent et que la routine policière reprenne son cours normal. Il n'ignore pas que les malfrats ont la parole facile et que les balances fourmillent dans un Milieu où la loi du silence n'est qu'un mythe.

Donc, j'attends. Et j'espère, tablant sur la perspicacité et le bon vouloir de mes informateurs. A Lille, Grassien tient Michou à l'œil. Il a mis le bar où elle reçoit sur écoute. Dommage que Thomas le Corse, qui a quitté Paris pour Marseille, ne soit plus dans les papiers de la jolie serveuse montante.

Rien ne se passe jusqu'au 22 novembre, date à laquelle Grassien m'avise que Michou a fait un bref aller-retour à Paris. Il est persuadé qu'elle y a rencontré son mari, mais ses proches collaborateurs ont manqué le coche. Le 22 n'était pas le jour des flics, seulement celui du client belge de Micheline Liogier. Et le Belge s'est pointé à l'hôtel où il avait l'habitude de rencontrer sa dulcinée, arrivée dix minutes auparavant. Tranquillement, les inspecteurs s'étaient installés dans le café, en face du meublé. Ils avaient à peine commencé à siroter leur demi de brune que le candidat belge aux effusions est ressorti comme un diable, en s'épongeant le front. Ce qu'ils n'ont pas vu, en revanche, mais qu'ils ont appris plus tard, c'est que Michou les avait possédés. Elle avait filé par l'arrière-cour, décommandant in extremis son rendez-vous.

Fâcheux, mais encourageant ! Le discret voyage de la dame me conforte dans l'idée que Claudius se terre quelque part dans la capitale. Comme dit le Gros, parodiant Vauvenargues : la patience est l'art d'espérer.

J'espère toujours. Et mon espérance n'est pas déçue. Si la première semaine de décembre s'écoule sans qu'un fait notable rompe la monotonie de l'attente, le

12, au contraire, s'annonce fertile en informations. Une indicatrice de Grassien lui apprend que Michou a reçu, poste restante, une lettre de Paris à laquelle elle a aussitôt répondu d'une cabine du central téléphonique de la rue d'Inkermann. Le soir même, le service des écoutes enregistre au bar de Michou un appel pour celle-ci émanant d'une certaine Geneviève. Il est question de vêtements chauds, de chaussures, d'argent et d'un cadeau pour la gosse. Le nom d'une rue est prononcé, malheureusement déformé par un défaut de bande et des crachotements. Le permanent, malgré des efforts méritoires, ne peut que nous indiquer qu'il s'agit d'un patronyme, prénom et nom de famille, et que ce dernier se termine en « on ». C'est peu mais c'est un point de départ.

Penché sur la nomenclature des rues de Paris, la bouche cotonneuse d'avoir mastiqué trop de chewing-gum, je tente de découvrir une voie à nom composé finissant par « on ». J'ai l'embarras du choix, à commencer par la rue de l'Abbé-Carton, Adolphe-Focillon, Adolphe-Yvon, jusqu'à Toussaint-Féron en passant par Théodore-Hamont, Stephen-Pichon et autres Germain-Pilon, Joseph-Dijon, Saint-Simon ou Pierre-Charron. J'abandonne, mes yeux me font mal.

Le 23 décembre, le téléphone carillonne à mon domicile. C'est Grassien. Sa voix est triomphante :

– Nous tenons notre homme, jubile-t-il. Michou se rend demain matin à Paris. Elle a annoncé ça à sa copine de bar. Tu fais le nécessaire, bien sûr ?

– Quelle question ! Par le train ou par la route ? Vers quelle heure ?

– Par le train sûrement. Il y en a trois pour Paris. Mes gars vont l'accompagner, tu te planques au commissariat spécial de la gare du Nord et tu attends mon coup de fil. Après, à toi de jouer.

Je frétille d'aise. Grassien, flic intelligent et coopératif – ils se comptent dans la Boîte sur les doigts de la main –, jongle avec les indics et les écoutes. L'évidence s'impose : demain, c'est le réveillon de Noël, la messe de minuit. Claudius veut communier avec Michou!

– Tes gars sont les mêmes que ceux de l'autre jour ? Il ne faudrait pas qu'ils se laissent posséder une fois de plus.

– Ça m'étonnerait!

– Merci, ami, j'attends ton coup de fil.

Il fait un temps à ne pas mettre un flic dehors en cette matinée du 24 décembre. Et effectivement, on ne voit pas une seule pèlerine à l'horizon. Même pas dans la salle des pas perdus de la gare du Nord où je bats la semelle en compagnie de Leclerc, Mazerolle, Eloy et le chauffeur Mouillefarine. Deux voitures ont été prévues pour assurer la filature : la traction noire de la Grande Maison, la traction-perfo rutilante de Mazerolle. C'est son joujou, cette voiture. Vieux garçon, il la soigne comme il entretiendrait une maîtresse. Pas une tache, pas un coup, pas le moindre grain de rouille sur des chromes soigneusement astiqués.

La veille, j'ai tenu à repérer les lieux : la lampisterie donne sur le quai n° 1, où viennent régulièrement s'immobiliser les trains de Lille. A travers les vitres poussiéreuses du bâtiment, je pourrai voir sans être vu. Eloy restera à mes côtés. Puisque Michou me connaît, il servira d'intermédiaire entre moi et les collègues placés aux deux portillons de sortie.

La manœuvre tenaille est prête à fonctionner. Je n'attends plus que le bon vouloir de Mme Micheline Liogier, et son arrivée par un des trois trains prévus.

La foule est dense en cette veille de Noël. Les paquets cadeaux enrubannés égaient un hall et une verrière ternis par le temps et la suie. Un inspecteur me fait des signes désespérés, du seuil du commissariat spécial. Je m'approche.

– C'est Lille qui te demande. Un nommé Grassien...

Je m'empare du combiné préhistorique.

– Oui ?

– Une tuile, mon vieux. Michou n'a pas pris le premier train mais l'autorail. Elle est en manteau blanc avec une cloche de velours noir sur la tête et elle porte une lourde valise.

– Bravo, ce n'est pas une tuile, ça!

– Si. Mes deux zèbres ont raté l'autorail. Ils ne pourront pas te donner un coup de main. Ils prendront le train suivant. Si tu les vois, tu me les renvoies dare-dare.

Je raccroche et vais prendre position. Une heure plus tard, l'autorail est annoncé.

Depuis mon poste d'observation, je détaille les voyageurs qui débarquent. Michou apparaît enfin, la dernière, le poids de la valise l'obligeant à des pauses fréquentes. Elle est ravissante sous sa petite toque et dans cet ample manteau immaculé de grand couturier.

Je la désigne à Eloy.

– La fille en blanc, dis-je. Tu peux y aller.

Michou ne se hâte pas. Elle a maintenant dépassé la lampisterie que je délaisse à mon tour pour me dissimuler derrière un pilier. Leclerc et Mazerolle sont à leur poste. Eloy paraît s'intéresser aux revues du kiosque à journaux.

Soudain, deux inconnus dont je n'avais pas remarqué la présence abordent Michou, échangent quelques mots avec elle après avoir jeté un regard circulaire. L'un d'eux, un blond assez costaud, s'empare de sa valise. L'autre, plus petit, brun et râblé, s'éloigne aussitôt.

Tout en discutant, le couple se dirige vers la sortie,

prend la file de taxis. Une chance, la Citroën-perfo de Mazerolle est remarquablement placée. La filature ne devrait pas poser de problèmes.

Quand le taxi démarre et que, dans sa vitre arrière, j'aperçois la toque noire de Michou, Mazerolle ne m'a toujours pas rejoint. Je m'inquiète. Leclerc et Eloy se sont heureusement engouffrés dans la traction de Mouillefarine qui démarre dans un gémissement de pneus. Mon espoir de filature est de courte durée. Devant la gare, sans doute intrigué par le manège de mes collègues et le démarrage sur les chapeaux de roue de Mouillefarine, le petit brun est demeuré bouche bée, les mains sur les hanches. De toute évidence, il va prévenir le malin Claudius d'avoir à changer précipitamment de crémerie. Pour l'en empêcher, une seule solution, lui mettre la main au collet.

Je jaillis de la voiture. Pas assez rapidement, puisqu'il disparaît et se perd dans la foule. J'enrage. Et Mazerolle qui ne réapparaît toujours pas!

Enfin, le voici qui, d'un geste nonchalant, ouvre sa portière.

– Où étais-tu?

– Envie de pisser, mon vieux. Cette putain de cystite n'en finit pas de m'emmerder. Où on va?

Je hausse les épaules. Taxi et traction sont loin, gommés de ma vue.

– Où tu veux. On fait un tour de quartier et on revient attendre les gars de Lille.

Contact. La Perfo démarre, doucement, tout doucement, se dégage de son emplacement avec une lenteur qui me hérisse le poil. Mazerolle, lui, ne prend pas l'affaire au tragique, visiblement. Ce qui importe, c'est de piloter avec douceur l'objet de mon ressentiment.

Bang! Un choc. Ma tête heurte le pare-brise. Le coup de frein de Mazerolle a trop tardé. Sa superbe calandre à chevrons vient d'emboutir l'arrière d'une camionnette. L'écume aux lèvres, il abandonne le volant, mesure l'étendue des dégâts, injurie à tort le chauffeur adverse, jouant de son insigne et de sa profession pour l'intimider. La discussion s'envenime. Je quitte ma banquette, retourne à la gare du Nord. Le Gros va être content!

Nouvelle surprise : à l'entrée du hall, je tombe sur Eloy, gonflé comme un paon.

– Qu'est-ce que tu fais là ?

Son enthousiasme se dégonfle comme un soufflé.

– Le blond nous a filé entre les doigts, explique-t-il. Il s'était aperçu de la filoche, dès le départ. Michou n'arrêtait pas de se retourner. Le taxi nous a baladés jusqu'à Barbès sans doute vers l'adresse qu'elle lui avait jetée et tout d'un coup, il a changé de direction pour prendre Faubourg-Poissonnière. Pour montrer qu'on n'était pas dupes, Mouillefarine l'a collé. A la rue La Fayette, il nous a ramenés à la gare du Nord. Le type s'est sauvé pendant que Michou réglait le taxi et descendait sa valise. Leclerc a essayé de le rattraper mais il courait plus vite que lui.

Chou blanc sur toute la ligne. L'optimisme de la veille a fait long feu.

Je demande :

– Où elle est, Michou ?

L'euphorie d'Eloy réapparaît :

– Tu parles que moi, je ne l'ai pas ratée. Elle est au commissariat spécial. Je l'ai flanquée d'un gardien de la paix.

Selon le vent, la voile! Tout en maugréant, je me dirige vers les lieux. Je fais un bref inventaire de mes atouts. Pas fabuleux, mais c'est au pied du mur qu'on voit le maçon, ce mur que Liogier a franchi allégrement et qui m'apparaît, à moi, comme une montagne.

Je pousse la porte du « Spécial », Eloy sur mes talons. Souvenir du temps où j'étais comédien, mon visage renfrogné arbore aussitôt un sourire séraphique.

Au premier coup d'œil, Michou me reconnaît.

– M'sieur Borniche, ça alors!

Elle marque le coup. D'un signe de tête j'invite Eloy et le gardien à quitter la pièce. Nous voici seuls, Michou et moi. A ses pieds, la valise qu'elle portait à la descente du train. Je l'ouvre d'autorité. Un Mickey en Celluloïd et du linge, chemises d'homme, sous-vêtements, chaussettes s'en échappent. Au fond, une paire de chaussures de daim neuves. Pointure 42.

– Vous donnez dans le travesti, maintenant, Michou ?

J'ai adopté le ton de la plaisanterie. Elle s'arrache un sourire, entre dans le jeu. Ce n'est pas une dure, Michou. Je m'en suis rendu compte lors de sa déposition au tribunal de Senlis.

Elle hasarde une explication sans conviction :

– Au cabaret, quelquefois, on fait des tas de trucs...

– Quel cabaret ? Avec des godasses taille 42 ?

Je change de registre.

– Ne vous moquez pas, voulez-vous. C'est du linge que vous apportiez à votre bonhomme. Vous pouvez le remballer, il n'en a plus besoin. Surtout pas dans mon bureau de la PJ. Vous lui ferez un colis à la Santé où il ira demain.

La police est une école de mensonge, de dissimulation, de contre-vérités. Pour faire bonne mesure, j'ajoute :

– Vous pourrez aussi en faire un à ses copains, le petit brun et le blond. Ils courent vite mais nous ne sommes pas nés de la dernière pluie.

J'ai fait mouche. Michou blêmit. Je martèle mes mots comme pour leur donner plus de poids.

– Il avait tellement hâte de vous revoir, le pauvre Claudius, qu'il s'est fait piéger comme un enfant de chœur. Il ne rigolait pas, c'est sûr, après une si belle cavalcade... L'ennui, c'est qu'il pense que c'est vous qui l'avez balancé. Souvenez-vous de l'histoire de Beauvais...

Elle s'indigne, Michou. Elle a un brusque mouvement de répulsion.

– Je ne suis pas une donneuse, monsieur Borniche !

– Je sais. N'empêche qu'il n'y en avait pas cinquante dans le secret des dieux. A Beauvais comme ici. Alors, forcément...

Je laisse ma phrase en suspens. Puis, fort de ce que Grassien m'a appris :

– Dès que la voiture est là, je vous embarque rue des Saussaies. Comme ça, vous pourrez l'embrasser... Au fait, votre copine Geneviève va bien ?

Michou se tasse un peu plus sur sa chaise, me dévisage avec des yeux de biche :

– Quelle copine Geneviève ?

– Celle à qui vous apportiez le Mickey en Celluloïd, pour sa môme. Normal, un petit cadeau pour Noël, en échange des services rendus...

– Je ne vois pas ce que vous voulez dire...

Elle résiste encore, la garce. Si seulement je connaissais le nom de famille de cette Geneviève et celui de la rue. Les paroles d'Eloy me reviennent instantanément : « Le taxi nous a baladés jusqu'à Barbès, sans doute vers l'adresse qu'elle lui avait jetée... »

– Mais si, Michou. C'est Geneviève que vous alliez voir du côté de Barbès... Je peux même vous préciser le nom de la rue... Un nom double, qui finit par « on ». Dites-moi si je me trompe, pour voir.

Elle ne répond pas, baisse la tête. J'ai donc touché juste. J'enfonce le clou. J'ai tellement roulé ma bosse dans le 18e arrondissement que je connais deux voies qui touchent Barbès et Pigalle : les rues Joseph-Dijon et Germain-Pilon.

J'interroge, un sourire complice aux lèvres :

– Alors ?

– Alors, monsieur Borniche, je vois que nous avons bien été donnés. Mais Geneviève n'y est pour rien, je vous le jure.

– Et elle crèche où, cette Geneviève qui vous téléphonait à Lille, pour voir si vous êtes franche ?

– Rue Germain-Pilon.

Intérieurement, je pousse un cri de triomphe. J'en sais suffisamment pour arpenter la petite rue qui monte du boulevard de Clichy jusqu'au métro Abbesses. C'est là que se planque Liogier, c'est là qu'il faut foncer pour localiser Geneviève et neutraliser le Roi de l'évasion.

J'invite Eloy à conduire Michou à mon bureau, accompagnant ma demande d'un clin d'œil :

– Surtout, qu'elle attende que je revienne. Aucun contact avec son mari ni avec les deux autres. Tu prends la valise, aussi.

Michou m'adresse un regard désemparé. Elle est moins rayonnante que tout à l'heure, à l'arrivée de l'autorail. Je lui tapote l'épaule :

– Vous en faites pas, Michou, simple formalité. On ne lui dira pas que vous êtes là. Il est déjà assez malade comme ça...

J'ai tôt fait de « loger » Geneviève Rivet, une veuve qui a refait sa vie avec Julien Say, casseur de voitures dont le nom et le pseudonyme de « P'tit Ju » me sont apparus à la lecture du dossier Liogier. Les deux hommes ont partagé la même cellule à la 2e division de la prison de la Santé, celle réservée aux fortes têtes.

Geneviève Rivet, malgré l'heure avancée, nous

reçoit en négligé. Le logement, une chambre-cuisine avec WC sur le palier, contient deux lits : le grand, pour les concubins, le petit réservé à Nicole, une gamine de huit ans qui nous observe avec curiosité, l'index dans la bouche.

Sa mère est loin de se montrer coopérative. Elle connaît Michou, d'accord, mais ignore tout de Liogier. Point final. Je n'insiste pas, me contentant de demander :

– Votre coquin est où, en ce moment ?

Elle hausse les épaules dans un signe d'ignorance.

– Est-ce que je sais ? Des fois il reste quinze jours sans revenir... Il dit jamais rien.

J'insiste :

– Il est parti où ?

– A la pêche, avec un copain, dans l'Aveyron. Mais je le connais pas, ce copain, et je ne veux pas le connaître...

Le regard trahit le propos. C'est net, mais je ne suis pas plus avancé. Il faut donner le change. Je sors de ma poche une convocation, la remplis, la remets à Geneviève qui ne la regarde même pas.

– Quand il reviendra, dites-lui de passer me voir. J'aimerais lui parler d'une Renault volée qu'on a retrouvée en pièces détachées du côté du cimetière des chiens, à Asnières.

Geneviève ne répond pas, jette la convocation sur le buffet, retourne à son fourneau comme si Leclerc et moi n'existions pas.

Drôle d'entrée en matière. De sortie, surtout.

– Qu'est-ce qu'on fait ? demande Leclerc, une fois dehors.

– On planque, mon vieux. On attend le retour de P'tit Ju parce que moi, la pêche aux truites, je n'y crois pas.

– Et Michou ?

C'est vrai, il y a Michou, la belle Michou qui doit se morfondre dans mon repaire de la PJ, un bureau de quatre mètres sur trois aux murs tristes, que l'administration a meublé, sans se ruiner, de deux tables et deux chaises en bois blanc, d'une corbeille à papiers et d'un téléphone sans cadran que je partage avec Leclerc.

– Je fais un saut et je reviens. Si le gars rapplique, tu le coinces et tu m'attends.

– Et s'il ne rapplique pas ?

– On l'attend. Je serais bien étonné qu'il ne sache pas où est son ancien copain de taule.

– Tu sais que c'est le réveillon, ce soir ?

– Je sais. Et demain, c'est Noël. Qu'est-ce que tu veux qu'on y fasse !

J'ignore ce qu'Eloy a pu lui raconter mais, quand je la retrouve, Michou affiche une mine si chiffonnée que je crains le pire. A pas feutrés, j'essaie de remonter le courant.

– Ça n'a pas l'air d'aller, Michou.

Elle adresse un regard en dessous à mon collaborateur.

– Monsieur me menace de me mettre en cellule avec Claudius si je ne lui raconte pas tout, dit-elle.

– Cela n'a rien de bien méchant...

Elle hésite, n'ose pas, puis finalement avoue :

– Je l'aime bien, Claudius, mais dans le fond je ne le connais pas. On n'a pas fait un mariage d'amour.

– Ce n'est pas ce que Thomas le Corse croyait...

Elle me dévisage, sidérée :

– Vous êtes au courant aussi pour Thomas ?

Je réponds par un sourire :

– Je suis au courant de tout. Des lames de scie que vous avez fait parvenir à Beauvais dans une paire de chaussons, des mandats et des colis que vous lui avez expédiés à Loos et à Reims, du réveillon que vous deviez passer tous les deux...

Une moue fleurit à ses lèvres :

– C'est parce que je l'aime bien, je vous dis. Claudius, c'est un malheureux qui passe les neuf dixièmes de sa vie en prison. Tout ça pour une faute de jeunesse...

– ... Et pour des vols qu'il commet dès qu'il est dehors, ne l'oubliez pas, Michou. Puisque le réveillon est sérieusement compromis, qu'allez-vous faire si je vous libère ?

La question la surprend.

– Je vais aller finir l'année chez mes parents, dans la Loire...

– Bonne idée.

J'ouvre le tiroir de mon bureau, en tire un horaire SNCF.

– Vous avez un train dans deux heures pour Saint-Étienne.

– Merci, monsieur Borniche.

Sournois, j'insiste :

– Vous ne voulez pas embrasser Claudius avant de partir ?

Elle fait non de la tête, quitte brusquement sa chaise.

– Inutile. Je vous laisse ses affaires ?

– Pas question, dis-je, hypocrite. Le règlement ne le permet pas. N'essayez pas de me doubler, de prévenir tel ou tel, directement ou indirectement. D'ailleurs je vous fais mettre au train par Eloy et je charge la Sûreté de là-bas de vous surveiller...

– D'accord, monsieur Borniche. Et les amis de Claudius, le brun et le blond...

– Je les interroge et les envoie à la Santé pour recel de malfaiteur. Normal, non ?

Elle réfléchit quelques secondes puis :

– Ils n'ont rien fait d'autre que de venir me chercher à la gare. J'ignore où habitait Claudius, mais sûrement pas chez eux...

Elle en a trop dit ou pas assez.

– On ne pourrait pas en dire autant de Julien Say, pas vrai ?

Elle ne répond pas. Son silence est un aveu.

P'tit Ju n'a pas regagné la rue Germain-Pilon. Les cloches du Sacré-Cœur de Montmartre célèbrent à toute volée la messe de minuit. Dans la voiture glacée de Mouillefarine, Leclerc fulmine.

– Métier de con... Si j'avais su, je serais resté instituteur.

La planque s'éternise. La buée qui sort de nos bouches se dépose sur les vitres. De temps à autre, la main gantée de Mouillefarine essuie le pare-brise.

Les heures tournent, l'aube est encore indécise et le ciel affiche une couleur de plâtre. A tour de rôle, la brasserie Bel de la place Pigalle nous accueille pour la distribution de café chaud. A midi, Eloy vient nous ravitailler en sandwichs. Michou, embarquée à l'heure dite, a bien été réceptionnée par la police de Saint-Étienne.

Il n'y aura pas de fuite de ce côté. Du côté de Geneviève non plus. Elle n'a pas quitté son gourbi dépourvu de téléphone. Mais si son concubin ne se pointe pas d'ici ce soir, il faudra lever la séance ou mobiliser la brigade.

La rue Germain-Pilon, animée en début d'après-midi, retrouve sa torpeur du matin. Çà et là, au travers des vitres des rez-de-chaussée, les lumières multicolores des sapins clignotent.

– Qu'est-ce qu'on fait ? demande à nouveau Leclerc.

– On saute P'tit Ju.

– Tu déconnes ou quoi ?

– Non. Regarde-le qui monte la rue.

De fait, le petit homme maigrichon qui se dirige en crabe vers son immeuble correspond au signalement de Julien Say. Je gicle de la traction, lui barre la route. Sa gueule trahit la surprise.

– Police, dis-je. On aimerait te parler.

En guise de réponse, P'tit Ju choisit la manière forte. Mais le crochet qu'il me balance rencontre le vide. Un écart sur le côté et je bloque le second crochet d'une clé au bras. Cet avorton ne fait pas le poids. Il grimace, souffle dans un murmure :

– J'ai rien fait, moi !

Je maintiens ma pression.

– Où est Liogier ?

– Je ne connais pas de Liogier. Vous me faites mal.

– Michou est arrêtée. Elle a tout raconté. On sait que tu étais en taule avec lui, à la Santé. Alors ? Ça vient ou non ?

– Oui, mais lâchez-moi le bras.

Je m'exécute. La scène a attiré l'attention d'un piéton qui s'est arrêté sur le trottoir d'en face, attendant la suite.

Le ton n'est plus à la conciliation.

– Si dans cinq secondes tu ne m'as pas dit où est ton copain, je t'emballe, j'emballe ta femme et je fais une descente chez ta mère à Arcueil. Comme cadeau de Noël, ça se pose là.

La stupeur apparaît sur la face osseuse de P'tit Ju la Terreur. Un détail porté sur sa fiche de police avait attiré mon attention. Sa mère, Élise Say, est domiciliée à Arcueil. Que n'y ai-je pensé plus tôt !

– C'est une brave femme, ma mère. Elle l'a planqué pour lui rendre service.

Un détour par la rue des Saussaies où Julien Say fait connaissance avec une cellule du sous-sol, et Mouillefarine fonce vers la proche banlieue.

La rue Ricardo, à Arcueil Cachan, est une voie un peu isolée, bordée de modestes pavillons et de cabanes en planches. La nuit l'engloutit lorsque la traction s'arrête à une centaine de mètres de la misérable bicoque d'Élise Say. Avant de l'investir, il faut faire une reconnaissance des lieux. Pas facile d'approcher. Elle est dressée au fond d'un jardin que protège une barrière, à proximité d'un pavillon en meulière où un dogue, rendu furieux par l'attache, ne cesse d'aboyer.

Leclerc qui m'a rejoint murmure :

– On ne va jamais pouvoir entrer là-dedans avec ce maudit clébard.

– Ce n'est pas le chien qui m'inquiète, c'est que Claudius se sauve par-derrière. On ne peut pas voir s'il y a une fenêtre ou une porte sans pénétrer dans le jardin.

– Alors ?

– Alors on tente le coup. Tu dis à Mouillefarine de venir se placer derrière le pavillon et on entre. A Dieu vat...

– Comme ça, au flan ?

– Comme ça.

Nous voici à pied d'œuvre. Le chien, rendu encore plus furieux par la présence d'étrangers, s'égosille au bout de sa chaîne à s'en étrangler. Intriguée, une petite vieille aux cheveux blancs, emmitouflée dans une épaisseur de pulls disparates, ouvre la porte. L'étonnement se lit sur son visage.

Elle n'a pas le temps de poser une question, je n'ai pas le temps de lui répondre. Derrière elle, le lumignon de la cabane m'a fait entrevoir un homme, assis sur un grabat, pensif, la tête entre les mains. J'écarte Élise Say, bondis dans la pièce.

Mon arrivée intempestive fait lentement lever la tête de Liogier. Puis les bras, pour bien montrer ses intentions pacifiques.

– Vous êtes l'inspecteur Borniche, j'imagine, dit-il d'une voix neutre, comme brisée. Je savais que c'est vous qui m'arrêteriez.

Il redresse sa petite taille, ajuste le col de son pull, me tend les mains pour le rite du passage des menottes. Je me borne à le saisir par le bras.

– Pas pour toi, Claudius. Et puis c'est Noël. C'est mon petit cadeau.

Et, tandis que nous abandonnons la masure pour la traction de Mouillefarine, Claudius, la voix émue, m'apostrophe :

– C'est Michou qui m'a balancé, n'est-ce pas ? Je l'attendais avec la bûche. Elle m'avait promis... Je ne l'ai pas vue.

– Michou ? dis-je, hypocrite. Je ne l'ai jamais revue depuis Senlis. Tu as de ses nouvelles ?

– Moi non, mais vous, vous en avez eu, dit Liogier, désignant Leclerc et le chauffeur. Puisque vous êtes là. Tant pis, j'aurai eu quand même cinquante jours de Belle... Et l'espoir de la revoir autrement qu'entre quatre murs...

⁂

Claudius s'est tu. Sur la table de la cuisine, une soucoupe est remplie de mégots de gauloises. Dans nos tasses, ne reste plus qu'un fond de café froid. Dehors aussi, il fait frais. Le jour est gris, maussade. Claudius pousse un soupir, rompt le silence :

– Vous avez été chouette avec Élise, monsieur Borniche. La pauvre vieille me louait sa cabane dix balles par jour. C'était donné. Je lui avais raconté que je sortais du sana et que son fils m'avait connu dans un bistrot. Il est mort, le P'tit Ju, vous le saviez ? Il a voulu franchir un barrage dans une voiture volée et les flics l'ont allumé. Une balle en pleine tête. Je ne sais pas ce que deviennent sa femme et sa môme, depuis le temps. J'avais reçu une lettre d'elles, à Reims, pour me remercier d'un Mickey en Celluloïd qui leur avait été déposé par un homme inconnu descendu d'une traction... Je n'ai jamais su qui c'était.

De la rue Blanche, où je résidais alors, jusqu'à la rue Germain-Pilon, il n'y a qu'une centaine de mètres à parcourir. J'avais déposé le Mickey prélevé dans la valise de Michou à la concierge de Geneviève, un soir, comme un voleur, pour me faire pardonner mon intrusion, la veille de Noël.

– Voyez-vous, monsieur Borniche, toute ma vie j'ai fait le con. Pour qui, pour quoi ? Je me retrouve à près de soixante-dix ans sans famille, sans foyer, sans un rond...

Je ne peux m'empêcher de placer une dernière banderille :

– Et les lingots d'or, Claudius ?

Il a un sourire énigmatique :

– Vous y tenez à ces lingots, hein ? Ça vous démange de savoir où ils sont passés ? Eh bien je vais vous le dire. Franchino et moi, on a été repassés. Quand on les a déterrés, sous l'œil bienveillant d'un Fritz de garde et qu'on les a alignés dans la camionnette, on a vu débarquer une équipe de faux poulets de la bande d'Henri Lafont, le mec de la Gestapo de la rue Lauriston. Franchino avait trop parlé à son ami Abel Danos. Résultat, on s'est fait braquer et piquer toute la joncaille avec promesse d'une balle dans la tête ou la déportation en

Silésie si on l'ouvrait. On a promis de ne jamais rien dire. Franchino est mort et moi, j'ai toujours voulu tenir ma parole, même après la guerre. Une parole, c'est une parole. Mais comme mon temps de truand est révolu...

Claudius pousse un profond soupir, se lève, défroisse d'un revers de main le pan de l'imperméable qu'il n'a pas quitté durant tout l'entretien.

– J'espère que je ne vous ai pas trop dérangé, monsieur Borniche. Ne m'accompagnez pas, je connais le chemin...

Je ne devais pas le revoir. J'ai appris, par la suite, qu'il avait trouvé asile chez un truand repenti dont il avait réussi, malgré son âge, à soulever la femme. Il s'est éteint le 22 février 1981, à l'hôpital d'Argenteuil, et a été enterré au cimetière de cette ville. Le seul endroit d'où il ne pourra plus jamais s'évader.

Je pense souvent à lui, à cette visite impromptue. C'est en y pensant une fois de plus que je me suis attablé aujourd'hui devant ma machine à écrire. Car si j'ai eu affaire à des truands retors, vicieux, dangereux, j'ai aussi rencontré des hommes comme Claudius, dès les premiers jours de ma carrière de flic. Des hommes pour lesquels j'éprouve, aujourd'hui encore, une certaine estime, voire une certaine amitié.

Peut-être n'est-ce pas là un comportement normal pour un flic. Mais sans doute n'étais-je pas un flic normal.

Après tout, ma vocation première n'était-elle pas de griller les planches ?

2

Roger Bor
Un débutant au music-hall

Ce que Claudius ne pouvait savoir, c'est que j'avais le goût de la comédie dans le sang et que la scène avait été mon premier métier. Les natifs des Gémeaux ont, paraît-il, un sens artistique développé. Durant ma carrière de flic, je me suis souvent servi de cette expérience de music-hall. J'aimais me travestir, modifier ma voix, mon allure et ma démarche afin de pouvoir approcher à ma guise les truands que je recherchais. Je passais avec facilité du rôle de clochard lorsque je traquais Pierrot le Fou, à celui d'aveugle-accordéoniste dans l'affaire Buisson, incarnais même avec la lenteur, douce et onctueuse des gens d'Église, le curé de Saint-Jacques et Saint-Christophe de La Villette où René la Canne, dissimulé dans un confessionnal, avait l'habitude de donner rendez-vous à ses complices-pénitents. Parfois, pour déconcerter ceux que j'interrogeais dans mon bureau de la PJ, j'interrompais brusquement le fil de mes questions et me lançais dans un tour de cartes ou de pièces de monnaie. Cela les changeait des auditions musclées de la brigade des agressions du quai des Orfèvres, cela les déroutait, surtout, dans leurs réponses.

En fait, je suis vraiment né à l'âge de dix-huit ans,

lorsqu'en 1937 j'ai escaladé pour la première fois la scène d'un café-concert des boulevards, aujourd'hui disparu, le *Petit Casino.* Rempli d'espoir, gonflé d'enthousiasme, me voyant déjà l'égal d'un Maurice Chevalier, imaginant mon effigie de jeune premier placardée dans tout Paris sur les affiches des colonnes Morris, je faisais mes débuts de comique troupier. Pas un instant je n'imaginai que, cinq ans plus tard, j'abandonnerais à tout jamais la scène pour jouer le rôle d'un policier.

C'est en triturant le curseur du petit poste à galène que je m'étais confectionné à Vineuil-Saint-Firmin, mon village natal proche de Chantilly, dans l'Oise, qu'un beau jour j'entendis dans mes écouteurs de fortune un tourlourou, Gaston Ouvrard, débiter à toute vitesse la fameuse tirade de *Je ne suis pas bien portant* :

J'ai la rate qui s'dilate
J'ai le foie qu'est pas droit...

Ce fut une révélation. Sur-le-champ, je pris la décision de devenir moi-même un comique, comme Ouvrard.

Mon père, artisan-peintre en bâtiment, souhaitait me confier la succession de l'entreprise familiale. J'avais grandi dans l'odeur forte des pots de couleur, de l'essence de térébenthine, de l'huile de lin et du mastic – que l'on confectionnait avec de la céruse, carbonate de plomb interdit aujourd'hui à cause des émanations toxiques. Tous ces effluves, entêtants, me chaviraient le cœur. Moi, je rêvais d'un autre parfum, celui des planches, mais mon père ne l'entendit pas de cette oreille :

– Chez les Borniche, il n'y a jamais eu de cabots, tempêta-t-il. Ce n'est pas toi qui vas commencer!

Je ne l'écoutais plus. A la hâte, je fis mon baluchon,

embrassai ma mère, et partis en claquant la porte. Le jour même, je prenais le train pour Paris.

En débarquant sur l'asphalte de la capitale, je cherchai refuge chez un oncle maternel, qui habitait avec sa famille un sixième étage sans ascenseur, dans le 14e arrondissement.

– Je peux te dépanner quelques jours, mais pas plus, me dit mon oncle. Quelques jours seulement!

Quelques jours... c'est plus qu'il m'en faut pour conquérir Paris, me dis-je dans mon fol enthousiasme d'adolescent. Dès le lendemain, je m'inscrivis au *Petit Casino* pour passer une audition privée et faire étalage de mes talents. La séance d'essai devait avoir lieu dix jours plus tard. A cette date – je n'en doutais pas un seul instant –, j'allais être propulsé au firmament des étoiles de la chanson, tel un nouveau météore.

Durant une semaine, je courus les éditeurs de musique pour me procurer les partitions des meilleures chansons d'Ouvrard, mon idole. Je me composai une figure de jeune premier, m'affublai du sobriquet de « Loger's » – la mode des fantaisistes était alors aux noms finissant en « ger's », comme Roger's, l'interprète de *At... At... Atchoum!* – et me préparai tranquillement à l'épreuve de la scène qui, à mes yeux, ne serait qu'une simple formalité.

Affublé d'un uniforme bleu horizon, calot à pointes sorties, loué chez un fripier de la rue des Abbesses, je me présentai à l'heure dite à l'entrée du saint des saints. Une ribambelle de postulants, tous débutants, tous plus traqueurs les uns que les autres, attendaient la gloire.

C'était un jour d'audition privée – c'est-à-dire sans public. Notre juge, personnage suprêmement redouté et respecté, administrateur du *Petit Casino*, répondait au prénom d'Auguste. Monsieur Auguste. C'est lui qui, d'un mot, avait le pouvoir de donner sa chance à un débutant, ou le renvoyer à tout jamais dans ses foyers.

Je le revois : un visage dur. Un nez en bec d'oiseau. Des lèvres de rapace. Des oreilles décollées. Une chevelure plaquée avec une raie de trois quarts. Un costume style Fantomas. Bref, un homme terrifiant. D'autant plus terrifiant qu'il tenait mon sort entre ses mains.

L'audition commence. Danseurs, comiques, prestidigitateurs se succèdent sur la scène à une vitesse record. Le vénéré Auguste les interrompt d'un geste, les juge d'un haussement de sourcil.

Mon tour arrive. Je grimpe sur la scène, mort de trac, tends ma partition à la pianiste, et débite une chanson de Gaston Ouvrard, *Si j'avais des ailes.* Dès le premier couplet, Auguste m'interrompt.

– Ça va. Au suivant...

J'exécute un salut militaire plus vrai que nature, quitte les planches, me démaquille.

Avais-je été bon ou pas ? Je n'en avais aucune idée, mais j'étais confiant en ma bonne étoile. Pour vivre ce moment, j'avais quitté mon village, ma famille, je m'étais brouillé avec mon père. Durant des jours, des semaines, j'avais répété inlassablement les mêmes couplets. Tout mon avenir dépendait de cette audition. Avant de partir, j'allai me présenter devant Auguste, qui me gratifia d'un bref : « On t'écrira ! », et je me retrouvai à la rue.

On t'écrira! Je voulus voir un encouragement dans cette promesse épistolaire. S'il comptait m'écrire, c'est donc qu'il croyait en mon talent ? Sur le pavé du boulevard, j'esquissai quelques pas de danse en me répétant : « Dans le fond, le *Petit Casino*, c'est pas plus dur que ça ! »

Ce n'est qu'en franchissant les portillons en bois du métro Montmartre que je réalisai que je n'avais donné ni mon nom véritable – je m'étais inscrit sous le pseudonyme de « Loger's » –, ni mon adresse à Paris. En supposant qu'Auguste ait véritablement eu l'intention de m'écrire, la lettre ne me parviendrait jamais ! Pourtant, je n'osai pas revenir sur mes pas et affronter à nouveau le visage froid et l'œil de vautour du régisseur.

Le matin même, j'étais un nouveau Rastignac lancé à la conquête de Paris, et voilà que quelques heures plus tard, je n'étais plus qu'un adolescent minable et dégrisé, qui regagnait son sixième étage sans ascenseur, le moral en chute libre.

Les auditions privées se déroulaient le mardi de chaque semaine, les séances publiques chaque mercredi, en lever de rideau. Trop fier pour réintégrer le toit paternel sur un échec, j'étais résolu à travailler encore mon tour de chant et à me présenter à nouveau, bien préparé cette fois, devant le redoutable Auguste. Encore fallait-il vivre jusque-là, payer mes notes de restaurants et d'hôtel, régler les cours de mimique d'un professeur de mise en scène, plus soucieux d'absorber mes maigres économies que de me dispenser des leçons de présence et d'attitude efficaces et personnelles.

La société Kalamazoo recrutait des représentants. Je passai une partie de l'année 1937 à vendre au porte-à-porte des registres à feuillets mobiles destinés à la comptabilité des entreprises. Cette activité exaltante me rapporta six cents francs par mois, pas mal d'ampoules aux pieds, mais l'indépendance dont j'avais tant besoin.

Enfin, vint le jour de ma seconde audition.

De crainte d'être reconnu, j'avais pris soin de changer de style et de costume. Jetant aux orties la défroque de Loger's, j'optai aussi pour un nouveau pseudonyme, en raccourcissant mon nom véritable. Je devins ainsi Roger Bor.

Mon imitation d'Ouvrard n'ayant pas eu l'heur de plaire, je décidai cette fois de plagier un autre grand fantaisiste du moment : Georgius, « l'amuseur public numéro un ».

Ouvrard débitait ses couplets dans la pure tradition des Polin, Bach ou Fernandel, qui avaient fait florès à la suite de la guerre de 14-18 mais dont le genre « tourlourou » et « piou-piou » – uniforme bleu de « tringlot », pantalon garance, képi fiché en travers sur la tête et blagues de régiment – commençait à s'user à la fin des années trente. Georgius, lui, se présentait sur scène en habit blanc, à parements de soie, un œillet blanc à la boutonnière.

Puisque Georgius chantait en frac immaculé, je décidai de louer pour la circonstance un habit noir – une queue-de-morue –, hélas trop grand pour moi de plusieurs tailles. J'avais l'air d'un oiseau décharné déguisé en pingouin. Mais qu'importe la vêture : pour cette seconde épreuve, j'avais réuni tout mon courage, mon enthousiasme et mon talent. Je ne m'accordais plus la perspective d'un échec.

Je montai donc sur scène et, contrefaisant les mimiques et le jeu de Georgius avec tout le brio dont je pouvais être capable, j'attaquai *Elle aime bien sa mère* :

Elle aime bien sa mère
Elle a du sentiment
Elle cueille des primevères
Et pleure aux enterrements
Ah! La la la la...
Quelle drôle d'enfant...

Chanson stupide, sans doute, mais qui sembla plaire au régisseur, puisqu'il me demanda d'en chanter une seconde, puis une troisième. Cette fois-ci, au lieu du fatal « On t'écrira », Auguste me lança :

– Tu viendras me voir!

Enfin! Ça y était! J'étais engagé! En attendant la fin de l'audition, je jubilais intérieurement. Dès le lendemain soir, j'y comptais bien, j'allais être confronté au public. D'ici quelques jours, je serais à mon tour, comme Georgius, comme Ouvrard, une vedette de music-hall. Finies les reliures à feuillets mobiles! A moi les applaudissements, les brassées de fleurs et les soupers fins avec les danseuses!

Je dus déchanter. Auguste ouvrit un calepin bariolé d'inscriptions et me dit:

– Reviens dans trois mois, pour l'audition publique. Après, je verrai. Tu notes, hein? Le 12 février à trois heures.

Trois mois! Trois mois encore à attendre. Trois mois à répéter inlassablement les mêmes refrains. Trois mois à continuer de vendre mes classeurs à feuillets mobiles. Sur le coup, je fus un peu désappointé. Mais la gloire était au bout du chemin, c'était sûr, et je fis contre mauvaise fortune bon cœur. Après tout, ma position était nettement plus enviable que l'année précédente...

Très vite, je parvins à mener de front mes périples commerciaux et mes aspirations théâtrales. Le matin, j'arpentais les arrière-cours laborieuses de l'Est parisien, mes classeurs sous le bras. L'après-midi, je me préparais activement à mon audition publique.

Je suivis des cours de chant, au 27, rue des Petits-Hôtels, où je vocalisais trois fois par semaine. J'appris à placer ma voix. A l'époque, les micros n'existaient pas, il fallait posséder un timbre sonore et puissant si l'on voulait se faire entendre du dernier rang, parfois très éloigné. Je l'ai gardé. Je mettais au point mon répertoire chez Louise Daville, la pianiste qui m'avait accompagné lors de mon premier faux pas.

Enfin le grand jour de l'audition publique arriva.

Pour se faire un nom dans le music-hall, il était alors impératif de réussir un certain nombre d'examens de passage; ces diplômes n'étaient décernés par aucune université, mais par un jury tout aussi sévère et exigeant : le public. Directeurs de salles, imprésarios, producteurs radiophoniques ou discographiques ne condescendaient à s'intéresser à un artiste qu'à partir du moment où ce dernier avait prouvé qu'il savait obtenir les faveurs de la foule. Des faveurs qui, d'ailleurs, n'étaient jamais acquises. Une soirée suffisait à lancer un inconnu ou à briser la carrière d'une vedette consacrée.

L'exigeant public du *Petit Casino* payait sa place pour assister aux attractions en consommant des bocks de bière ou des verres d'eau-de-vie de cerise que l'on posait sur de petites tablettes accrochées au dos de chaque fauteuil. Des spectateurs difficiles prononçaient leur sentence en sifflant, en applaudissant ou bissant les numéros présentés.

La représentation commence. Un saxophoniste amateur s'avance, se lance dans une improvisation Nouvelle-Orléans. Mort de trac, il ne parvient qu'à tirer des couacs de son instrument et doit s'enfuir sous les huées, remplacé aussitôt par un jongleur aux jambes flageolantes et aux mains tremblantes.

Depuis la coulisse, j'observe mes condisciples : tous ont le trac, fléau numéro un des comédiens, qui fauche les jambes, plombe les estomacs, noue les gorges et asphyxie les poumons. On a beau avoir répété le même numéro durant des semaines, ressassé son texte, débarquer sur scène gonflé à bloc par la rage de vaincre, toutes ces belles armes ne tiennent pas face au trac. En deux secondes, la vue se brouille, la voix s'éteint, et l'on se retrouve aussi désemparé qu'un papillon de nuit épinglé sous le pinceau des projecteurs.

J'avais connu le trac, moi aussi, lors de mon premier contact avec Monsieur Auguste. Mais à présent, c'était fini. Je voulais tellement réussir que je ne pouvais plus me permettre de me laisser aller à la peur. D'ailleurs, par la suite, je n'ai plus jamais eu le trac, sauf une fois, rétrospectivement, lorsque devenu policier je procédai à l'arrestation d'Émile Buisson.

Revenons au *Petit Casino.* Je dois passer en septième position, et j'interprète ce rang comme un heureux présage : le sept n'a-t-il pas toujours été mon chiffre porte-bonheur ?

C'est mon tour : je surgis des coulisses comme un beau diable, et me mets à chanter, danser et mimer comme si j'avais fait cela toute ma vie.

Que dois-je invoquer ? Le chiffre sept, mon assurance ou mes talents de comédien ? Toujours est-il que, sur quarante postulants, je fus ce jour-là le seul sélectionné.

Fou de joie, je croyais qu'Auguste allait me donner un tour de chant le soir même. Mais le programme était complet, et je dus encore patienter trois longs mois avant de faire enfin mes réels débuts sur la scène du célèbre caf'conc' du boulevard Montmartre !

Quelques jours avant la grande aventure, Auguste me convoqua dans son minuscule bureau sous la scène.

– Petit, me dit-il, il faut signer ton contrat.

Et il me tendit un formulaire manuscrit, aux termes duquel j'étais embauché en tant que fantaisiste, pour une durée d'une semaine, au tarif de cent dix francs.

Cent dix francs pour une semaine, cela ne faisait pas lourd. C'était beaucoup moins, en tout cas, que ce que je gagnais en vendant des reliures à feuillets mobiles. Mais la gloire n'était-elle pas au bout de cet engagement ?

Le problème, c'était que sur cette maigre somme,

certains prélèvements devaient être effectués : dix francs pour le chef d'orchestre, dix autres pour le chef machiniste et encore dix pour le chef électricien. Restaient quatre-vingts francs. Sur ces quatre-vingts francs, Auguste retranchait encore sa commission, qui s'élevait à cinquante francs. Restaient trente francs. Pour un peu, j'aurais dû payer pour avoir l'honneur de me produire...

Paul Meurisse, qui avait également débuté au *Petit Casino*, recevait le même salaire de misère.

Le spectacle commençait par trois morceaux d'orchestre. Suivait une chanteuse, puis venait mon tour. Le temps de chacun était chronométré, je n'avais droit qu'à deux chansons, trois en cas de rappel. Mais un soir je fus bissé, ce qui convainquit l'administrateur de prolonger mon contrat d'une semaine. Je demeurai donc quinze jours au *Petit Casino.* Ce n'était pas bien long, mais suffisant pour faire de moi un chanteur professionnel. Désormais, je pouvais faire imprimer des cartes de visite où s'étalait en lettres de feu la mention :

ROGER BOR
Artiste lyrique
Vedette du *Petit Casino*

Et cette simple référence devait enfin m'ouvrir les portes des salles parisiennes et provinciales.

Je démissionnai de mon entreprise de vente de reliures à feuillets mobiles, et me mis à « courir le cacheton » tout en fréquentant assidûment le monde des imprésarios et des éditeurs de musique.

Louis Bousquet, 61, rue du Faubourg-Saint-Denis, l'éditeur de *la Madelon,* écrivait des monologues de comiques troupiers. Chez lui, venait fréquemment Fernandel – Fernand Contandin pour l'état civil – qui avait remporté un énorme succès cinématographique avec *Ignace.* Formé par Polin, Fernandel était jadis un pur comique troupier et encourageait les jeunes qui souhaitaient se lancer dans ce registre militaire.

– Montre-moi ce que tu sais faire, m'avait-il demandé. Dommel va t'accompagner.

Dommel, c'était le pianiste-répétiteur de la maison, un long type aux cheveux blancs qui s'était mis au piano. J'avais interprété une chanson du répertoire de Fernandel :

Il a des crampes dans le nez,
Amémé, Adémé, Amédée...
Ça le fait frissonner,
Frissosso, frissono, frissonner...

Fernandel avait souri de sa denture chevaline et m'avait, par quelques trucs de physionomie, apporté la preuve de son immense talent.

Le compositeur Vincent Scotto, le beau-père d'Alibert, auteur d'innombrables succès de l'entre-deux-guerres, m'avait pris en sympathie. Il m'avait un jour invité à venir répéter une de ses chansons dans l'atelier qu'il occupait au 17, rue Gustave-Goublier. Elle s'appelait *Interrogation.*

On s'est rencontrés
Un après-midi
Au coin d' la rue d' Rivoli.
J' m'en souviens encore
T'avais dix-huit ans
Et moi j'avais juste trois francs.
Ah! Pourquoi donc en passant par hasard, te vis-je?
Ah! Pourquoi donc devant ton doux regard, pâlis-je?
Pour quelle raison pris-je ta main dans ma main
Et sans te connaître te parlai-je soudain?
Pourquoi quand tu m'as dit qu' j'étais beau, le crus-je?
Et quand tu m'entraînas dans ton studio... y fus-je...

Les éditeurs de musique, et ils étaient nombreux, misaient beaucoup sur les jeunes débutants à qui ils fournissaient un pianiste dans l'espoir d'une promotion de leurs chansons sur les ondes. J'avais eu la chance, lors de mon tour au *Petit Casino*, d'avoir été remarqué par la directrice du poste de l'Ile-de-France. Je pus, grâce à elle, faire entendre ma voix chaque dimanche entre onze heures et onze heures et quart.

En 1938, les radios privées étaient en plein essor et les programmes financés par la publicité. Les émissions de Radio-Cité, du Poste parisien, de Radio-37, de Radio-Toulouse-Saint-Aignan ou Radio-Andorre, patronnées par de grandes marques commerciales, débutaient toutes par un indicatif calqué sur une mélodie à la mode, qui vantait les charmes des produits en détournant les paroles du texte original.

Au poste de l'Ile-de-France, mon quart d'heure était ainsi soutenu par un fabricant de meubles. Quant à moi, j'étais rémunéré directement par deux éditeurs qui m'offraient la pièce à chaque interprétation de leurs œuvres, Martin Cayla et Mme Beuscher. Celle-ci, une femme vieillotte et malingre, à qui je rendais visite après chaque émission, retroussait ses quatre jupons pour atteindre une aumônière attachée à sa discrète ceinture. Ses doigts maigres farfouillaient dans l'objet pour en extirper une pièce de cinq francs qu'elle me tendait avec componction en susurrant :

– Dimanche prochain, tu m'en passes une autre, hein ?

Au début, s'égosiller seul dans un studio, devant un micro, me paniquait. J'avais besoin d'un contact direct avec le public. Me retrouver devant cette simple pastille d'acier trouée, suspendue au plafond ou juchée sur un trépied de photographe, me mettait mal à l'aise. Bientôt, pourtant, je me familiarisai avec les postes dans les couloirs desquels je croisais des vedettes confirmées : Tino Rossi, Reda Caire, Jean Lumière, Rina Ketty et autres Chanteur sans Nom, Chanteur X ou Chanteur Inconnu, artistes fantômes qui cherchaient une consécration difficile à obtenir.

J'aimais ce milieu. Je m'y sentais à l'aise. En comparaison des autres débutants, je ne me trouvais pas si godiche. J'avais de l'allant, de la prestance, une voix bien placée et aussi un culot naturel que mon expérience de prospecteur commercial n'avait fait que renforcer.

De chanteur, je devins chansonnier à part entière, c'est-à-dire que je composais mes propres chansons, en brodant des vers faciles tirés de l'almanach Vermot, cette bible des bons mots. Les portes de l'Académie française ne risquaient pas de s'ouvrir pour moi mais il m'arrivait, lors de tournées, d'être applaudi au même titre qu'un Raymond Souplex, un Jean Marsac ou un Roméo Carlès.

A Montereau, pourtant, lors d'un spectacle de gala que je présentais et dans lequel Georgius était la vedette, j'avais été douché. En lever de rideau, j'avais fait de lui une imitation de voix et de gestes que je croyais parfaite. Il était dans la salle, attendant son tour. La représentation terminée, il avait accepté de me ramener à Paris dans sa superbe voiture noire, une Panhard-Levassor au pare-brise panoramique, avec le volant au milieu et un siège de chaque côté. Elle fleurait bon le cuir et l'acajou. Moi, j'étais au paradis, roulant de nuit dans une voiture de rêve, conduite par ce dieu vivant que j'avais toujours voulu égaler.

Mais, c'est connu, dans leur vie quotidienne les comiques sont plutôt taciturnes. Sur scène, Georgius était capable de faire se tordre de rire un réverbère. Au volant, il était impavide, froid, perdu dans ses pensées.

Sous son feutre à bord rabattu, le regard fixé sur la route verglacée qu'éclairaient les pinceaux des phares, il semblait avoir totalement oublié ma présence. Rompant ce silence de mort, j'osai lui demander comment il avait trouvé l'imitation que j'avais faite de son personnage.

Silence. Georgius ne répond pas.

Je laisse passer une minute et, pensant qu'il n'a pas entendu ma question, je la renouvelle un peu plus fort.

Un temps. Georgius continue à regarder droit devant lui, sans qu'une ride de son visage ne tressaille. Puis il lâche le compliment que j'espérais.

– Tu as été formidable. Très, très bien, tu peux me croire.

Une onde de bonheur me traverse l'échine. Je rougis de fierté, j'ai envie de le remercier avec fougue lorsque, coupant net mon élan, il ajoute, les yeux toujours fixés sur la route :

– Seulement, je ne me croyais pas aussi mauvais...

Bref, en 1939, la carrière de Roger Bor commençait à prendre tournure. Mais le 2 septembre, la guerre fut déclarée entre la France et l'Allemagne et l'ordre de mobilisation générale promulgué. Fin novembre, je dus rejoindre mon corps, le 503e régiment de chars de combat cantonné au camp de Satory-Versailles. Force me fut d'abandonner mon costume de scène pour servir sous les drapeaux. Je ne devais jamais plus l'endosser.

En tant que militaire, la nourriture et le gîte m'étaient assurés. Mais une fois démobilisé, en octobre 1942, je me retrouvai sans rien, hormis le traditionnel costume gris, en pure fibranne, dont le gouvernement de Pétain faisait généreusement cadeau à chaque soldat libéré. Vêtu de cet uniforme de civil, chaussé de brodequins graissés au suif, une prime de démobilisation de deux cents francs en poche, je rejoignis, cinq ans après l'avoir quitté, le toit familial. De surcroît, marié et père de famille. Ce qui ne facilite pas les choses.

Les gens de music-hall sont naturellement hâbleurs, habitués à se pousser du col, à se faire admirer. Mais, à part quelques vedettes consacrées qui se produisaient encore dans les salles demeurées ouvertes, les pétulants fantaisistes d'avant-guerre, à force de bouffer de la vache enragée, s'étaient transformés en demi-clochards, faisant la queue devant les cantines de la soupe populaire. Au comptoir de la brasserie Batifol, leur ancien quartier général du faubourg Saint-Martin, on ne rencontrait plus guère que des trognes pathétiques, aux yeux dans le vague, au nez plongé, les jours où l'alcool était autorisé, dans un ballon de mauvais picrate ou un bock de bière à l'odeur de tisane.

Contraint à abandonner définitivement la carrière d'artiste, je m'étais résolu à pointer les rubriques des petites annonces avec l'espoir de dénicher un emploi lucratif, mais les offres étaient rares et je passais la majeure partie de mon temps à cavaler d'un point à un autre de la capitale, pour m'entendre dire que la place était déjà occupée.

Un jour, cependant, alors que, désabusé, je remontais l'avenue de l'Opéra, le destin qui modifie de façon irrévocable le cours des événements avait frappé à ma porte. Et m'avait guidé vers ce qui sera plus tard une des plus merveilleuses aventures de ma vie.

A quelques pas du Palais-Royal, sur le côté droit de l'avenue, existe une librairie de livres anciens aux tranches dorées sur cuir écarlate. J'ai toujours aimé les beaux livres. Les reliures étaient fausses, mais je les contemplais quand même, tout en ressassant les idées noires qui m'agitaient. Le son d'une voix, à côté de moi, me fait tout à coup sursauter.

– Ah, si on avait de l'argent...

Je tourne la tête. Un homme d'une trentaine d'années, brun, les cheveux plaqués, vêtu comme moi d'un costume gris de démobilisé, désigne du menton la devanture.

Je demande :

– Vous n'en avez pas non plus ?

– Que non. Si j'en avais, je m'en offrirais pas mal. J'adore bouquiner. Sur mon patouillard, je n'arrêtais pas.

Je m'écarte un peu, pensant être tombé sur un fou, lorsque j'aperçois sur le revers de son veston un alignement impressionnant de décorations.

– C'est quoi un patouillard ?

– Un navire, tiens. Lourd et lent comme ceux qu'on avait en 40. J'étais marin. Quand les Anglais ont bombardé Mers-el-Kébir, j'ai sauté avec mon croiseur et j'ai perdu ma guibole.

Il soulève la jambe droite de son pantalon, exhibe un pilon de bois.

– On m'a amputé, forcément. C'est pour ça que je n'aurai jamais de fric. Les magasins du Printemps où je me suis présenté ce matin m'ont refusé du boulot. Pourtant, ils en ont besoin d'employés, avec tous ceux qui sont prisonniers ou déportés...

Je n'écoute plus. On n'a pas voulu de lui parce qu'il a une jambe de bois, mais moi j'ai mes deux jambes ! Je quitte rapidement le malheureux, dévale à fond de train l'avenue de l'Opéra, et me présente essoufflé à la direction du personnel des Grands Magasins, rue de Provence. Un poste est justement vacant dans le « service spécial ». Je m'empresse de l'accepter, sans même savoir de quoi il s'agit.

Le lendemain, à huit heures, Raoul Bleuze, le chef de service qui tient ses assises au 98, rue de Provence, m'expliquera en quoi consiste mon travail. Pour l'instant, je me laisse aller à mon exaltation. Et je remercie intérieurement l'étrange marin que je ne reverrai sans doute jamais, mais qui ce jour-là m'a sauvé la mise.

Peut-être était-ce mon ange gardien ?

3

Mademoiselle Kim et l'apprenti-policier

Le local du 98, rue de Provence, jouxtant le magasin du Printemps, n'est qu'une boutique minable, dont les vitres cassées ont été rafistolées avec du papier d'emballage. Quelle officine peut bien abriter une telle masure ? Je pousse le bec-de-cane, pénètre dans une petite pièce sans apprêt, meublée d'une table et de quelques chaises, dans laquelle m'attend mon employeur. A ma vue, il se lève, me tend la main d'un air affable, et se présente.

– Bleuze, responsable du service spécial. Je vous souhaite la bienvenue parmi nous.

Raoul Bleuze * est un homme de quarante-cinq ans, pas très grand, légèrement voûté, cheveux blonds plaqués, coiffés en arrière, énorme chevalière au doigt, costume gris brillant, chaussures impeccables. Son allure distinguée tranche avec la pauvreté des lieux.

Il me désigne une chaise, et s'assoit lui-même derrière un bureau au plateau lustré par des générations de coudes. Au plafond, une ampoule nue au faible voltage

* Fonctionnaire de police, révoqué comme franc-maçon par le gouvernement de Vichy, il deviendra après la guerre directeur du cabinet du ministre de l'Intérieur.

dégage un halo indécis. Raoul Bleuze me sourit de toutes ses dents blanches.

– Vous avez de la chance... On aurait pu vous engager comme vendeur dans un stand, comme manutentionnaire ou encore comme chauffeur-livreur... Vous avez été choisi pour appartenir au service spécial, c'est-à-dire l'élite, le joyau du Printemps!

Je ne sais toujours pas ce qu'il entend par « service spécial ». J'arbore une moue dubitative qui pousse sans doute mon interlocuteur à éclairer un peu ma lanterne.

– Le service spécial, c'est la police des magasins! Une équipe d'inspecteurs et d'inspectrices chargée de traquer les voleurs à l'étalage, de les surprendre en flagrant délit de fauche!

Il toussote quelques instants, poursuit, enthousiaste :

– C'est un métier formidable que vous embrassez, mon cher. Quand vous attraperez le virus de la chasse, vous ne pourrez plus vous en passer. Nous sommes bel et bien des chasseurs, mais sans chien ni fusil. Nous ne pouvons compter que sur notre flair et notre intuition pour pincer les voleurs, et c'est ce qui rend notre métier si excitant! D'ailleurs, avec un peu de pratique, un bon inspecteur n'a même plus à *voir* le vol; il lui suffit de *sentir* le voleur. Car les délinquants se repèrent vite, à leur attitude nerveuse ou faussement décontractée, à leur façon de tourner le cou ou les yeux en tous sens pour s'assurer qu'ils ne sont pas observés, à leurs gestes précis et prompts au moment où ils commettent leur larcin. Je suis même persuadé qu'ils dégagent une odeur spéciale, qu'un bon détective doit savoir reconnaître : une odeur de trouille mêlée de désir. Vous apprendrez vite que les piqueurs ont une psychologie à eux : ils ont à la fois peur et envie d'être pris. Cette envie est presque de nature sexuelle : les gestes et attitudes du voleur qui tourne autour de l'objet qu'il convoite et qui, lorsqu'il s'en sera saisi, le transformera lui-même en objet de convoitise aux yeux de l'inspecteur qui en secret le surveille, ressemblent beaucoup au ballet de séduction que dansent certaines espèces animales pendant la parade amoureuse... Vous voyez un peu à quel point nous faisons un métier passionnant!

Les yeux dans le vague, Raoul Bleuze semble se remémorer quelques traques réussies, quelques flagrants délits patiemment obtenus alors qu'il était policier et dont il entretient la nostalgie. Puis ses yeux perçants me scrutent à nouveau :

– Non seulement c'est passionnant, mais cela rapporte puisque le chasseur est rémunéré en fonction de la quantité et de la qualité du gibier qu'il saisit. La direction nous octroie des primes pour cela, des primes qui permettent de doubler, voire de tripler le revenu mensuel de base!

J'imagine déjà mon portefeuille gonflé de bons billets craquant sous les doigts, et je me prends à saliver. J'attends impatiemment la suite.

Comme pour mieux me faire mariner, Raoul Bleuze prend son temps pour extirper du tiroir de son bureau quelques mégots de cigarettes qu'il dépiaute, récupère le tabac dans une feuille de papier maïs qu'il humecte de ses lèvres minces, avant d'allumer la nouvelle cigarette ainsi fabriquée à l'aide d'un briquet à mèche d'amadou. Puis il reprend son explication :

– La première prime est la prime de quantité. Vous surprenez quelqu'un en train de dérober des foulards, des serviettes, des gants... Vous ne dites rien, vous le suivez, et lorsque la personne franchit le seuil du magasin, vous intervenez. Mais attention! N'interpellez jamais quelqu'un dans le magasin, il pourrait prétendre chercher la caisse. N'interpellez personne non plus sur la voie publique : c'est du ressort du commissariat. Par contre, le trottoir fait partie du domaine territorial du Printemps, et par conséquent, vous pouvez intervenir. Vous conduisez le délinquant ainsi que la marchandise dans ce bureau. J'évalue le volume de la transaction et j'inflige une amende, après confiscation des objets dérobés. Sur cette amende, je vous rétrocède un pourcentage. Ainsi, plus vous appréhendez de coupables, plus vous touchez d'argent. Vous comprenez ?

Je comprends. La cigarette s'est éteinte. Il actionne son briquet d'amadou et aspire une large bouffée avant de reprendre :

– Ça, c'est la prime de quantité. Mais ce n'est rien à côté de la prime de qualité. Alors, là !

Il appuie son interjection d'un geste évasif qui me fait ouvrir tout grands les yeux. Je me vois déjà millionnaire.

Raoul Bleuze se penche vers moi et me fait signe d'approcher, comme s'il allait me confier un secret d'État. D'un ton de conspirateur, il murmure :

– Supposez qu'une personne vole une machine à coudre...

Puis il se tait, se contentant de me dévisager intensément, à l'affût de ma réaction. Je réfléchis, peu inspiré par cette évocation, et finis par lui demander :

– On en vole souvent, des machines à coudre ?

Il jette les bras en l'air, et s'exclame :

– Jamais ! Mais imaginez un peu que cela arrive ! Dans ce cas, en plus de la prime de quantité, vous touchez une prime de qualité, qui dépend du prix de la machine. Et, croyez-moi, cela coûte cher, une machine à coudre. Très cher, même ! Alors, vous imaginez un peu la prime ?

J'imagine, en effet. Et c'est comme cela que je me retrouve, une heure plus tard, non pas au rayon des machines à coudre, mais à celui des foulards. Puisque je débute, je suis sous les ordres d'une inspectrice délurée, Mlle Kim.

La cinquantaine hargneuse, célibataire de carrière, 1,55 m de haut, chaussures plates, jupe longue tombant sur les chevilles, Mlle Kim est en permanence coiffée d'un curieux chapeau à la Louis XI, agrémenté d'une aigrette. Je découvrirai bientôt que, lorsque Mlle Kim tombe en arrêt, l'aigrette se met à vibrer. Et que, lorsqu'elle interpelle sa proie, elle prononce rituellement la même phrase de son affreuse voix de corbeau :

– Tel est pris qui croyait prendre!

Lancé à ses trousses, je découvre ce qu'est la faune d'un grand magasin, et comment, d'entre toutes les espèces qui la constituent, le bon chasseur parvient à repérer la seule qui l'intéresse : celle des chenapans.

Pour le moment, je me contente d'observer la façon dont elle s'y prend. Et je constate vite que ce petit bout de femme est un excellent chien de chasse, un parfait limier. Son œil fureteur est en perpétuel mouvement. Au moindre geste déplacé dans l'ordonnance globale du magasin, elle sait que quelqu'un est en train de faucher quelque chose. Alors, l'aigrette de son chapeau Louis XI, comme prise d'une vie propre, se met en mouvement, un mouvement bien particulier, reconnaissable entre mille : une sorte de va-et-vient précipité et convulsif, un frémissement de la plume. Après ce signe annonciateur, Mlle Kim se jette à la poursuite du voleur, s'agrippe à ses basques jusqu'à ce qu'elle le tienne bien. Rien au monde ne pourrait lui retirer de la gueule l'os dont elle vient de s'emparer.

Aussi, dès que je vois l'aigrette frémir, puis foncer vers sa proie, je sens que ça va être bon. Bon pour Mlle Kim. Pas pour moi. Je me contente de la suivre et d'assister, en témoin passif et envieux, à l'arrestation spectaculaire du chapardeur ou de la chapardeuse, qui a lieu sur le trottoir de la porte d'Antin, de la porte Haussmann ou de la porte Mogador. Là, en justicière victorieuse, elle attrape son gibier par le bras et pousse son croassement vainqueur : « Tel est pris qui croyait prendre ! » avant de le traîner, tête haute, dans le petit bureau, où M. Bleuze va la complimenter. Apprécier, surtout en espèces sonnantes et trébuchantes, le volume de la transaction, ce qui gonfle d'autant, en fin de mois, l'escarcelle de l'inspectrice.

Les jours passent. Mlle Kim voit tout, prend tout. Et moi qui la suis je ne vois rien, je ne prends rien. Pourtant, ce n'est pas le désir d'interpeller quelqu'un qui me manque, d'autant plus que je me suis confectionné une fausse carte de police sur un bristol blanc barré de deux traits rouge et bleu, sur lequel j'ai tapé, sur la machine à écrire de mon père :

INSPECTEUR BORNICHE
MAGASINS DU PRINTEMPS

Hélas ! malgré ma carte, malgré mon désir de faire du zèle, aucun voleur ne daigne tomber entre mes pattes. Mlle Kim, elle, rafle tout.

Plutôt que de demeurer éternellement du côté des gants et des foulards, je décide de me poster à proximité des rayons de parfumerie. Cela sent bon et les vendeuses y sont jeunes et jolies. Ma présence, hélas ! se révèle encore plus inutile qu'ailleurs. Il n'y a rien à voler ! Je commence à me poser des questions sur mes capacités à assumer le poste que m'a si généreusement attribué la direction du personnel. Toute la journée, je regarde le joli minois des démonstratrices, les longues jambes des clientes. Mais de clients indélicats, zéro !

Du point de vue où je me place, je peux contempler, lorsque je lève les yeux, l'immense escalier d'honneur : une magnifique volée de marches, bordée de fer forgé à double rampe, qui domine majestueusement le hall du rez-de-chaussée. Cet escalier me donne soudain une idée, qui va me permettre de doubler enfin la redoutable Mlle Kim.

En me postant sur sa plate-forme médiane pour jouir d'une vue d'ensemble sur les stands, je pourrai surveiller l'aigrette. Lorsqu'elle se mettra en mouvement, je descendrai quatre à quatre, la suivrai, et comme j'ai de grandes jambes, dépasserai ma collègue et arriverai avant elle à la sortie pour opérer mes propres prises.

Aussitôt dit, aussitôt fait. Au lieu d'errer de stand en stand comme une âme en peine, je m'installe sur mon perchoir et, sans bouger d'un poil, j'observe.

Deux jours passent, sans histoire. En bas, c'est le calme plat. D'ailleurs, l'aigrette demeure au repos, signe qu'il n'y a rien à se mettre sous la dent.

Et puis, un après-midi, voilà que mon attention est attirée par une femme qui musarde au rayon des gants. Elle en saisit une paire qu'elle contemple longuement, la repose, en choisit une autre, enfile un des gants, tend son bras devant elle, paume ouverte, doigts écartés, puis, comme à regret, le retire. A ce moment précis, elle esquisse un geste en direction de sa poche, un geste dont je ne vois presque rien, à la distance où je me trouve, mais dont je pressens la finalité illégale, d'autant plus que, à quelques mètres d'elle, l'aigrette s'est mise à vibrer. Enfin! Ça y est! Je tiens ma voleuse!

Mon cœur bat la breloque, tandis que je ne perds pas une miette du manège qui se joue sous mes yeux. La femme quitte le rayon, rejoint le stand des foulards, puis celui des parapluies. De travée en travée elle se dirige progressivement non pas vers la caisse, mais vers la sortie. Par moments, la foule la happe et je la perds de vue. Fort heureusement, l'aigrette agitée de son fameux tremblement est là pour me remettre aussitôt sur la piste.

Il est temps d'agir. Je dévale à toute vitesse l'escalier,

je cours dans les travées parallèles, à la poursuite de Mlle Kim et de la voleuse. De *ma* voleuse, devrais-je dire, car je l'ai vue le premier. J'évalue déjà la prime que va m'octroyer M. Bleuze. Une paire de gants, ce n'est pas miraculeux, mais c'est un début. Et puis la perspective de supplanter enfin ma terrible rivale me donne des ailes.

Tous les trois, marchant sur les talons les uns des autres, nous parvenons enfin à la sortie Mogador. La femme a déjà franchi la porte à tambour. Je bouscule Mlle Kim, la dépasse, sors à mon tour sur l'asphalte. La femme est là : non pas dans le magasin – où elle pourrait invoquer comme excuse la recherche de la caisse –, ni sur la voie publique – où elle échapperait définitivement à mon champ d'intervention autorisé, j'ai bien retenu la leçon – mais sur le trottoir, c'est-à-dire sur mon territoire !

D'un bond, je suis sur elle, lui colle ma fausse carte tricolore sous le nez et me mets à hurler :

– Police des magasins, madame ! Veuillez me suivre !

La femme, interloquée, clouée sur place, bredouille je ne sais quoi. J'insiste :

– Montrez-moi ce que vous avez dérobé !

Car je viens d'apercevoir, ô miracle, un gant qui sort de sa poche.

– Mais, monsieur...

– Il n'y a pas de « Mais monsieur »...

D'autorité, j'extirpe de son manteau l'objet du délit. Je dois aussitôt déchanter : c'est un gant usagé. Je fouille ses autres poches : en vain. La femme n'a rien volé. J'ai été victime d'une illusion d'optique.

Et alors que, tout contrit, je me répands en excuses auprès de la cliente que j'ai soupçonnée à tort, je perçois derrière moi la voix de corbeau qui clame d'un ton joyeux :

– Tel est pris qui croyait prendre !

A proximité du Printemps, au 122, rue de Provence, se tenait alors l'un des bordels les plus prestigieux de l'entre-deux-guerres, le *One two two*. Lorsque, désœuvré, je baguenaudais vers les portes d'entrée du magasin, j'y voyais défiler des figures du cinéma et de la chanson que je connaissais bien.

Les parlementaires et hommes politiques faisaient également partie des habitués du *One two two*. Ils n'y allaient pas forcément pour la bagatelle, mais pour y boire un verre et s'y retrouver entre gens de l'élite. Le *One two two* était un bordel de luxe, l'un des plus cotés de la capitale, avec le *Sphinx* et le *Chabanais*. Le fréquenter était un signe de réussite sociale.

L'établissement abritait d'ailleurs une salle particulière où les clients se contentaient de consommer, tout en reluquant les filles qui, à moitié dévêtues, se prélassaient dans des sofas. A côté, dans une immense salle à manger au centre de laquelle s'érigeait une vaste table commune en forme de fer à cheval, les grands de ce monde dégustaient volontiers le bœuf à la ficelle de Marcel et Fabienne Jamet, les propriétaires.

Sous l'Occupation, le *One two two* était le repaire préféré des officiers de l'Abwehr et de la Gestapo, qui venaient s'y divertir en civil. Mais l'endroit n'avait pas été réquisitionné pour les seuls plaisirs des soldats de l'armée allemande. Les ministres, ambassadeurs, souverains et artistes y côtoyaient les gradés de l'Abwehr, les tueurs de la rue Lauriston.

Tout cela, je ne l'ai su que quelques années plus tard, car à l'époque où j'étais flic privé au Printemps, je n'avais ni les moyens financiers ni les relations suffisantes pour oser franchir ses portes. Avec mon costume gris en fibranne et ma fausse carte tricolore, j'aurais fait pâle figure à côté des costumes de vedettes en renom, qui provenaient des meilleurs faiseurs, ou de l'élégance arrogante des macs et des voyous qui, à l'instar des célébrités venant s'encanailler, hantaient les lieux.

Hurlement de sirène. Deux Citroën traction noires stoppent à l'entrée du *One two two* dans un crissement de pneus. Quatre hommes en sortent et se précipitent à l'intérieur de l'établissement, tandis que les moteurs des voitures ronflent toujours. En deux minutes, un attroupement de curieux se masse à proximité. D'un bond, je traverse la rue pour aller me rendre compte par moi-même de ce qui se passe. Jouant des coudes, je me faufile au premier rang au moment même où les quatre hommes, vêtus de popelines noires et de chapeaux feutres rabattus sur les yeux, ressortent du bordel en poussant devant eux deux individus, menottes au poing, qui se débattent et hurlent comme des forcenés.

– Salauds! On aura votre peau!

Les deux hommes sont jetés à l'arrière des 11 CV, suivis de près par leurs kidnappeurs. En vrombissant, les deux tractions fendent la foule qui s'est agglutinée et disparaissent au coin de la rue dans une odeur d'essence mal raffinée.

Les gens causent, commentent l'incident. A côté de moi, un grand brun, visage basané et accent corse prononcé, dit à un autre :

– Je les ai reconnus. C'est deux gars de la bande à Bonny et Lafont.

Bonny et Lafont. Ces noms, qui sur le coup ne me disent rien, sont ceux de deux des plus grands truands de l'époque, chefs de la sinistre bande de la rue Lauriston, et qui, avec Loutrel, alias Pierrot le Fou, et les maffieux de la Carlingue, ont élu leur QG au *One two two*. D'ici quelques années, lorsque j'aurai intégré la police, j'aurai maintes fois l'occasion de me frotter à tout ce monde-là.

Mais, en ce début de l'année 1943, je ne suis pas

encore l'inspecteur Borniche, lancé aux trousses de tous les bandits de l'après-guerre. Je ne suis que le jeune Borniche, chargé de la surveillance des magasins du Printemps et qui, à son grand dam, se fait toujours voler la vedette par la petite Mlle Kim.

D'ailleurs, alerté par mon absence de résultats, M. Bleuze me convoque.

– Je vois que vous êtes doué! me lance-t-il d'un ton ironique. Compliments! Depuis deux mois que vous êtes là, vous n'avez encore levé aucun gibier. Je suis bon prince : je vous donne une chance en vous confiant la police nocturne des magasins. Là, vous n'aurez plus de Mlle Kim pour vous mettre des bâtons dans les roues...

Je quitte donc la surveillance diurne pour le guet de nuit. C'est une rétrogradation : les plus beaux vols, ceux qui donnent droit aux primes de quantité et aux primes de qualité, ont bien entendu lieu le jour, lorsque les magasins sont ouverts et que la foule des chalands s'y presse. En regard, le rôle de gardien des ténèbres est peu enviable.

De plus, cette nomination n'arrange guère ma vie privée. Mon épouse travaille le jour, tandis que je joue les noctambules. Nous n'avons donc plus le temps de nous voir, nous nous contentons de nous croiser, à l'aube et au crépuscule. Mais je n'ai pas le choix, si je veux gagner ma vie...

Leurs portes à peine closes, les grands magasins offrent un autre visage : l'agitation laborieuse d'une véritable usine. Les clientes parfumées sont remplacées par des ouvriers, peintres, électriciens, plombiers, charpentiers et autres corps de métier qui, par dizaines, réparent les installations défectueuses, défont et refont les stands, changent les décorations. Tout bouge. Le rayon des gants prend la place de celui des foulards, qui empiète sur celui des chemises de nuit. Tout cela dans un grand déballage de marchandises et un vacarme incessant. A ce capharnaüm, s'ajoutent les rondes de pompiers qui, toutes les demi-heures, marquent leur passage en actionnant une sorte de tampon que l'on nomme le mouchard.

Dès ma prise de fonctions, j'ai mission de contrôler les sous-sols, où sont stockées les marchandises. Nous sommes en pleine période de restrictions, et pour raison d'économie les dépôts ne sont éclairés que de loin en loin, par des globes laiteux distants les uns des autres de vingt à vingt-cinq mètres. Je me retrouve seul dans ces allées immenses. Chaque fois que je passe sous un plafonnier, mon ombre s'agrandit indéfiniment à mes pieds, et il me semble que si un malandrin se cache quelque part, il ne doit voir que moi. Progressant de quelques pas, je plonge à nouveau dans l'obscurité, ce qui ne fait qu'accroître mon malaise. Disons le mot : je ne suis pas rassuré. Au moindre bruit je sursaute comme si je traversais un terrain miné.

Des vols m'ont été signalés dans la réserve des chemises, des vols réguliers dont on suspecte l'un des pompiers, sans savoir qui, ni prendre quiconque sur le fait. A moi de me débrouiller pour piquer le gaillard en flagrant délit.

L'entrepôt des chemises est rempli de classeurs sur les étagères desquelles, chaque soir, sont fixées des bâches. La pénombre règne partout, à l'exception d'une veilleuse qui éclaire l'emplacement du mouchard. Le problème, c'est que lorsque l'homme passe à proximité des classeurs, il m'est impossible de voir s'il plonge ou non son bras sous la toile pour dérober une chemise au passage.

Une idée me vient : il suffit de planter une épingle dans le bois du classeur, à travers la bâche, et de vérifier, après le passage de chaque pompier, si le repère est toujours en place. Sinon, c'est que la bâche aura été soulevée. Je saurai alors qui a fait le coup!

Je mets en place mon dispositif et me dissimule derrière le rayon des bas Nylon. Les rondes se succèdent, sans que l'épingle bouge de place. Je commence à trouver le temps long, lorsque, enfin, au milieu de la nuit, j'entends s'ouvrir la porte coupe-feu, en même temps que je vois une lampe se balancer au bout d'un bras. C'est la nouvelle ronde. En sifflotant dans le clair-obscur, le pompier passe devant moi et longe le rayon des chemises. Rien à signaler, sauf que l'homme, un colosse, bâti comme une armoire, doit bien mesurer son 1,90 mètre. Il actionne le mouchard, et poursuit sa route, comme si de rien n'était.

Je me faufile hors de ma cachette et cours inspecter le classeur aux chemises. Pincement au cœur : l'épingle n'y est plus, elle est tombée à terre. Je tiens mon homme! J'attends qu'il réintègre le local qu'il partage avec les autres pompiers et me plaçant en travers de sa route, levant la tête, je lui lance à voix presque basse, n'en menant pas large :

– Police des magasins. Vous venez de piquer une chemise.

Renversement des rôles. Contre toute attente, le type se met à trembler. Il extrait la chemise de sa ceinture et me la tend, tout en larmoyant. Ma belle assurance de flic m'abandonne. Je ne pleure pas avec lui, non, mais tout ému, je lui dis :

– Je n'ai rien vu, mais à l'avenir...

Et je suis allé remettre la chemise en place.

J'ai sans doute fait un homme heureux. Moi, je l'ai été beaucoup moins. M. Bleuze m'a convoqué une nouvelle fois dans son bureau.

– Décidément, les primes de quantité et de qualité

n'ont pas l'air de beaucoup vous intéresser. La surveillance nocturne des magasins pas davantage... Comme vous êtes le dernier rentré au service, et que l'État nous demande des jeunes gens pour le Service du Travail obligatoire, je suis obligé de vous inscrire sur la liste. Je m'en excuse mais c'est comme ça !

Et voilà comment je me retrouve du jour au lendemain enrôlé de force pour le STO avec en point de mire quelque usine d'armement en Allemagne, laissant derrière moi ma femme et ma fille.

Les Allemands ayant subi une défaite cuisante à Stalingrad, le sort de la guerre commence à tourner au profit des Alliés. Force est pour Hitler de forger l'acier victorieux !

Je dois donc me rendre à la visite médicale obligatoire d'aptitude au STO, qui a lieu dans un préau d'école. Avec d'autres jeunes gens de mon âge, sans travail ou arrêtés dans la rue sans papiers en règle, nous sommes accueillis par des fonctionnaires français, puis interrogés et auscultés par des médecins français. Pas un Allemand n'est présent, mais ces Français pleins de zèle sont deux fois plus sévères qu'eux. A mon grand désespoir, je suis déclaré bon pour le service. Dans quelques jours, dans quelques semaines au maximum, il me faudra quitter les miens et partir pour une destination inconnue.

En sortant de la visite, la chance me sourit à nouveau. Je croise un camarade d'école, Jean Lenglet, dont le père était mon instituteur à Vineuil-Saint-Firmin. Il me prend dans ses bras, m'embrasse.

– Comment ça va, Roger ? Tu fais une drôle de mine...

Je lui raconte mes malheurs. Il réfléchit une seconde, puis me dit :

– Viens donc avec moi au Contrôle économique.

C'est un organisme prioritaire où l'on fait la chasse au marché noir. Par conséquent, tu ne partiras pas pour l'Allemagne. Le patron du service s'appelle Bouteloup. Je le connais bien. Pose ta candidature sans passer par la voie hiérarchique. D'accord ?

– D'accord.

Deux jours plus tard, je suis convoqué 14, quai de Gesvres, 2e étage, à la direction du personnel.

M. Bouteloup est un petit homme chauve, sanguin, replet, avec un regard porcin qui luit au-dessus de ses fines lunettes cerclées d'or. Il m'observe de haut en bas, puis me demande :

– Que faites-vous, dans le civil ?

Je me garde bien de lui dire que j'ai été flanqué à la porte des magasins du Printemps et que je suis inscrit sur les listes du STO. Pour donner plus de panache à ma candidature, je réponds :

– Je suis artiste, monsieur le Directeur.

– Un artiste ? s'écrie-t-il. Mais je ne veux pas d'artistes au Contrôle économique ! C'est un organisme sérieux, le Contrôle économique ! Désolé, je ne peux pas vous prendre.

Je sors la tête basse, et retrouve Jean Lenglet dans les couloirs.

– Alors ?

– Ça n'a pas marché... J'ai dit que j'étais un artiste...

– Mon Dieu, j'ai oublié de te prévenir : il déteste les cabots ! Tu n'aurais jamais dû dire ça.

Nous marchons tristement en direction du Châtelet, lorsque Lenglet s'écrie soudain :

– J'ai une idée ! Bouteloup part en congé dans dix jours. Il sera momentanément remplacé par Thurel, le chef du service du matériel. Refais une demande, je la présente à Thurel, et en l'absence du directeur, c'est lui qui te recrutera. Je t'en prie, raconte n'importe quoi, mais surtout pas que tu es un artiste !

Quinze jours plus tard, après avoir réitéré ma demande, je suis reçu par M. Thurel. Type grand, maigre, élégant, sympathique, cheveux plaqués. Lui aussi me pose la question rituelle :

– Que faites-vous dans le civil, monsieur Borniche ?

Décidé à ne pas me faire piéger une seconde fois, je réponds :

– Mon père a une entreprise de peinture-vitrerie, dans laquelle je l'aidais comme comptable. Il n'y a plus assez de travail pour nous deux, à présent.

– Parfait.

Au-dehors, Jean Lenglet m'attend. Cette fois-ci, j'affiche un sourire satisfait :

– Je suis pris !

Pour fêter l'événement, nous allons prendre un pot au *Dreher*. Lenglet me raconte en détail tous les avantages du métier. Je rêve déjà d'avoir ma carte tricolore, et de faire irruption dans les restaurants de marché noir en hurlant :

– Police ! Ah ! Je vous y prends, à manger de la viande alors que les gens crèvent de faim !

Quelques jours plus tard, je reçois enfin mon affectation à la Direction du Contrôle économique. Je suis sûr désormais de ne plus partir en Allemagne. Mais mes rêves de carte tricolore s'écroulent. Comme j'ai dit que j'étais comptable, je suis affecté... au service du matériel, pour compter à longueur de journée des gommes, des crayons et des rames de papier ! Mon terrain d'action se situe désormais au 79, rue du Temple, dans un vieil hôtel particulier, au fond d'une cour, au 4e étage, sans ascenseur et pour cause.

Je ne suis resté que deux mois sous les lambris à caissons où j'ai bien cru y mourir d'ennui.

Une fois de plus, une rencontre dans la rue me sauve

la mise. En me promenant au carreau du Temple, à la sortie de mon travail, je croise un camarade de régiment, le lieutenant Jacques Perré, à qui je fais part de mon désarroi actuel.

– Si la police te plaît, me répond-il aussitôt, tu peux tenter le concours d'entrée en décembre. Les places sont comptées, mais si ça marche, tu t'amuseras certainement beaucoup plus qu'au Contrôle économique !

La police ? Pourquoi pas, après tout ? Mon expérience malheureuse au Printemps pouvait me faire douter de mes talents de limier, mais si j'avais la chance d'être pris, je pourrais enfin réaliser l'un de mes rêves : exhiber aux contrevenants à la loi une carte tricolore. Une vraie, cette fois !

Je m'inscris donc au prochain concours d'entrée dans la police. Je bachote le droit administratif, le droit pénal, le droit criminel, revois mes notions d'histoire-géographie. Enfin, je reçois une lettre de convocation à l'écrit, me priant de me présenter à la Sorbonne le 16 décembre 1943, à huit heures du matin, muni d'un crayon, d'une gomme et d'une règle en fer.

Je passe le mois suivant à attendre les résultats. Nous sommes mille cinq cents candidats à concourir, et il n'y a que cent places. Au jour dit, j'ai la joie de lire mon nom sur le tableau d'affichage : je suis classé septième. Encore mon chiffre porte-bonheur !

Les cinq premiers admis pouvaient choisir leur résidence. De la sixième à la dixième place, on avait encore la possibilité de la désigner, à l'exclusion de Paris. J'opte pour la ville la plus proche : Orléans.

Et c'est ainsi que, le 2 mai 1944, je prends le train de sept heures pour gagner le Service régional de police de sûreté à Orléans, au 2, rue de la Bretonnerie.

Je ne savais pas encore que ma véritable carrière allait s'ouvrir ainsi devant moi.

Mon séjour dans la cité de Jeanne d'Arc ne s'éternise pourtant pas. A peine arrivé à la 5e Brigade de police, plus politique que judiciaire, on me colle une mitraillette dans les mains pour surveiller un homme attaché à un radiateur par le poignet. Il n'est plus qu'une loque au visage tuméfié, incapable de boire le verre d'eau que je lui tends.

– C'est un communiste, donc un mauvais Français, dit mon chef de section avec dégoût.

La nuit, le prisonnier est interrogé par la police allemande, le jour il est gardé par la police française. J'aurais voulu faire quelque chose pour lui. Je ne sais pas ce qu'il est devenu.

Coup sur coup, ma section est désignée pour investir un camp de maquisards dans la région de Pithiviers, puis pour appréhender des aviateurs alliés tombés aux environs de Bourges. C'est trop me demander. Je déserte.

A mon tour d'être traqué par mes ex-collègues. Je me terre à Paris, paumé et sans ressources, quand le Débarquement puis la Libération surviennent.

De nouveau, la tentation artistique me prend. Mais les contrats ne sont pas près de me débarrasser de cette faim obsédante qui me tord les tripes.

Le 2 septembre 1944, une lettre m'enjoint de me présenter le lendemain à neuf heures, devant le commissaire divisionnaire, chef du service régional de police judiciaire, au 42, rue de Bassano, qui procédera à ma réintégration.

Je suis ponctuel à la convocation.

Pour la seconde fois, je m'engage dans la police.

4

Jo Attia et Oscar le Ténébreux

Depuis le 3 septembre 1944 donc, les tourments de l'Occupation rangés définitivement au rayon des souvenirs, ma carte de flic en poche, j'arpente, cette fois à découvert, le pavé de la capitale. En échange de six paquets de tabac gris, conservés des mois durant, je me suis offert un imperméable de fonction, à épaulettes et ceinture à boucle. Il me donne fière allure, ce trench-coat style Bogart, pas du tout le genre poulaga que confèrent aux collègues les impers gris-vert des surplus américains. C'est drôle comme la gent policière aime l'uniforme. Avant la guerre, les flics se distinguaient par leur façon particulière de porter le chapeau melon, la moustache en croc, le parapluie et les chaussures à clous, type brigade du Tigre. Aujourd'hui, ils se muent, pour la plupart, en réservistes yankees. La pipe au bec, en plus, pour ceux du quai des Orfèvres qui veulent singer le Maigret de Simenon.

La 1re Brigade de police judiciaire, où j'officie désormais, a connu, c'était fatal, les rigueurs de l'épuration. Des policiers résistants – je ne les imaginais pas aussi nombreux – ont eu tôt fait de régler leur compte à d'anciens camarades soupçonnés de collaboration, et les plus astucieux se sont octroyé les leviers de commande. Une section pour la répression des menées dites antinationales a succédé à celle de Vichy. On emplit les prisons, on défère aux cours de justice alors que les cinémas projettent *Le ciel est à nous* et *le Carrefour des enfants perdus.*

Si j'ai endossé la pelure chère à Bogart, je n'ai pas pour autant acquis son flair ni sa puissance de déduction. Je suis loin des grandes enquêtes criminelles qui me vaudront, quelques années plus tard, la médaille d'Honneur de la police à titre exceptionnel, distinction que l'on épingle plus souvent, hélas, sur le cercueil des « victimes du devoir » que sur la poitrine des vivants.

Je n'ai surtout pas perdu contact avec les amis du spectacle. Sans doute ai-je toujours en tête quelque idée de retour à la scène, mon démon familier.

C'est ainsi qu'un après-midi d'automne, alors que le ciel bleu et le soleil encore chaud incitent à la détente, je fonce saluer Martin Cayla, l'éditeur de musique dont la salle de répétition du faubourg Saint-Martin a jadis résonné de mon refrain passe-partout :

Deux œufs durs dans du porto,
Ça met en vrille les biscoteaux.
Ça vous dilate
La rate,
Vous fait gonfler
L' gésier,
Ça vous rend mous
Les g'noux
Mais qu'est-ce que ça fout!

Ce chef-d'œuvre d'une haute tenue philosophique n'était certes pas destiné à faire un tabac. C'est pourtant celui qui me rapportait le plus. A chacun de ses passages sur les ondes, le brave Martin, comblé, me glissait un billet de dix francs dans la main. A croire qu'il possédait des actions dans une quelconque marque de porto, lui, l'Auvergnat grand teint porté plutôt sur la gentiane de Salers.

La tête de Cayla quand je lui apprends que je suis flic ! D'abord, il croit à une blague. Ce n'est que lorsque jaillit de ma poche ma carte tricolore qu'il se rend à l'évidence. J'en rajoute même en lui collant ma plaque de police sous sa moustache à la Charlie Chaplin.

– Ça alors ! répète-t-il. Qu'est-ce qui t'a poussé à faire un métier pareil ?

– L'estomac, Martin. La sécurité de l'emploi, ça compte, vous savez !

– Comme ça, questionne-t-il, son incrédulité reprenant le dessus, tu arrêtes des gens ? Dis-moi franchement, tu en arrêtes ou tu n'en arrêtes pas ?

– J'en arrête, dis-je, l'air suffisant. On ne fait que ça à la PJ.

Il soulève sa panse de derrière le comptoir, où dorment sous vitrine les titres jaunis par le temps des anciens succès de la maison, me fait un clin d'œil et me guide vers la porte de sa boutique.

– Tu vois ce bistrot, là-bas, l'Étape ? chuchote-t-il. Eh ben, je peux te dire qu'il y a de drôles de cavaliers qui y font halte. Tu devrais y jeter un coup d'œil puisque tu es flic.

Le Martin se fait une idée de la police encore plus romantique que celle que j'en avais avant de m'y aventurer.

Lorsque je le quitte, il demeure là, l'air innocent, planté sur le seuil de son magasin, les deux mains enfouies sous l'ample blouse bleue de paysan cantalou qu'il affectionne. Mais je ne suis pas dupe. Je sens son regard un peu plus vrillé entre mes omoplates au fur et à mesure que je m'éloigne de lui.

J'entre ou je n'entre pas à l'Étape ? Si je m'abstiens,

Martin va être déçu. Il me prendra surtout pour un farceur ou un froussard. J'appuie sur le bec-de-cane.

Le bar est enfumé. D'épaisses volutes stagnent autour de la double rangée de néons du plafond qui donnent aux visages un teint blafard. Derrière le comptoir, long comme un paquebot, le patron – j'apprendrai vite son surnom de Jeannot-les-grandes-oreilles justifié par la démesure de ses pavillons auditifs – donne à un alignement de verres à pied la bénédiction d'un pastis de sa composition.

La salle est longue et étroite. Au fond, de drôles de cavaliers, comme dit Cayla, occupent quelques tables, la cigarette pendant aux lèvres et le feutre rejeté à l'arrière du crâne. Les paroles de Georgius : *C'est monsieur Bébert, qu'a trois revolvers* me traversent l'esprit. Devant eux, un tapis vert, des cartes et des piles de billets de banque. Ça a l'air de cravacher dur, à l'Étape ! Si dur que les joueurs n'ont guère prêté attention à l'arrivée du nouveau venu que je suis. Ceux du bar, par contre, ont baissé la voix de deux tons.

– ...'soir, dis-je, en me juchant sur un tabouret, au bout du comptoir, près de la porte d'entrée qui pourrait, le cas échéant, me servir d'issue de secours. La même chose !

Mon menton a désigné la rangée de verres teintés de couleur chatoyante à forte odeur d'anis. Pendant que le patron s'empare de sa bouteille et emplit mon verre, mon œil opère un travelling circulaire avec zoom à l'appui et point fixe sur quelques beaux spécimens de l'écurie.

Si les flics ont tendance à s'uniformiser dans les impers américains, les truands, eux, ont une nette prédilection pour les costumes marron foncé à fines rayures, les chaussures en crocodile fauve à triple semelle et les chronographes suisses en or massif et cadrans multiples.

A petites gorgées, je sirote mon pastis près d'un grand escogriffe de type algérien dont le visage bosselé et le teint basané me disent quelque chose. Un ancien boxeur, sûrement, à en juger par ses oreilles en chou-fleur et son nez cassé. Quand il sourit, la lèvre supérieure découvre une incisive aurifiée. Je capte le surnom que lui lance le patron en emplissant son verre :

– Ta femme vient te chercher, Jo ?

– Non. Moustique me ramènera à la taule.

Jo, Moustique... Drôles de surnoms, drôle d'ambiance. Martin Cayla n'a pas tort. L'Étape est un haras à fréquenter si je veux parfaire mon éducation sur les cracks du milieu marginal. Ma résolution est prise. J'y passerai deux à trois fois par semaine, afin qu'on se familiarise avec ma tête. Si on s'inquiète, j'ai le boniment tout trouvé. Reste à le débiter avec aplomb mais là-dessus, je ne crains personne. Je n'ai pas joué la comédie pour rien : pour qui veut le savoir, je sors de taule, où le juge de Clermont-Ferrand m'a envoyé pour vol, recel et trafic de titres de rationnement. Ils n'iront pas chercher là-bas. Et puis, Clermont, je connais, j'y ai passé trois ans pendant la guerre, dans l'armée de l'Armistice.

Dans les semaines qui suivent, je deviens un habitué de l'établissement. Je m'y prélasse une heure, le temps de déguster un ou deux pastis, nécessité oblige. J'y fais des connaissances, j'y offre ma tournée. Mes venues ne mettent plus un terme aux papotages. On a fini par m'admettre. Il faut dire que j'ai laissé mon imper de détective à la maison, que je me fais petit et que je perds toujours au 421, le jeu préféré de Jeannot-les-grandes-oreilles.

– On s'en fait une ?

J'acquiesce. Il sort de dessous le comptoir une piste circulaire tapissée de vert et nous lançons les dés à tour de rôle. Il n'est pas chien, Jeannot. Même gagnant, il m'offre sa tournée. En contrepartie, je lui fais des tours de cartes, ce qui me vaut l'entourage immédiat de quelques jeunots en rupture d'honnêteté.

– Où as-tu appris à faire ça?

– Sur les champs de courses. Je faisais un peu de bonneteau pour gagner ma croûte mais c'est devenu difficile avec tous ces perdreaux qui se mettent à flamber...

Ce qui me déplaît, chez Jeannot, c'est sa manie, dès que le téléphone grésille, de soulever l'appareil par le socle, de tirer sur le cordon et d'aller converser, au bout du comptoir, à voix basse, le nez contre les étagères sur lesquelles les bouteilles de liqueurs factices jettent des couleurs éclatantes.

Un soir, celui qu'il avait surnommé Jo s'approche de mon coin.

– Ça fait un moment que je te vois là, dit-il. Tu entres, tu siffles deux ou trois pastagas et tu te casses. T'es un taciturne, ma parole! Tu parles jamais de tes affaires...

– C'est comme ça, dis-je, déjà sur mes gardes. Est-ce que je t'ai jamais parlé des tiennes?

Je n'ai pas le temps d'en dire plus qu'il demande:

– Ton blase?

Je ne cherche pas. Réflexe de chansonnier. Le premier prénom qui me vient à l'esprit fait l'affaire.

– Oscar.

Intérieurement, je suis assez étonné. Pourquoi ce nom-là précisément?

– Oscar? Marrant! Eh bien, Oscar, t'es un ténébreux à ce que je vois. Ça t'irait comme nom, Oscar le Ténébreux?

– Si ça peut te faire plaisir. J'étais Oscar les Brèmes quand je faisais les cartes. Je ne vois pas d'inconvénient au changement.

Jo a l'air ravi.

– Une tournée sur mon compte, Jeannot! ordonne-t-il tandis qu'il me serre la main.

Il a une poigne terrible, Jo. J'en ai les doigts tout meurtris. Et il m'annonce, comme si son nom était un sésame :

– Moi, c'est Jo Attia. Le Grand Jo, si tu préfères. Là-bas, celui qui tape le carton avec Moustique, c'est le Gros Jo. Tu as dû entendre parler de nous à Champigny. Cinq cents flics pour nous piquer et on est passés au travers!

Mon rythme cardiaque s'accélère. Jo Attia, c'est une sacrée figure du Milieu. Sa fiche signalétique mentionne les tatouages qu'il s'est fait dessiner lorsqu'il était aux Bat' d'Af, à Tatahouine, au fin fond de la Tunisie. Aux chevilles, des chaînes de prisonnier. Un œil sur le genou droit avec la mention « Fais gaffe », un autre sur le gauche avec « Je t'ai vu ». Une guillotine sur l'abdomen, des visages de femme sur la poitrine et le dos. Autour du cou, sa devise : « Mauvaise tête mais bon cœur. »

C'est à Tatahouine qu'il a connu Pierre Loutrel, un Sarthois, bataillonnaire comme lui en raison d'une jeunesse tumultueuse. Ils partageaient le même gourbi.

La démobilisation les sépare, mais ils se retrouvent, par hasard, dans une boîte de nuit de Montmartre et jurent de ne plus se séparer. Leur destinée est tout autre. Tandis que Loutrel et ses amis Abel Danos et Georges Boucheseiche choisissent la Carlingue – la Gestapo française de la rue Lauriston –, Jo Attia se tient à l'écart, préférant travailler pour son compte personnel. Arrêté pour vol, il est déporté à Mauthausen où sa conduite est admirable. Quotidiennement, les nazis organisent des marches de la mort, véritables marathons destinés à éliminer les plus faibles. Les kapos expédient d'une balle dans la tête ceux qui tombent. Alors, Attia, l'ancien boxeur, charge le plus affaibli sur ses épaules et le ramène au camp.

Bref, mon interlocuteur n'est pas n'importe qui. Un truand, c'est vrai, mais aussi un homme digne de ce nom. Quant à l'affaire de Champigny, c'est la révélation! L'attaque de l'Auberge de Champigny par les collègues du quai des Orfèvres, le 25 septembre 1946, a été l'une de ces grandes méprises qui font parfois rougir l'Histoire, l'une de ces péripéties dérisoires déclenchées par la fatalité qui sait utiliser à merveille les comparses. Car, ce jour-là, c'est bien un comparse qui a mis le feu aux poudres. A peine les policiers ont-ils mis en place l'encerclement de l'Auberge où ils croient tenir Pierrot le Fou, Jo Attia et Boucheseiche, qu'un petit truand sans envergure sort sur le pas de la porte. Un inspecteur perd les pédales. André Decurzier, dit Dédé le Basque, reçoit une balle en pleine poitrine. Mario Prost, l'honorable tenancier du bar-restaurant s'apprête à fermer les persiennes de sa chambre, à l'étage. Pan, une autre balle! Contrairement aux espérances du commissaire Pinault, Pierrot le Fou et Jo Attia sont de l'autre côté de la Marne, aux Sept Arbres de Charentonneau, tenu par leur ami René Octavien, dit René de Saint-Malo. Seul Boucheseiche, qui attend leur venue, patiente à l'Auberge où consomme une paisible clientèle : des gens venus des studios cinématographiques de Joinville et de Saint-Maur, des figurants, des techniciens éreintés par une journée de tournage et désireux de passer une soirée au frais, au calme.

Sitôt le premier coup de feu, un cinéaste a bondi sur le téléphone, alerté le commissariat de Nogent. Le temps de rameuter ses troupes, de distribuer les armes automatiques, et la police nogentaise part au combat, sur les chapeaux de roue. Dans le clair de lune qui éclaire joliment la nuit d'automne, les nouveaux arrivants aperçoivent, planqués dans le gazon ou les légumes du jardin, des ombres armées à l'affût. Pas de sommation pour la vermine, feu dans le tas!

Nul ne saura jamais, dans cette lutte fratricide entre poulets, à quoi attribuer l'absence miraculeuse de victimes. La confusion entre la police parisienne et la police banlieusarde prend tout de même fin et, la méprise découverte, tous les tirs convergent, cette fois, vers l'Auberge verrouillée comme un fortin.

Quand, au petit jour, l'établissement est investi, Boucheseiche a disparu, de même que Jo Attia qui, au volant de la Delahaye de Pierrot le Fou, avait forcé le barrage des flics pour se porter à son secours. Le premier s'est jeté dans un puits où il s'est maintenu, la tête sous l'eau, respirant par une paille. Le second, bien que blessé au bras, a profité des vallonnements pour gagner, en rampant, l'auberge de la Bonne Galette, à deux kilomètres de là. C'est ce que l'on a appris par les journaux après l'échec. Depuis, Pierrot le Fou et ses amis sont introuvables, alors que les deux Jo, les rescapés de Champigny, sont presque tous les jours à l'Étape de Jeannot-les-grandes-oreilles!

Moi, ce qui m'intéresse, c'est Loutrel, Pierrot le Fou. Il sera toujours temps de boucler ses complices après l'arrestation de l'insaisissable chef du gang des tractions avant. Sans s'en rendre compte, Martin Cayla m'a donné un sacré tuyau.

– Pour avoir entendu parler de vous, j'en ai entendu parler, dis-je. Je me suis même marré en lisant les canards. *Détective* en a fait des colonnes. Le moins drôle, c'est que deux pauvres types ont été descendus.

Jo Attia hausse les épaules.

– Ce qui prouve qu'il ne faut pas mettre des joujoux

dangereux entre les mains de mecs qui savent pas s'en servir! Et toi, qu'est-ce que tu branles dans le coin?

Ma mine s'allonge, genre pleureuse pour défunt corse. Seul le vocero n'y est pas.

– Je cherche un travail. Treize mois de taule dans le Puy-de-Dôme pour un gonze que je n'ai pas voulu balancer aux flics. J'en sors.

Attia réfléchit quelques instants:

– Ça peut se trouver, du boulot, mon pote.

Que veut-il dire?

Pour le moment je le laisse venir, dégustant le pastis qu'il m'a offert. On bavarde. Je raconte ma vie d'orphelin, la maison de correction après ma première arrestation à seize ans pour chapardage.

– Comme moi, soupire Jo.

Je me demande où je vais chercher tout ça. Je m'y croirais. Cela sert de lire les dossiers des voyous quand on est de permanence de nuit, à la brigade. On s'instruit et on peut se servir des antécédents des uns et des autres pour bluffer l'adversaire. Je fignole mon portrait. Les temps sont durs, très durs quand on n'a pas un nom.

– Et toi, tu n'as qu'un surnom! conclut Attia en me collant une tape dans le dos, si forte qu'elle me fait chanceler. Ça viendra peut-être... J'ai un ami, les flics et les journaux ne parlent que de lui en ce moment. Eh bien, il a débuté comme voleur de valises dans les gares... Allez, faut que je me casse. Salut.

A mon tour, je m'éclipse, l'air sombre, fidèle à mon personnage.

Trois jours après, lorsque je reviens à l'Étape en rasant la boutique de Martin Cayla, je sens que l'atmosphère s'est détendue. On m'a vu converser avec le Grand Jo, c'est un véritable brevet de civisme. D'autres types me côtoient, m'entreprennent sur mes incarcérations successives, s'apitoient. Peu à peu, je me fonds dans la masse des consommateurs. Je devine les contours de chaque groupe, leurs clivages. Je réalise que tous ces marginaux travaillent les uns avec les autres, selon les coups. Je n'ai eu aucun mal à deviner que l'ami de Jo qui volait les valises dans les gares et dont tout le monde parle à présent n'est autre que Loutrel. Si je possède de lui un signalement, si j'ai en tête sa physionomie reproduite sur un cliché anthropométrique, je ne le vois jamais apparaître à l'Étape. Boucheseiche, en revanche, fréquente l'établissement. Grand, enrobé de graisse, il a pour maîtresse une prénommée Jeannine qui tient un hôtel de passe rue Blondel. Le Gros Jo, à l'inverse du Grand, est renfermé. C'est à lui qu'Attia aurait dû décerner le sobriquet de Ténébreux!

A l'Étape, mon éducation de truand se fait par bavardages interposés. C'est ainsi que j'apprends que, pour monter une agression, trois ou quatre hommes composent l'équipe : le conducteur de la voiture volée – l'obligatoire Citroën traction avant – deux pointeurs qui tiennent les victimes en respect avec leur colt ou leur mitraillette, pendant que l'arracheur soulage l'encaisseur de sa sacoche. Dans l'ombre, l'indicateur du coup et le fournisseur de voiture, n'ayant encouru aucun risque, ne percevront chacun qu'une demi-part du butin.

Au fil des jours, je deviens le copain d'Attia et de Moustique, un voyou d'une si petite taille qu'il en fait un complexe et se véhicule sur des chaussures à semelles compensées. On le dit excellent chauffeur, le petit Auguste Canillet qui, de temps à autre, donne un coup de main au Grand Jo. Il m'a à la bonne et, mis en confiance par l'amitié que me porte Attia, me demande si je serais partant pour « renifler » une affaire.

– Ça dépend ce que c'est, dis-je, intéressé mais prudent.

– Un braquage. Cinq à dix briques à prendre vite fait à un petit vieux du Crédit d'Escompte, à la halle aux vins.

En ce temps-là, on ne connaissait pas l'Actor's Studio mais, instinctivement, j'invente la méthode. J'essaie d'allumer une lueur cupide dans mon regard. Pas un muscle du visage ne tressaille. Bogart n'aurait pas fait mieux.

– Voire ! dis-je, laconique.

Moustique est plus explicite.

– S'agit de rencarder Pierrot, chuchote-t-il sur le ton de la confidence.

J'opine affirmativement en prenant un air respectueux. En guise de commentaire, je laisse tomber :

– Une épée, celui-là ! Jeannot le Boxeur qui était avec lui à la Carlingue m'en a parlé.

Cette réflexion, je l'ai mise au point entre-temps. Dans la conversation, je lâche un nom. Un nom connu dans le Milieu que j'ai glané dans un dossier, à la Brigade, un nom dont je suis sûr que son propriétaire, à l'ombre pour des années, ne viendra pas me contredire. Jeannot Bauchet, dit le Boxeur, se tape en ce moment la « queue de cervelas » à la centrale de Loos.

– Une chouette affaire, enchaîne Moustique. Il est possible que je fasse le chauffeur... Tu conduis, toi, au moins ?

– Quelle question !

Mon éducateur a le type du titi parisien, l'accent traînaillant du faubourg, le visage constellé de taches de rousseur. Gonflé d'importance, il m'explique que les négociants de la halle aux vins de Bercy confient chaque soir leur recette à la succursale du Crédit d'Escompte du quai de la Rapée. L'encaisseur, un brave homme du nom de Gaston Lejeune, quitte la banque vers cinq heures de l'après-midi, fait le tour des pinardiers et rapporte la recette à son employeur dans une voiture Celtaquatre Renault immatriculée 1880 RK 1.

– Si tu veux voir comment on pratique, je t'emmène, conclut Moustique. C'est pas sorcier. Le vieux est régulier dans ses habitudes. Quatre fois j'y suis allé, quatre fois il ne les a pas changées d'un iota. Tu comprends, Oscar, un coup, ça se prépare... Faut s'assurer que l'itinéraire et l'horaire n'ont pas bougé au dernier moment.

J'aurais mauvaise grâce à refuser une telle invitation. C'est Bonnel, mon commissaire, qui va être surpris quand je vais lui raconter tout ça !

Un quart d'heure après, je suis quai de la Rapée, dans la voiture personnelle de Moustique, une traction à roues jaunes, à guetter le départ de l'encaisseur.

La succursale du Crédit d'Escompte occupe le bâtiment du 12, quai de la Rapée, presque à l'angle du boulevard de Bercy qui la sépare des Entrepôts. Sa façade donne sur la Seine, un peu en retrait du quai.

En cette fin d'après-midi du 26 octobre, la traction de Moustique ralentit devant la banque au moment où le convoyeur, coiffé d'un chapeau, s'installe au volant de sa Celtaquatre et démarre.

– Tu vois, dit Moustique avec fierté. C'est réglé comme du papier à musique. Il va passer sous le pont du métro, et il va commencer sa tournée de l'autre côté de la gare des vins, près du boulevard Poniatowski, pour la finir rue de Vouvray. Pas la peine de le suivre à l'intérieur, on l'attend au pont de Tolbiac, puis on le ramène à la banque. Je connais le parcours à mort, mais avec le Pierrot, faut pas rigoler. C'est un maniaque.

Intérieurement, je m'ébahis. Comment les banques peuvent-elles envoyer à l'abattoir des hommes de cet âge ? Il ne se passe pas de mois, sinon de semaine, sans que la presse annonce des agressions de fourgons postaux et bancaires par le célèbre et imprenable gang des tractions avant.

– Du gâteau, jubile Moustique en m'abandonnant à la place Saint-Michel.

Je fonce rue Bassano pour mettre le commissaire Bonnel au courant de l'imminence de l'opération.

– Vous me paraissez bien excité, dit-il, lissant du plat de la main ses cheveux blonds, peu fournis et rejetés en arrière, selon la mode des années trente. Qu'est-ce qu'il y a, mon vieux ?

– Il y a que cinq à dix millions vont changer de main, patron. Une agression, quai de la Rapée. J'ai même repéré les lieux.

Bonnel prend le temps d'allumer une gauloise, de secouer l'allumette pour en éteindre la flamme et de la déposer dans un cendrier en faïence à l'enseigne de l'apéritif Saint-Raphaël Quinquina. Il allonge les jambes sous son bureau et demande, ironique :

– Racontez-moi tout ça, Borniche.

Je débite mon exposé à une vitesse record pour arriver à la conclusion qui s'impose :

– Tout le monde cherche Pierrot le Fou. Nous l'avons à portée de la main, avec Attia et Boucheseiche. Tout le gang des tractions, quoi !

Bonnel me considère d'un air navré.

– Borniche, reprend-il d'un ton compatissant, vous n'êtes plus au théâtre, maintenant. Cessez de construire de mauvais scénarios dans votre petite tête, sinon je vais finir par m'inquiéter.

– Je ne fabule pas, patron ! Le braquage va se faire demain ou après-demain, entre le quai de la Rapée et le quai de Bercy. C'est l'occasion idéale de réussir le flag !

Le flag, le flagrant délit, c'est le rêve de tout policier. Le coup imparable. Sans flag, la police ne peut identifier les auteurs d'un braquage ou d'un casse qu'en faisant appel aux indics, à tous ces types qui balancent leurs meilleurs amis pour régler d'obscures rivalités, sauver leur peau, obtenir un condé, cette autorisation de séjourner dans une ville qui leur est interdite.

– Et qui vous dit que c'est pour bientôt ? questionne Bonnel, écrasant brusquement sa cigarette.

– Parce que Moustique m'a laissé entendre qu'il fallait s'assurer que l'itinéraire et l'horaire n'avaient pas changé au dernier moment... C'est clair !

– Pour vous, sans doute, pour moi, non. Allez retrouver votre loustic. Et tâchez d'en savoir davantage.

Me revoici à l'Étape. Moustique s'apprêtait à le quitter quand je débarque. Je le cueille sur le pas de la porte.

– Tu prends un pot ?

Il agite négativement la tête.

– Pas le temps. Le Grand Jo m'a dit d'aller chercher sa femme chez le petit Jérôme. Qu'est-ce que tu fais ?

– Une partie de 421 avec Jeannot. Rien de neuf ?

– Si. Zéro pour moi. Pierrot prend le volant à ma place après-demain. Je sais pas pourquoi il m'a largué... Surtout que le Gros Jo n'est pas disponible. Il s'est filé une entorse en coursant un mec qui l'avait insulté, rue Myrha. Je comptais sur le braquage pour me rebecqueter...

Il soupire, ajoute :

– Je sais pas qui ils vont prendre pour remplacer Boucheseiche. J'avais parlé de toi au Grand mais ça n'a pas marché non plus. Le Dingue ne te connaît pas. Dommage...

– Dommage, dis-je, soulagé de pouvoir me tirer d'une situation difficile. Si tu ne veux pas que la femme du Grand s'impatiente, faut peut-être que tu y ailles. C'est loin ?

– A Champigny, à la Bonne Galette.

Je regarde Moustique trottiner vers la porte Saint-Martin, et je pénètre dans l'Étape.

– 'soir, dis-je en prenant ma place habituelle. Tu sors la piste, Jeannot ?

Je n'ai le cœur ni à gagner ni à perdre. Je suis ailleurs. L'agression est pour après-demain, Bonnel ne pourra pas dire que je construis de mauvais scénarios. Il est sept heures, aucune chance de le joindre au bureau. Je l'appellerai chez lui, tout à l'heure, rue Friant. Ou mieux, j'y ferai un saut. Après tout, la capture de Pierrot le Fou vaut bien une entorse d'une demi-heure à la rectitude du dîner familial.

Le grand jour est arrivé. Crocfer, l'inspecteur-chauffeur qui s'est fait une spécialité de la conduite sportive, est au volant de la traction de la Boîte. Près de lui, Delrieu, ancien gendarme qui a gardé de son Arme les leggins et le cheveu en brosse. La formule, aussi, quand il interroge un suspect de sa voix rocailleuse : « Où êtes-vous né ? Où, pourquoi et comment ? Répondez. » A l'arrière, nous sommes quatre : le patron Bonnel qui se caresse le menton d'un air dubitatif, Prel, un Normand aux cheveux ras et aux épaules de catcheur, Leclerc qui a revêtu sa culotte de whipcord et chaussé ses bottes d'équitation, moi, enfin, qui n'en mène pas large. Si l'affaire ne se fait pas, ça va être ma fête ! Le commissaire Bonnel est réticent. Un ancien cabot reconverti dans la police ne lui inspire qu'une confiance relative. Avant-hier, dans sa minuscule salle à manger aux meubles Levitan garantis pour longtemps, je croyais pourtant l'avoir convaincu.

– On y sera, avait-il fini par lâcher.

On y est. Nous mettons le cap sur Bercy. C'est une journée d'automne grise et sale. Sur les quais, les platanes continuent à s'effeuiller. La nuit engloutira bientôt la halle aux vins.

Je me rencogne dans la voiture, pour me dissimuler à l'attention d'un éventuel guetteur. Sage précaution. Debout, à l'arrêt de l'autobus 24, ligne gare Saint-Lazare-Maisons-Alfort, face au Crédit d'Escompte, Jo Attia est déjà à l'affût. Plus loin, sous le pont supérieur à arches du boulevard de Bercy, un inconnu, beau garçon, est planté au bord du trottoir.

Bonnel me donne un coup de coude :

– Alors, Borniche, où il est votre encaisseur ? Je ne vois pas plus de Celtaquatre Renault qu'un hydravion sur la Seine.

Je dois faire contre mauvaise fortune bon cœur : le père Lejeune n'est pas visible. Il est cinq heures. Peut-être est-il parti plus tôt. Par contre, ce que je vois, c'est une traction noire, neuve, qui vient de se garer devant la banque. Elle porte les plaques WWO en instance d'immatriculation. Au volant, un homme en gabardine claire, les cheveux noirs plaqués, les mains gantées de pécari.

Je le désigne à Bonnel.

– Loutrel, patron. Moustique m'a dit qu'il prendrait le volant, il ne s'est pas trompé. Le profil ressemble à celui des photos que nous possédons.

– Ah oui ? fait Bonnel, nullement convaincu. Votre imagination vous perdra, mon pauvre Borniche. Vous ne voyez donc pas que c'est un client qui apporte son argent à la banque...

– Les banques sont fermées à cette heure-ci, patron. D'ailleurs, il ne bouge pas. Et Attia, à l'arrêt de l'autobus, qu'est-ce que vous en faites ?

– D'accord, d'accord, dit Bonnel. Mais moi ce qui m'intéresse, c'est le flag. On va aller au-devant de l'encaisseur, on va le suivre et quand le braquage se fera, on interviendra. On a tout ce qu'il faut pour ça.

De fait, sous nos pieds, les mitraillettes Sten se promènent entre les strapontins et la base de la banquette arrière. Je n'ai pas très bien compris pourquoi Crocfer a pris le volant d'une traction familiale à huit places au lieu d'une onze légère, plus rapide. Allez savoir ce qui se passe dans la tête des chefs, en matière de plan d'action! Crocfer a dû exécuter les ordres.

Nous laissons le Crédit d'Escompte derrière nous et Crocfer accélère sur le quai de Bercy. Je sonde les grilles de la halle aux vins, sur la gauche, espérant apercevoir dans les innombrables ruelles, perpendiculaires au quai, la 1880 RK 1 de l'encaisseur Lejeune. Sans succès.

Soudain, alors que nous arrivons à la hauteur de la rue de Dijon, elle apparaît, roulant à vitesse réduite, mais en sens inverse, en direction de la banque.

– Le voilà! dis-je. Il a fini sa tournée plus tôt que prévu.

– Demi-tour, vite! lance Bonnel au chauffeur. Rattrapez-le-moi!

Crocfer pile, braque à fond pour virer, mais les tractions sont incapables de tourner court. Surtout une familiale. Il s'énerve, rate sa manœuvre, exécute une marche arrière. Il enclenche le levier de commande situé à droite du volant, sur le tableau de bord. Crac! Gémissement de la boîte de vitesses.

– Alors! braille Bonnel, c'est pour aujourd'hui ou pour demain?

Le hurlement du commissaire achève de paniquer Crocfer qui repasse la première... et cale.

– Alors, ça, c'est la plus belle! s'égosille Bonnel. Si vous le faites exprès, Crocfer, il faut le dire!

Non, il ne le fait pas exprès, le pauvre chauffeur qui actionne fébrilement la tirette du démarreur placée à gauche du tableau de bord. Patatras. La tirette lui reste entre les doigts. Le câble qui la reliait au lanceur a lâché.

Pâle, Bonnel ne dit plus rien. Crocfer saute à terre et, la manivelle à la main, il s'efforce de relancer le moulin. Enfin, ça y est. La traction s'extrait du quai de Bercy qu'elle avait bloqué en son travers, interdisant la circulation. Tandis que nous fonçons vers le quai de la Rapée, Bonnel râle, Crocfer râle et moi, je me tiens coi. Paniqué.

Je n'ai pas tort de me faire du souci, car l'attroupement d'une dizaine de personnes, devant la banque, ne présage rien de bon. Au centre, la Celtaquatre du père Lejeune, immobilisée, un pneu crevé.

– Police, dit Bonnel écartant d'autorité les badauds. Qu'est-ce qui se passe ?

Un homme élégant se présente :

– Je suis le directeur de l'agence. Il se passe que mon encaisseur vient d'être attaqué. Des gangsters lui ont tiré dessus. A peu de chose près, il était mort. Tout ça pour une sacoche...

Je ne souffle mot, anéanti. Et si, pour tenter de coffrer des truands, j'avais eu la mort d'un pauvre homme sur la conscience ? Il est vivant, heureusement, bien vivant puisqu'il me présente son chapeau, qu'une balle de gros calibre a troué.

– Vous vous rendez compte si je l'ai échappé belle ! J'ai senti la balle frôler mes cheveux...

Une chose est sûre : un fâcheux concours de circonstances fait que nous venons bêtement de rater Pierrot le Fou alors que nous l'avions à portée de main. Tant de salive pour rien, à l'Étape ! Qui sait si pareille occasion se renouvellera un jour ? Je fais, malgré moi, le rapprochement avec le ratage de la préfecture de police à l'Auberge de Champigny. Il ne faut jamais dire fontaine...

– Leur bagnole est là-bas, fait Lejeune en frottant son crâne. Vous voyez, la traction immatriculée en WWO ?

Je la vois, bien sûr. Je ne vois qu'elle. Vide d'occupants. Pendant ce temps, l'encaisseur raconte ses mésaventures.

– Au moment où j'arrivais à hauteur du Crédit, trois hommes surgis je ne sais d'où m'ont braqué. L'un d'eux a ouvert la portière et a tiré un coup de feu sur moi. Un autre a pris la sacoche et le troisième, un grand type au teint basané avec une dent en or, a crevé le pneu avant en rigolant : « C'est pour pas que tu nous rattrapes, pépère », qu'il m'a dit. Le type au volant, en gabardine claire, a démarré sec mais il a calé son moteur. Je l'entendais dire « merde, merde ! », et il a sauté de la voiture. Mon directeur a ramassé devant la portière la tirette de leur démarreur qui avait cassé.

Crocfer m'adresse un regard triomphant. Décidément, la traction souffre d'un défaut congénital !

– Et alors ? demande Bonnel.

– Je ne sais pas, je tremblais tellement. Ils ont arrêté une camionnette et ils ont obligé le chauffeur à les prendre à bord. Ils sont partis avec.

Je n'écoute plus. Si je veux en savoir plus, je n'ai qu'un moyen : me précipiter à l'Étape. Si Moustique s'y trouve, comme chaque soir à l'apéritif, on a peut-être une chance de remonter jusqu'au gang.

– ' soir, dis-je en refermant la porte.

Cette façon de saluer mes relations de comptoir est devenue une habitude. Suis-je déformé par ce que je viens de vivre ou ai-je le sens des réalités, toujours est-il que l'ambiance me paraît manquer d'entrain. Peu de monde au zinc, personne aux tables du fond. Ni Grand Jo, ni Gros Jo, ni Moustique. Jeannot-les-grandes-oreilles, d'ordinaire enclin à plaisanter, fait triste mine.

Je le sollicite :

– Tu ne sais pas si Moustique vient ce soir ?

– Il est parti faire une course.

C'est tout. Je ne me suis pas trompé, le climat n'est pas à l'euphorie en cette fin d'après-midi, grise à tous points de vue.

C'est long d'attendre lorsqu'on ne se sent pas à l'aise dans une atmosphère de funérailles. Je jette un coup d'œil à ma montre, pour la forme.

– J'ai encore cinq minutes, dis-je. Si je ne le vois pas, on se retrouve demain soir, à l'apéritif.

La porte s'ouvre à la volée. Moustique pénètre en trombe dans le bar, fait un signe de connivence à Jeannot, lui murmure quelques mots à l'oreille, m'aperçoit enfin.

– Ah, Oscar, je ne t'avais pas vu ! Ça va ?

– Ça va. Je m'en allais. Tu bois un pot ?

Il fait non de la main.

– Pas possible, faut que je rapporte la bagnole du Grand Jo. Tu vas par où ?

– Pigalle.

– Je peux te déposer à Barbès.

La 402 Peugeot blanche remonte le boulevard de Strasbourg puis le boulevard Magenta. Tout en conduisant, Moustique me fait part de la mésaventure de Bercy.

– Tu sais qu'on a du pot pour la halle aux vins, me dit-il. Ils ont été marron. Ce vieux filou d'encaisseur avait mis sa recette ailleurs. Tu ne sais pas ce qu'il y avait dans la sacoche ? Son casse-croûte, mon vieux, un sandwich au fromage qui puait et qui dégoulinait ! Jo s'en est foutu plein les doigts. Le Dingue est fou de rage. Ils ont dû braquer une camionnette puis un toubib pour se tailler, le démarreur était resté dans la main de Pierrot... Jo m'a téléphoné à l'Étape. Ils se mettent tous en cavale. J'ai l'impression qu'on n'est pas près de les revoir. Champigny, Bercy, ça brûle trop pour eux.

Ça brûle tant que mes visites successives à l'Étape ne servent plus à grand-chose. Ni les deux Jo ni Moustique n'y réapparaissent. Les cavaliers chers à Martin Cayla ont quitté les lieux au triple galop.

Jeannot-les-grandes-oreilles, ayant perdu sa principale clientèle, vend quelque temps plus tard son pas-de-porte.

La police marseillaise arrête Jo Attia le 11 juillet 1947, chez son ami Guidicelli, au bar du Printemps, puis vingt jours plus tard Georges Boucheseiche, à Cannes, alors qu'il jouait les estivants. Mais Pierre Loutrel, Pierrot le Fou n° 1, n'a jamais été retrouvé vivant.

Cette affaire du quai de Bercy m'est restée longtemps, très longtemps sur l'estomac. Pierrot le Fou n° 1 était ce que nous appelons en langage policier un beau crâne!

***

Peu après la Libération, les Loutrel, Danos, Fefeu, Boucheseiche, tous les durs de la Carlingue, s'en étaient donné à cœur joie. Attaques d'encaisseurs, de bijoutiers, de fourgons, le banditisme n'avait jamais connu un tel essor. Après Loutrel, Pierre Carrot avait pris le relais dans la dynastie des Pierrot le Fou. Et c'est parce que Carrot me l'avait dénoncé comme ayant participé en sa compagnie à des cambriolages, que j'ai pu faire comparaître Jo Attia en cour d'assises, le 16 décembre 1953. Mais c'est aussi pour le sortir d'un mauvais pas que, de mon libre arbitre, j'ai repris une enquête qui pouvait l'entraîner loin, très loin, dans le domaine de la répression.

A la suite de la fusillade de Champigny, en septembre 1946, deux innocents, André Decurzier et Mario Prost, avaient on s'en souvient payé de leur vie leur présence à l'Auberge.

Le juge d'instruction Roger Daniault, chargé d'une information contre X pour tentative de meurtre sur agents de la Force publique, avait placé Jo Attia sous mandat de dépôt malgré ses protestations d'innocence. J'ai souvent eu l'occasion de travailler avec ce magistrat d'une grande courtoisie et d'une grande probité. Le public l'ignore mais c'est à ce juge que l'on doit l'extermination des gangs de l'après-guerre malgré les chausse-trappes que certains avocats à l'honnêteté élastique ont semées sur sa route.

Le Grand Jo est donc à Fresnes depuis son arrestation. Je suis très au courant des pratiques de cette prison où les anciens détenus exercent une domination totale sur les « bleus ». Lorsqu'un « mouton » a parlé à la police, on lui fait subir des pressions telles qu'il est contraint de se rétracter au prochain interrogatoire.

Derrière les hauts murs, une autre justice se moque de la vraie et rend ses verdicts au nom d'une loi implacable, celle du Milieu.

Attia, qui, avec Boucheseiche, joue les terreurs, a eu l'occasion de découvrir, depuis nos rencontres à l'Étape, qu'Oscar le Ténébreux appartenait en fait à la Grande Maison. Il ne m'en a pas voulu. Beau joueur, il a reconnu que j'avais bien interprété mon rôle.

– Et dire, a-t-il ajouté, que ce petit con de Moustique buvait tes paroles. Maintenant, je comprends pourquoi le commissaire Bonnel était si vite arrivé quai de la Rapée. Vous auriez pu nous faire tous marron et Pierrot en premier.

– Justement, où il est, Pierrot ?

Il m'a regardé avec condescendance :

– Si tu comptes sur moi pour te le balancer, tu peux toujours attendre, Oscar. Il est mort, pour toi. Pour moi aussi, d'ailleurs.

Paroles sybillines qui devaient trouver leur signification quelque temps plus tard.

Mais pour l'heure, en dehors de son inculpation pour association de malfaiteurs, Attia doit répondre aux questions du juge Daniault sur sa présence à l'Auberge de Champigny.

– Vous étiez bien là lorsque Prost et Decurzier ont été abattus ?

– Oui, monsieur le Juge.

– Vous avez traversé le barrage de police dans une voiture Delahaye ?

– Oui, monsieur le Juge.

– Vous vous êtes arrêté à l'entrée de l'Auberge et vous avez ouvert le feu sur les policiers, déclenchant la fusillade qui coûta la vie à deux innocents ?

– Non, monsieur le Juge.

Attia esquisse un sourire. Ses années de boxe ont sculpté son visage. Il a revêtu son costume marron à fines rayures, plutôt froissé. Toujours tranquille, il insiste :

– Je n'ai pas tiré, monsieur le Juge.

Rivalisant de calme et de courtoisie, Roger Daniault désigne une petite table placée contre le mur de son cabinet et sur laquelle reposent des armes de tous calibres saisies par la police dans différentes affaires imputées à la bande.

– Parmi ces armes, Attia, se trouve le colt 11.43 qui a été découvert dans la Delahaye abandonnée par vous après la fusillade. Le reconnaissez-vous ?

– Oui, monsieur le Juge. Celui de gauche est le mien.

– Vous en êtes sûr ?

– Absolument. Je le reconnaîtrais entre mille. Si vous aviez un tournevis, monsieur le Juge, je vous le prouverais.

Le magistrat n'a pas cet objet sous la main mais le garde-mobile présent lors de l'interrogatoire a ce qu'il faut en poche : un couteau suisse à plusieurs lames dont l'une fait office de tournevis.

– Je vais vous prouver qu'il s'agit bien de mon arme, monsieur le Juge. Je dévisse devant vous les plaquettes de la crosse et vous verrez que mes initiales JA se trouvent gravées dans l'acier.

La plaquette ôtée, les initiales apparaissent, en effet.

– Vous voyez que je vous dis la vérité, triomphe Attia. Mon colt n'a jamais tiré.

– C'est bon, dit le juge. Garde, remettez tout en ordre. Quant à vous, Attia, je vous inculpe de tentative de meurtre sur agents de la Force publique car votre arme a bien percuté les douilles retrouvées sur place. L'identité judiciaire est formelle. J'ai son rapport au dossier.

Jo Attia est sidéré. Il proteste timidement mais l'instruction est terminée pour aujourd'hui. Il regagne Fresnes, sans comprendre comment son arme a pu être utilisée.

– Essayez de savoir ce qui s'est réellement passé, me dit le juge au téléphone, après m'avoir raconté leur entrevue. Attia avait l'air tellement surpris de son inculpation que je me pose des questions.

– Mais n'est-ce pas l'affaire du quai des Orfèvres, monsieur le Juge ?

– Justement, Borniche. On ne pourra pas me taxer de partialité si la Sûreté mène la contre-enquête. Vous vous êtes déjà occupé de la bande de Pierrot le Fou. Vous connaissez Attia. A vous de savoir s'il dit vrai !

Je me mets en chasse. J'interroge tour à tour les gardiens et les inspecteurs qui ont participé à l'assaut de l'Auberge, puis l'inspecteur principal Nouzeilles, qui avait sous ses ordres les collègues de la brigade des agressions.

C'est un Pyrénéen coriace, Émile Nouzeilles, à l'accent rocailleux, au béret basque en fer de lance.

– Une connerie de l'inspecteur F. reconnaît-il, le masque tourmenté. Quand Prost est apparu à la fenêtre pour fermer ses persiennes, il a tiré, croyant que c'était un truand. Et il a fait la même erreur sur Decurzier. Après le feu d'artifice, nous nous sommes retrouvés avec deux morts sur les bras! Des morts qui n'avaient rien à voir avec les gangsters.

Un accident – ce qu'on appelle aujourd'hui une bavure –, une erreur, une maladresse provoquée par la frousse, ça s'explique. Ça peut même s'excuser. Mais les gars de Nouzeilles ont poussé le bouchon un peu loin. Quand ils ont découvert le colt dans la Delahaye, ils ont pensé que c'était l'occasion idéale de justifier la fusillade. Saisissant l'arme dans un chiffon pour ne pas y laisser d'empreintes, un inspecteur a tiré deux balles dans le sol. Il a suffi ensuite de ramasser les douilles et d'envoyer le tout à l'Identité judiciaire pour faire hériter le Grand Jo d'une inculpation de tentative de meurtre sur agents de la Force publique. La bavure était effacée.

Son non-lieu obtenu, grâce à mon enquête, Jo Attia n'a jamais oublié le service rendu. C'était un truand, mais un truand bien. « Mauvaise tête mais bon cœur », il comprenait qu'un flic fasse son métier, surtout un jeune comme moi, bourré d'idéaux sur le Bien et le Mal, la Démocratie, la Justice.

Je suis souvent allé lui rendre visite à la prison de Fresnes.

– Ça va, Jo?

– Ça va, monsieur Borniche. Vous avez drôlement été chouette pour le coup de Champigny. Parce que c'est un coriace, le Nouzeilles.

– Coriace, mais honnête, Jo. Il m'a tout expliqué.

Je marque un temps, puis :

– Toujours pas de nouvelles du Dingue ? Parce que sa mort, je n'y crois pas.

– A votre guise.

Voilà bien longtemps que nous avons perdu la trace de Pierrot le Fou n° 1. Mais Nouzeilles a eu sa revanche.

Grâce à une information qu'un de ses inspecteurs a recueillie à Montmartre, il a déniché un certain Momon, ancien truand reconverti dans l'élevage du chien policier à Porcheville, près de Mantes. Edmond Courtois, dit Momon, ancien camarade de Loutrel et d'Attia aux Bataillons d'Afrique, a parlé. Pierrot le Fou était mort en novembre 1946, lamentablement. Il avait beaucoup bu avant d'agresser un bijoutier de la rue Boissière nommé Serafian. Il s'était engouffré seul dans la bijouterie et avait menacé le commerçant qui avait tenté de le désarmer. Loutrel avait tiré, puis il avait battu en retraite, poursuivi par le bijoutier ensanglanté qu'un complice avait dû abattre.

Loutrel, que l'alcool rend maladroit, s'affale sur la banquette arrière. Par saccades, il s'évertue à glisser son Colt dans sa ceinture. La boucle heurte la détente. Avec la force du tonnerre, une détonation retentit dans la traction qui dévale l'avenue Kléber. Les doigts de Loutrel se crispent sur ses entrailles. La balle s'est logée en plein ventre. Ses copains le transportent immédiatement chez un médecin marron qui le fait entrer dans une clinique et opérer. Trois jours après l'intervention, le toubib se rend compte que le blessé ne survivra pas. Il alerte la bande, insistant pour qu'on enlève Loutrel de la clinique. Attia et Boucheseiche, encore lui, se déguisent en ambulanciers, emmènent Pierrot chez Momon. Deux jours après son arrivée à

Porcheville, il meurt. Que faire du corps ? On décide de l'enterrer dans l'île où personne ne vient jamais.

Mais Pierrot le Fou a une maîtresse. Voyant son homme déserter la couche quasi conjugale, Marinette Chadefaux demande des explications à Attia, qui finit par lui apprendre la mort de son Jules. Marinette pique une colère, reproche à Attia et aux autres d'être responsables de la mort de Pierrot qu'ils auraient dû empêcher d'entrer dans la bijouterie ! Elle menace de tout raconter aux flics ! Boucheseiche et Attia la calment, lui proposent de l'emmener voir la tombe de son cher et tendre. Marinette les accompagne dans l'île. Personne ne la reverra.

Plus tard, quand je l'ai interrogé, Boucheseiche a prétendu que le Grand Jo avait joué l'exécuteur, mais je ne l'ai jamais cru. Ce n'était pas le genre d'Attia de descendre une femme d'une balle dans la nuque. Peut-être parce qu'il en avait tant vu, en Allemagne... C'était un truand, soit. Mais pas un tueur.

Je n'ai pas revu Jo Attia, sauf une fois, deux minutes, sur un trottoir. Il sortait du Gavroche, le bar que Carmen, sa femme, exploitait avec lui. On s'est serré la main.

– Alors, inspecteur, ça roule ?

– Ça roule, Jo.

– Vous savez que nous sommes collègues, maintenant ?

Il a tiré un porte-cartes de la poche intérieure de son veston et me l'a tendu. J'ai vu une carte barrée de tricolore, délivrée par le SDECE, les services secrets français.

– Ça vous intéresserait de venir chez nous ? a-t-il dit avec un sourire, connaissant déjà ma réponse.

– Merci, Jo. Excuse-moi, je suis pressé, j'ai rendez-vous.

Je l'ai quitté. C'était vers la fin de l'année 1958. On murmurait alors qu'il avait été mêlé à la liquidation de Lemaigre-Dubreuil, un Français du Maroc, une histoire politique.

En 1965, Jo Attia est mort dans son lit, d'un cancer. Henri Fefeu, le complice beau garçon de la halle aux vins, l'avait devancé. Lui, c'était la tuberculose : il a fini dans un sana pénitentiaire. Les autres de la bande sont morts flingués comme Georges Boucheseiche, à la suite de l'affaire Ben Barka. Ou fusillés, comme Abel Danos.

***

Des années plus tard, quand il était de bonne humeur, le commissaire Bonnel me disait encore :

– Au fond, votre numéro de truand n'a pas mal marché... Vous auriez pu faire carrière au cinéma, Borniche. Vous auriez dû persévérer.

Il souriait avant d'ajouter, immanquablement :

– Au fait, rappelez-moi votre chanson... Celle que vous chantiez au moment de l'Étape : *J'ai deux œufs durs dans du porto ça met en vrille les biscoteaux...*

Je ne crois pas qu'il se moquait; c'était un brave homme, Raymond Bonnel, qui vit une retraite paisible aux environs de Cannes. Et pourquoi aurais-je honte de ma vie d'artiste ? Les œufs durs de Martin Cayla n'ont-ils pas été à l'origine de ma première grande affaire ?

5

Pierre et Gaston Becker
Le crime des musiciens ambulants

Par une froide et humide matinée de décembre 1945, la traction de la Brigade traverse Paris, en direction de la banlieue est. Crocfer est au volant. Il me semble parfois que l'inspecteur-chauffeur prend plus de plaisir à conduire qu'à mener une enquête. Il faut avouer que pour tenir un volant, il s'y entend. J'admire sa dextérité en silence. Il est à peine huit heures et je suis encore embrumé de sommeil, aussi comateux que le temps. Une pluie fine tombe par intermittence, juste assez pour avoir imbibé mon imperméable, quand je suis sorti de chez moi pour rejoindre la voiture qui m'attendait à une centaine de mètres. On se gare où on peut.

Le long des avenues, les arbres se dressent, sombres et dénudés, lugubres silhouettes qui, l'hiver, peuplent les trottoirs de la ville. Tout à l'heure, le commissaire Bonnel m'a téléphoné pour m'aviser que Crocfer passait me prendre, direction Ormesson, pour un crime crapuleux. Un couple, les Marlet, tenanciers d'un café du village, a été massacré et dépouillé.

La « Onze légère » coupe le bois de Vincennes figé par le givre. Sur le pont de la Marne, un camion nous bloque plus de cinq minutes. J'en profite pour contempler une péniche coulée près d'une arche depuis plusieurs jours – je l'ai lu dans *France-Soir* – et dont l'épave ajoute à la désespérance du paysage. Enfin, nous atteignons Ormesson.

Devant un café, dans la tranquille avenue Olivier, deux gendarmes contiennent un attroupement de badauds. Crocfer, pour faire étalage de sa virtuosité, exécute un virage sur les chapeaux de roue et immobilise la traction dans un crissement de pneus. Parmi le groupe qui se tient sur le seuil du modeste établissement, le commissaire de police du secteur, un petit gros au visage rosi par le froid, tire sur sa pipe calée au creux de sa main. Près de lui, dignes et sombres, le procureur de la République de Corbeil, le juge Delauney reconnaissable à son épaisse chevelure grise, et son greffier. Tout ce petit monde grelotte, col du pardessus relevé.

Le commissaire me serre la main puis se tourne vers une femme qui, légèrement en retrait, porte épinglé sur son ample manteau gris le sigle des services postaux.

– Mme Moulin, dit-il en me la désignant. C'est la préposée des Postes qui a découvert le corps.

Visiblement, la pauvre femme est encore secouée par l'émotion. Sans même en être priée, elle répète à mon intention comment la « chose » est arrivée.

– J'avais un peu de courrier pour les Marlet. J'allais le glisser comme d'habitude sous la porte lorsque j'ai vu qu'elle n'était pas fermée, simplement entrebâillée. J'ai poussé le battant. Je suis entrée. Personne. Pas un bruit. J'ai déposé les lettres sur le comptoir et j'ai appelé. C'est alors que je me suis aperçue que le ménage de la salle n'était pas fait. Intriguée, je me suis avancée jusqu'à la cuisine, et alors là...

D'un signe de tête, le commissaire m'invite à le suivre. Nous pénétrons dans le café, traversons la salle.

L'arrière-cuisine offre un spectacle hallucinant. A croire qu'une tornade a traversé la pièce. Les meubles sont renversés, les tiroirs jetés sur le sol. Tout a été fouillé, pillé. Sur le sol, deux serpettes tachées de sang.

– La pauvre Mme Marlet était dans la buanderie, balbutie la postière qui se met à trembler. Elle était ligotée. Son visage était méconnaissable, couvert de bleus et de plaies. Ses mains étaient ensanglantées, et l'annulaire gauche était coupé. Les assassins ont dû vouloir prendre son alliance et la bague qu'elle portait au même doigt...

– Ils l'ont amputée avec un sécateur, renchérit le commissaire dont le visage couperosé de bon vivant vire au vert. Quand madame l'a trouvée, elle respirait encore. Nous l'avons fait transporter à l'hôpital.

Il me prend par le bras, m'entraîne jusqu'au premier étage. Dans la chambre à coucher, le médecin légiste achève d'examiner un corps recroquevillé sur le plancher, au centre d'une mare de sang coagulé.

– La mort de Marlet remonte aux environs de vingt-deux heures, dit le praticien. Les deux plaies qu'il porte à hauteur du sein gauche, sur la poitrine, prouvent qu'on lui a tiré dessus alors qu'il était debout, devant son lit. Peut-être s'apprêtait-il à se coucher... Je n'ai pas encore vérifié mais les balles qui l'ont traversé ont dû aller se ficher dans le mur au-dessus du lit.

Le légiste a vu juste. Je m'approche, inspecte le mur tapissé d'un abominable papier à fleurs. Les balles sont effectivement dans le plâtre. Je les extrais avec précaution de la pointe de mon canif, puis je récupère les douilles qui avaient roulé sous le lit. Cocagne, le photographe de l'Identité judiciaire, a déjà préparé son appareil à soufflet. Il prend les clichés, relève l'emplacement du corps, dresse un croquis, tandis que je quitte la chambre, pour rejoindre les badauds, de plus en plus nombreux. Je m'informe à voix haute si parmi eux se trouvent des témoins potentiels qui auraient pu remarquer la présence *du* ou *des* assassins.

– Que ceux qui ont quelque chose à déclarer donnent leur identité à monsieur le Commissaire, dis-je. Nous les entendrons séparément à la mairie.

Puis commence l'enquête de routine, après que les magistrats se sont retirés.

Le porte-à-porte dans l'avenue Olivier ne donne aucun résultat. Les commérages vont bon train, les lamentations se répandent mais personne n'a vu de suspect, ni même d'inconnu dans le secteur. Le café n'était fréquenté que par des habitués.

Toutefois, l'un des voisins se souvient brusquement que dans les premiers jours de décembre deux romanichels, musiciens ambulants, ont poussé leur complainte dans les rues d'Ormesson, l'un accompagnant l'autre à la guitare. Leur signalement approximatif m'est fourni ainsi que leur rengaine : *Santa Lucia*, l'unique chanson qu'ils interprétaient avant de frapper aux portes pour solliciter la générosité des habitants.

A défaut d'autre piste, je passe ma journée à questionner les maires et les gardes champêtres des communes avoisinantes où Crocfer me conduit, toujours avec la même fougue, toujours avec la même vélocité. Le passage des chanteurs ambulants a été remarqué, de même que leur unique ritournelle : *Santa Lucia*, mais personne n'a rien à leur reprocher. Leur signalement correspond à celui qui m'a été fourni à Ormesson : très bruns, chevelures très fournies, l'un plus âgé et plus petit que l'autre. Fait intéressant, ils n'étaient plus deux mais trois. Un compère faisait la quête, gitan également, il avait la figure ronde et portait en permanence un chapeau.

Dernier détail : aucun service de police ou de gendarmerie n'a contrôlé l'identité de ces hommes.

Noël puis le Jour de l'An s'écoulent sans qu'un fait nouveau vienne relancer l'enquête. Une dénonciation anonyme a bien mis en cause un chômeur, un certain Christian Darangeard qui passe à Ormesson pour un mauvais sujet au casier judiciaire chargé, mais son alibi tient le coup.

Il ne me reste plus qu'à espérer l'interpellation des trois romanichels à la suite de la diffusion régionale que je lance en précisant leur signalement, et surtout le titre de leur chanson favorite. Si ces deux-là sont coupables, sans doute procèdent-ils toujours de la même façon, repérant leurs futures victimes en faisant du porte-à-porte musical. Il y a de fortes chances pour qu'ils écument les départements périphériques.

Et puis, je me souviens que Jo Privat, un ancien camarade de régiment – nous avons « glorieusement » servi ensemble sous le drapeau du 92e régiment d'infanterie à Clermont-Ferrand – et l'un des meilleurs accordéonistes du moment, m'a souvent parlé de la Porte de Montreuil comme étant le rendez-vous des musiciens ambulants. Le soir, sur les terrains vagues, ils forment le cercle autour d'un guitariste et passent une partie de la nuit à rivaliser de talent. Jo, Django Reinhardt ou Gus Viseur, vedettes musicales consacrées de ces années-là, venaient se délecter des mélodies improvisées par les gitans.

Je me rends donc à plusieurs reprises à la Porte de Montreuil, grossissant les rangs des amateurs de swing, interrogeant tous ceux qui, de près ou de loin, me paraissent liés aux gratteurs de cordes, mais en vain. Je ne récolte aucune indication sur le trio qui m'intéresse.

Le travail de l'enquêteur est un travail de fourmi. Il faut se déplacer, couvrir du terrain, mais aussi se plonger dans les rapports, les éplucher ligne après ligne... Et compter sur sa chance. Enfin, le 10 février 1946, l'avis de recherche que j'ai lancé auprès des services de police et de gendarmerie de la région parisienne porte ses fruits.

Les policiers, dans leur grande majorité, ont tort de tourner les gendarmes en dérision. Ce sont de formidables auxiliaires de justice. La preuve, c'est que la brigade d'Étampes m'avise qu'elle a interpellé un musicien qui quêtait après avoir joué l'air de *Santa Lucia*. L'homme se nomme Pierre Becker, dit le Tatoué en raison des nombreux motifs qui ornent son corps. Même ses paupières sont décorées.

Pierre Becker fait grise mine en débarquant dans mon bureau. Je l'examine en silence, fixant le tatouage qui bleuit sa paupière gauche. Un témoin ne m'avait-il pas signalé que « l'homme avait quelque chose à un œil, comme un dessin sur la paupière » ?

L'interrogatoire est rapide. Le gitan ne fait que confirmer avoir chanté à Ormesson et dans les environs, mais il nie bien sûr toute participation au meurtre.

Quelques jours plus tard, Gaston Becker, son frère cadet, est interpellé à son tour par la gendarmerie, ce qui réduit singulièrement mon rôle dans l'enquête Marlet.

Je ne suis pourtant pas resté inactif. A la suite d'une plongée générale dans les archives et les fichiers de la Direction de la Sûreté nationale, j'arrive vite à la certitude que les frères Becker ont sévi en Indre-et-Loire. On leur attribue une série de larcins et, pire, ils sont même suspectés d'un meurtre commis dans un village du département et dont l'assassin n'a jamais été formellement identifié. La victime, un rentier, a été abattue à coups de pistolet.

Vingt-quatre heures plus tard, l'Identité judiciaire que j'ai sollicitée en urgence conclut à la concordance totale entre les douilles trouvées dans la chambre des époux Marlet et celles ramassées dans la maison de la victime d'Indre-et-Loire. Sans l'ombre d'un doute, ces douilles proviennent de la même arme.

Je ne laisse pas à la gendarmerie le soin d'exploiter ce renseignement providentiel. Chacun pour soi. D'ailleurs, les deux Becker ont été placés dans deux cellules de la Brigade, gardés à vue, avec interdiction de communiquer.

Depuis la réforme du Code pénal de 1958, un suspect ne peut être maintenu plus de vingt-quatre heures dans les locaux de police, quarante-huit heures au plus, après avis du procureur de la République s'il existe des charges précises contre lui. Mais en 1946, police et gendarmerie se moquaient bien des délais légaux. Les gardes à vue se prolongeaient indéfiniment, pendant trois jours, huit jours, quinze jours s'il le fallait, sans que personne n'y trouve à redire.

Bien que l'arme du crime ne soit pas en ma possession, le rapport de l'Identité suffit pour faire perdre son assurance à Pierrot Becker. Il s'effondre, mettant en cause son frère cadet dans les assassinats du rentier d'Indre-et-Loire et du cafetier d'Ormesson.

– On voulait simplement prendre la caisse, avoue-t-il. Gaston a perdu les pédales. Les cris des deux victimes pouvaient alerter les voisins. Il a tiré.

Gaston Becker, d'abord réticent, a demandé à être mis en présence de son frère. Mais les accusations de Pierre ne lui laissent d'autre choix que d'entrer lui aussi dans la voie des aveux.

– Oui, c'est moi qui ai tiré, reconnaît-il. Deux accidents stupides, dictés par la peur. Pierrot n'a fait que participer au vol, et encore très peu.

Sur leur lancée, les deux musiciens ambulants dénoncent le complice qui leur indiquait des coups : un nommé Michel Weiss, gitan lui aussi, dont ils prétendent ne connaître ni l'identité exacte ni le domicile.

Le juge Delauney, de Corbeil, réclame les deux frères pour les inculper et commencer son instruction. Il me laisse le soin de découvrir Weiss, le troisième larron.

Nouvelle plongée dans les archives de la Sûreté et de la préfecture. Des Weiss, il y en a des quantités. Rien à espérer de ce côté-là. Je décide alors de revenir à la source. L'inspecteur-chauffeur Crocfer me dépose à la prison de Corbeil où, un permis de communiquer en poche, je tente ma chance auprès de Pierrot le Tatoué.

Le numéro de charme que je lui fais, les cigarettes et le chocolat que je lui offre n'ont pas l'heur de le dérider. Il est soucieux, cela se voit. On le serait à moins. Il ne se montre guère loquace mais je réussis tout de même, au détour de la conversation, à lui extirper le surnom de Weiss : Michel le Terrible.

– Pourquoi le Terrible ?

– Parce qu'il répète sans cesse « c'est terrible ».

Cette fois, la démarche au fichier des sobriquets est bénéfique. Ne souriez pas, chaque service de police possède ce classement spécial qui permet l'identification d'individus dont on ne connaît pas l'identité réelle. Michel le Terrible, ainsi, est noté pour délits successifs de vagabondage, délit mineur établi lorsqu'un individu interpellé par la police ne possède pas sur lui une somme minimale de cinq francs. Suspecté de se livrer à la mendicité ou au vol, il peut alors être déféré au Parquet et écroué, ce qui ne l'empêche pas, lorsqu'il est libéré, d'être toujours aussi démuni.

A plusieurs reprises, Weiss a donc fait l'objet de ce que l'on appelle, en langage administratif, un examen de situation. En consultant sa fiche, je note qu'il fréquentait, lors de sa dernière interpellation, une fille nommée Madeleine Vautot, domiciliée rue de l'Évangile, à Paris 18ᵉ. Je connais cette rue. Elle empeste le gaz d'éclairage. Il faut dire qu'elle longe les gazomètres qui alimentent la capitale.

L'immeuble du type habitation à loyer modéré où réside la fille Vautot est une construction de six étages, en brique rouge, au fond d'une cour en forme de U qui dessert plusieurs corps de bâtiment. La loge de la concierge se trouve à droite de la barrière métallique qui protège l'ensemble des immeubles.

La « bignole », comme on appelait alors ces dames avant qu'elles ne prennent le titre plus ronflant de gardienne, est jeune, brune, grassouillette et coopérative. Dans la photographie de Weiss que je me suis procurée, elle reconnaît un habitué des Vautot, mère et fille.

– Il va, il vient, de préférence quand la nuit est tombée. Je l'ai aperçu deux ou trois fois rasant les murs. Il est petit, trapu, porte une moustache et un chapeau qu'on dirait vissé sur son crâne. Vous dire s'il est là ou pas, c'est difficile. Et avec la mère Vautot, une vieille chipie, impossible de savoir quelque chose... Tout ça reste entre nous, n'est-ce pas ?

Ma décision est prise. J'escalade les six étages sans ascenseur et frappe à la porte gauche du palier. Je ne tiens pas à planquer pendant des heures, des jours et des semaines, dans l'attente de la venue ou de la sortie problématique de M. Weiss !

A travers le panneau, une voix éraillée demande :

– Qui est là ?

– Le gaz, madame Vautot.

– Comment ça, le gaz ? Vous êtes passé il y a trois jours !

Je ne perds pas mon sang-froid. Mon ancien métier de chansonnier m'a donné des réflexes.

– Bien sûr qu'on est passé. Seulement il y a trois jours ça ne sentait pas le gaz comme maintenant dans l'immeuble. Il y a une fuite quelque part. On cherche.

Premier demi-succès, la porte se décadenasse. Première demi-déconvenue, la tête d'une mégère apparaît dans l'entrebâillement, mais une chaîne de sécurité empêche toute intrusion.

– Ça ne sent pas le gaz chez moi!

– Vous trouvez? Parce que vous y êtes habituée! Ça empeste sur tout le palier. Manquerait plus que vous fassiez sauter la baraque.

La bouche se tord en une moue de scepticisme mais la chaîne tombe. Le premier pas est fait. Je pousse mon avantage.

– Curieux que vous ne sentiez rien. Où est le compteur?

Elle désigne le derrière de la porte, la referme.

– C'est là...

J'ai devant mes yeux l'enfilade du couloir avec, sur la droite, une cuisine et au fond deux pièces dont les portes sont fermées. J'aimerais y jeter un coup d'œil sans alerter la femme si, par hasard, Michel Weiss n'est pas dans le logement.

– Vous n'auriez pas un escabeau?

D'autorité, j'entre dans la cuisine. Personne. J'attire une chaise à moi, grimpe dessus, tire une boîte d'allumettes de ma poche, en craque une dont je promène la flamme au ras du plafond. La flamme vacille pour la simple raison que l'air chaud la fait bouger.

– Vous la voyez, la fuite? dis-je.

Elle a l'air d'en douter. J'éteins l'allumette, descends de mon perchoir, rallume une seconde allumette au ras de la porte. Cette fois, c'est le filet d'air qui filtre sous l'huis mal ajusté qui fait trembloter la flamme.

– Dites donc, dis-je en secouant la tête, c'est vraiment un coup à vous asphyxier!

J'en profite pour m'avancer dans le couloir, ouvrir la première porte puis la seconde, l'allumette enflammée à la main. Personne. Michel Weiss n'est pas là. Ça ne m'arrange pas mais j'ai bien fait de m'en assurer.

La mère Vautot n'a cessé de me coller aux talons. Quand je la quitte, je vois du coin de l'œil que sa méfiance est en éveil. Elle se borne à repousser sa porte pour surveiller mes agissements. Qu'à cela ne tienne. Je frappe chez le voisin d'en face. Pas de réponse. A cette heure, la plupart des locataires sont au travail. Je gagne le cinquième, toque aux deux portes palières. Mon appel reste vain. Tout en descendant, je devine au-dessus de moi la silhouette de Mme Vautot qui s'est avancée hors de son logement et m'épie, le cou tendu.

Je continue donc ma comédie. Finalement, ils sont trois à ouvrir leur porte, et auxquels je raconte mon histoire de gaz, sans m'attarder cette fois au jeu des allumettes.

Parvenu au rez-de-chaussée, je lève la tête. Maman Vautot est toujours là-haut, penchée par-dessus la rampe. Bon. Je vais lui en donner pour son argent. On ne sait jamais. Michel le Terrible reviendra peut-être.

Je sonne à l'unique porte qui se présente. Une vieille dame aux cheveux gris me reçoit. A peine ai-je ouvert la bouche qu'elle lève les bras au ciel.

– Alors vous, vous êtes formidables, au Gaz! Figurez-vous que j'allais vous appeler. Ça sent le gaz chez moi. Comment avez-vous su?

Je souris, avantageux :

– La routine, madame. Simplement, la routine...

Elle me tire dans l'entrée par le col de mon pardessus. Et là, effectivement, ça pue le gaz. Il y a vraiment une fuite! Je me précipite à la cuisine. Un vrai taudis. La vaisselle sale s'entasse dans l'évier et sur le réchaud. Tout est gras, poisseux. J'ôte mon manteau, débarrasse des kilos de cochonneries, dégage le réchaud. L'origine de la fuite est évidente : le caoutchouc qui relie le réchaud au tuyau en plomb d'arrivée est percé. Un trou visible à l'œil nu. Je ferme le compteur, ouvre la fenêtre. Et puis, comme je ne peux quand même pas m'en aller sans rien faire, je demande un couteau, arrache le tuyau et le raccourcis de façon à éliminer la partie trouée. Heureusement, il est assez long pour que je puisse le rebrancher.

– Surtout, dis-je à la vieille femme qui rayonne, vous n'allumez pas votre réchaud. Je suis un inspecteur, pas un réparateur. Je vous envoie très vite un technicien...

Je note son nom et file. De la loge de la concierge, j'appelle le Gaz de France et signale la fuite en les priant de faire diligence...

Quand je rentre au bureau, les collègues me font une ovation. Les uns parient que j'ai fait un cachet de ramoneur dans la nouvelle pièce qu'on monte au Châtelet, d'autres que, pris de boisson, je me suis roulé dans les détritus d'un restaurant chic. Il faut avouer que je suis dans un piètre état. Crasseux et graisseux à souhait...

Weiss fut arrêté quelque temps plus tard. Mais si je me souviens aujourd'hui de cette affaire, ce n'est pas tant en raison de mes exploits d'inspecteur du Gaz qu'à cause du procès des frères Becker.

Weiss, l'indicateur du coup, n'avait jamais supposé que le vol se terminerait par une tuerie et ne fut que légèrement condamné. Le jugement des frères Becker fut plus pénible.

J'ai encore en mémoire le moment du verdict. Quand Gaston s'est entendu condamner à mort, il s'est tourné vers Pierre, son aîné, l'homme aux tatouages. Il a poussé un hurlement de bête blessée, puis il a lancé :

– Pierre, je t'en supplie, dis la vérité maintenant ! Tu sais bien que ce n'est pas moi qui ai tiré...

Gaston s'était accusé de l'assassinat du rentier d'Indre-et-Loire et de M. Marlet, le cafetier d'Ormesson. Et maintenant, à l'heure de la justice, il adjurait son frère :

– Pierre, Pierre, ce n'est pas moi. Dis-le, je t'en prie !

L'autre, tassé sur son banc, baissait la tête, ne pouvant supporter le regard de son cadet. L'imploration pathétique du jeune Becker était un cri du cœur. Il ne faisait aucun doute que Pierrot le Tatoué était le véritable auteur des meurtres.

Le président, la cour, le public attendaient, mais Pierre s'est tu. Alors, Gaston a cessé de l'apostropher. Il s'est effondré sur son banc, secoué de sanglots silencieux, jusqu'à ce que les gardes l'entraînent, cassé en deux.

Son frère venait de le tuer.

Un meurtre de plus pour sauver sa vie.

Quelques mois plus tard, Gaston Becker était exécuté à la prison de la Santé. Et c'est à cette exécution que je pense souvent, chaque fois que je traverse la cour aux pavés gras, que j'escalade les trois marches de granit, devant la porte vitrée, au pied desquelles on élevait, dans la pénombre de l'aube, la guillotine.

Pierre, lui, s'en est tiré avec une condamnation aux travaux forcés à perpétuité. Je ne sais ce qu'il est devenu. Je ne sais pas non plus si le supplice du remords a été, pour lui, plus douloureux que le châtiment des hommes.

6

Pierre Carrot
Le caïd dégonflé

Le clochard qui tourne, se détourne, se retourne sur l'esplanade du Trocadéro, une bouteille de gros rouge dans la poche de sa veste déchirée, qui ramasse les mégots aux pieds des touristes assoiffés de tour Eiffel, qui quémande une pièce de monnaie avec des « A vot' bon cœur m'sieurs-dames » du plus bel effet, c'est moi.

En cette fin d'après-midi de juillet 1948, inondée de soleil, je guette l'apparition de Carrot, deuxième du nom dans la dynastie des Pierrot le Fou. Un coup de fil anonyme m'a signalé sa rencontre avec sa maîtresse Katia, entre dix-sept et dix-huit heures, devant le musée de la Marine. Je n'y crois pas beaucoup mais Carrot est si fantasque, ses impulsions sont si imprévisibles, que je me suis tout de même résigné à exercer une surveillance discrète de l'endroit.

Quelque temps plus tôt, alors qu'on le croyait retranché dans un fortin de province depuis son évasion rocambolesque de nos locaux de la rue Bassano, il assistait à une revue nue dans un cabaret de Pigalle et se promenait, le colt à la ceinture, dans les rues de Montmartre en compagnie de ses deux compagnons d'échappée, Pierre Hervouet et René Mâle, dit l'Américain. Pour ce dernier, la cavale prit brusquement fin dans un café de la rue Custine où le direct magistral du client qu'il importunait l'avait étendu pour le compte. Il ne m'était plus resté qu'à venir le cueillir mal en point. Plus tard, ayant acquis l'âge de raison, il m'écrira : « J'ai tiré vingt et un ans, neuf mois et dix jours. Minable jusqu'à l'extrême, quoi ! »

Encore plus minables, abandonnant leur ami groggy, les deux Pierrot, Carrot et Hervouet, s'étaient éclipsés après une salve d'honneur dans la devanture du bistrot. Depuis, ils courent toujours.

J'ai un sérieux compte à régler avec Carrot, le successeur de Pierrot le Fou n° 1, si l'on en croit les comptes rendus médiatiques. En échange des renseignements qu'il m'a fournis depuis 1947 – une mine – j'avais eu pour lui certains égards. Quatre-vingt-huit vols solutionnés grâce à ses renseignements, soixante-dix-sept voyous écroués ou inculpés, comme Jo Attia, Georges Boucheseiche ou Giuseppe Di Ciacca, un dur parmi les durs, méritaient bien les faveurs que Katia, sa brune maîtresse à la démarche souple et aux lèvres sensuelles, lui prodiguait une fois par mois dans la solitude de mon bureau. Pas de risque d'évasion possible : la fenêtre du quatrième étage surplombe le vide. Mme Duparc, la vieille balayeuse de la Brigade, passait Katia à la fouille et moi, assis sur le palier, je n'avais plus qu'à attendre la fin du ballet. Ma méthode, peu orthodoxe j'en conviens, et même proscrite par les règlements administratifs, avait pourtant du bon. Je l'ai également utilisée avec Boucheseiche qui, en échange de ces quelques minutes de tolérance, me fournit lui aussi des tuyaux intéressants sur l'organisation des gangs. Les effusions terminées, je passais aux choses sérieuses. Et les révélations tombaient, si précises, si circonstanciées, que les complices de Carrot n'avaient plus, cloîtrés derrière les hauts murs, que la ressource de « faire porter le chapeau » à leur dénonciateur. Pour les uns, Carrot était devenu Pierrot le Bavard, pour d'autres, Pierrot le Mouton.

La reconnaissance vieillit vite. Le 2 juillet 1948, j'avais extrait mon indic modèle de la prison de la Santé pour procéder à la reconstitution de la tentative de vol commise le 30 juillet 1945 au préjudice des chaussures André, rue Delouvain, dans le 19e arrondissement. Deux complices, Hervouet et René l'Américain, étaient, eux aussi, sur les lieux, menottés et gardés comme il convient par mes collègues Prel et Sorbier.

J'étais sur la défensive. Quelque chose ne collait pas dans les dépositions recueillies. Certes, les aveux de Carrot confortaient les dires du père Roughol, le gardien du dépôt, auteur du coup de feu mortel, mais les déclarations de Mâle et de Hervouet ne coïncidaient pas avec le déroulement des faits. Elles me paraissaient une leçon bien apprise. L'audition et la confrontation des trois hommes auraient dû me permettre, dans l'après-midi, de mettre un point final à cette affaire pour laquelle un certain Pierre Barriel – dont j'aurai l'occasion de reparler – était détenu à la prison de Fresnes.

– Vous me les ramenez à la Brigade, avais-je dit à Sorbier. Et surtout tu ouvres l'œil.

Rue Bassano, Prel, Sorbier et l'inspecteur-chauffeur Juillet avaient confié le trio à l'agent responsable de la garde à vue, avec les recommandations d'usage.

– Vous êtes seul ? s'était étonné Sorbier.

– Mes deux collègues reviennent. Ils sont à la boulangerie de l'avenue Marceau... C'est l'heure du casse-croûte, monsieur l'Inspecteur. Mais ne craignez rien, je veille au grain, j'ai ce qu'il faut pour ça !

Le gardien avait tapoté l'étui de son pistolet, gage de son invulnérabilité. Sorbier n'avait pas insisté. Les circulaires administratives précisaient que la surveillance des détenus incombait, sous leur propre responsabilité, aux gardiens de la préfecture de police détachés à cet effet par le commissariat de la rue de Berri.

Le grain, que dis-je, une tempête, l'agent n'allait pas tarder à l'essuyer. Première erreur, il enferme les trois prisonniers dans la même cellule, située près de la porte d'accès au hall de l'ancien hôtel particulier. « Pour mieux les entendre », prétendra-t-il plus tard. Seconde erreur, il remet à Carrot un colis de vivres qu'un « ami » lui avait livré sur le coup des onze heures. Troisième erreur, au premier appel de Hervouet, pris soudain d'un besoin pressant, il ouvre la porte de la cellule avec l'intention de le conduire aux toilettes.

Rien n'est plus facile, grâce à l'introduction d'une épingle entre les crans du bracelet d'acier et les cliquetis-ressorts de fermeture, que de se libérer d'une paire de menottes. L'épingle est parvenue à Carrot dans le colis de vivres, en même temps qu'un pistolet factice, taillé dans du bois et passé au cirage noir pour lui donner l'aspect d'un vrai.

Débarrassés de leurs menottes, ce n'est plus qu'un jeu pour les trois compères de menacer l'imprudent gardien qui réalise, trop tard, que le pistolet est bidon. A demi assommé et encore plus penaud, son arme de service subtilisée par les fuyards, il ne peut que retourner au poste et conter sa mésaventure à ses collègues.

Dans la vie d'un policier, les coups durs sont comme le coup de foudre : ils arrivent toujours quand on ne les attend pas.

Lorsque, vers treize heures, le téléphone grésille dans mon appartement, je n'ai plus qu'à foncer à la Brigade dans le premier taxi qui se présente, pour mesurer l'étendue des dégâts.

Bien sûr, il faut un bouc émissaire. Le nabot au

visage d'oiseau de proie qui dirige le service l'a sous la main :

– S'rez révoqué, Borniche !

– Monsieur le Divisionnaire...

– Il n'y a pas de monsieur le Divisionnaire. Vous vous êtes rendu coupable d'une grave faute de service en ne prenant pas les précautions nécessaires.

– Pourtant, Sorbier, Prel et Juillet...

– Je m'en moque. Vous êtes le seul responsable, s'rez révoqué.

J'insiste.

– Le personnel en tenue est le seul responsable, monsieur le Divisionnaire. Les circulaires...

– Sortez ! Le commissaire Denis prend désormais en main l'affaire Carrot. Vous avez trois mois pour retrouver les évadés, sinon la correctionnelle pour complicité d'évasion par négligence.

Abasourdi, je me retrouve au secrétariat, déjà désigné à la vindicte administrative dans le rapport que la dactylo frappe à l'intention de la direction. L'auguste chef de service ne s'est pas un seul instant souvenu des félicitations ministérielles qui lui ont été décernées, quelques jours plus tôt, en mes lieu et place pour « la conscience professionnelle, le dévouement et l'abnégation dont il a fait preuve dans l'élimination du gang de Pierrot le Fou n° 2 ».

« S'rez révoqué ! » Les mots me martèlent le crâne. Démissionnaire, je veux bien, j'y ai souvent pensé devant le succès de mes amis Roger Nicolas qui triomphe à l'Européen dans *Baratin*, Henri Genès et Jeannette Batti qui font un malheur à Bobino dans *Quatre jours à Paris*, Pierre Louis qui tourne *la Danseuse nue* avec Catherine Erard. Mais paria, non. Je me dois de remettre la main sur les évadés. J'y arriverai. J'en fais une question de principe.

Les perquisitions que j'effectue dans les cellules de René l'Américain et de Hervouet ne donnent aucun résultat. Les notes découvertes dans celle de Carrot m'édifient par contre assez vite sur la direction à prendre. Le Fou n° 2 a l'habitude de tout inscrire sur des bouts de papier que j'ai, depuis, précieusement conservés. Non seulement la totalité des affaires qu'il a « traitées » y sont désignées, avec les noms et les surnoms des participants, mais figurent aussi les preuves de son attachement à la belle Katia qui se prostitue dans les Halles, 10, rue des Prêcheurs. Je lis :

Irène-Lylette-raser Yol. et les autres. Raconté salade à Paulette, savoir vérité sur K – pas de cadeau pour Yol. – y arriver – qui sont les amants de K. – qui est le type qui a été avec elle voir Yol. – bras, figure et jambes mais il faut qu'elle accouche – où a-t-elle habité et quelle est son adresse – pourquoi s'est-elle absentée de Paris en 47-48 – avec qui et où a-t-elle été – voir chez sa mère les lettres qu'elle leur a écrites et d'où – est-ce bien sa mère qui l'a prise en photo – le savoir par sa mère – où a-t-elle été quand elle s'est absentée de la rue des Prêcheurs – est-elle restée longtemps avec le mandataire – et tape jusqu'à la mise à table.

Les intentions de Carrot ne sont pas difficiles à déchiffrer. Irène, Lylette et Paulette sont des prostituées de la rue Saint-Denis, amies et confidentes de Katia, la K. des papiers. Yol. c'est Yolande Laborde qui, mutilée aux bras, à la figure et aux jambes, devrait lui donner des précisions sur le comportement de sa maîtresse. Débile ! C'est donc sur Katia qu'il faut concentrer mes efforts. C'est par elle et par elle seule que je remettrai la main sur l'évadé dont le Dr Gouriou, médecin aliéniste, dira au jury de la cour d'assises qu'il est « un asocial toujours en compte avec la société, un hyperglandulaire, un cheval indompté à l'envergure cérébrale réduite, incapable d'intégrer des relations de morale au-dessus de ses instincts élémentaires ».

Puisque mon principal atout est Katia, je vais la faire surveiller par ses compagnes de travail. Et comme il est rare qu'un donneur ne soit pas donné à son tour, j'ai à ma disposition un beau garçon de vingt-trois ans, Paulo Gauchois, grand, brun aux yeux bleus comme Katia les aime, que j'ai laissé en liberté provisoire après une faute de jeunesse. Comme tant d'autres, Pierrot l'a dénoncé. Paulo Gauchois accepte, un peu à contre-cœur, je dois dire, ma proposition. Mais Katia a du charme. Il devient son amant. Et il me sera autrement efficace que le dénonciateur anonyme pour le compte duquel je joue en ce moment les clochards sur l'esplanade du Trocadéro.

Il fait une chaleur intenable. Je cuis sous mes haillons et j'ai soif. La vue des demis de bière, bien fraîche, bien mousseuse, que dégustent les quatre collègues attablés à la terrasse du salon de thé Carette, en attendant de passer à l'action, excite mon désir. Je m'approche, m'apprête à saisir au vol le verre de Delrieu, l'inspecteur aux interrogations mystérieuses « Où êtes-vous né, où, pourquoi et comment ? » Je n'ai pas été assez rapide. L'œil du gérant, du seuil de la boutique, a deviné mes intentions. Une serviette à la main, l'homme se précipite :

– Tu veux me foutre le camp d'ici, salopard ? Grouille-toi ou j'appelle les flics !

Je tente de discuter :

– Je ne fais rien de mal...

– Moi je te dis de ficher le camp et de ne pas importuner les clients. Compris ?

– Oui, dis-je, je m'en vais.

Delrieu qui, m'ayant reconnu, rigole doucement, donne un coup de coude à Sorbier. Le gérant le prend à témoin :

– Vous vous rendez compte, clochard à son âge ! Ça ne m'étonne pas qu'on ait perdu la guerre avec des fainéants pareils. Tenez, moi qui vous cause...

Je n'entends plus. Je traverse la place que les Jeep de l'armée américaine ont tendance à prendre pour le circuit de Daytona Beach, me retourne plusieurs fois, menaçant du poing et à distance, le loufiat à qui je souhaite de ne jamais mourir de soif au cœur du Sahara. Et je m'installe sur le gazon fraîchement arrosé du terre-plein, le dos collé au socle de la statue équestre du maréchal Foch.

Je suis là depuis dix minutes dans la position du *Penseur* de Rodin quand un homme s'approche de moi, hirsute, une musette en bandoulière sur le pardessus noir que l'ancienneté a rendu verdâtre. Un confrère. Pas un flic, non, un mendiant. Un vrai.

– Qu'est-ce que tu fous là ? demande-t-il d'une voix éraillée. T'as pris ma place...

Ses petits yeux délavés, ronds comme des billes, me fixent.

– C'est assez grand pour deux, dis-je en accompagnant mon propos d'un geste circulaire. Le soleil luit pour tout le monde, mon pote !

– Oui, mais moi, ma place elle est à l'ombre du cheval. T'es pas du quartier, ça se voit !

Je désigne un point à l'horizon, du côté de l'École militaire.

– Mon terrain, c'est l'église du Gros-Caillou, là-bas...

Son regard se fait intéressé :

– Ça rapporte ?

– Le dimanche, seulement, à la sortie de la grand-messe. Les vêpres, aussi, mais un peu moins.

Le confrère ne répond pas. Il réfléchit. Puis :

– Pas commode, le taulier qui t'a viré. Tu m'en aurais parlé avant, je t'aurais dit de ne pas t'y frotter. Pour un oui ou un non, il appelle les cognes qu'il doit arroser pas mal... Une sacrée engeance, ces flics.

– Tu l'as dit, fais-je, approuvant de la tête. Ils doivent s'en taper, des demis de bière, ceux-là ! Et gratuitement, encore !

Le front couvert de taches de crasse se plisse :

– Parce que t'en es à la bière, toi ?

– Je disais ça comme ça...

Il pose sa musette sur le sol, en sort une bouteille de vin rouge fortement entamée, en boit une gorgée, essuie le goulot de la paume de la main, me la tend.

– Tiens...

– Merci, dis-je, retenant un mouvement de répulsion, j'ai la mienne... T'en veux ?

Il ne dit pas non, ingurgite une rasade de Nicolas, s'essuie les lèvres d'un revers de main, apprécie.

– Pas mauvais, mais je préfère le mien. T'as faim ?

– Non.

– Ben merde, t'as pas soif et t'as pas faim ! Tu vis quand même pas d'amour et d'eau fraîche, dégueulasse comme t'es !

Pendant une heure encore, ce clochard me tiendra compagnie. Mais, comme je le pressentais, Carrot ne se montrera pas. De retour à la Brigade, l'inspecteur de permanence me tend un message. L'indic anonyme s'est manifesté pour signaler que le rendez-vous Carrot-Katia avait finalement eu lieu au bois de Boulogne dans une clairière où il était facile pour eux de surveiller les environs.

– Alors, me demande le commissaire Denis, vous avez attrapé quelque chose, au Trocadéro ?

– Des poux et des puces, certainement, commissaire.

Mais les bénévoles qui ne veulent pas dire leur nom au téléphone, moi, je m'en méfie.

Dans la cellule abandonnée, Carrot n'avait pas laissé que des papiers intéressant Katia. Une liste de cambriolages, dans la région sud de Paris, figurait sur un quart de page de cahier d'écolier. Sa manie de tout écrire, la mienne de tout éplucher et de tout interpréter allaient me servir. On dit que l'assassin revient toujours sur les lieux de son crime. Carrot, lui, a pour habitude de réitérer ses coups. J'en déduis que les dépôts de vivres de Gentilly, Montrouge, Arcueil, Villejuif et Cachan ne vont pas tarder à recevoir sa nouvelle visite.

Un nom m'a frappé dans la nomenclature des vols à effectuer : Molliens, une bourgade située dans le Beauvaisis, théâtre d'un braquage particulièrement inventif de la bande de Carrot.

Un soir de fin juillet 1946, M. Bloquert, propriétaire d'une usine de bonneterie, avait reçu la visite de quatre policiers qui encadraient un suspect, menotté, qu'ils avaient interpellé dans la région parisienne.

– Connaissez-vous cet individu, monsieur Bloquert ?

L'industriel et sa femme examinent attentivement l'inconnu dont la physionomie n'évoque pour eux aucun souvenir.

– C'est pourtant un des hommes qui a cambriolé votre usine le mois dernier, dit le commissaire. Il a tout reconnu et il a même désigné ses complices. Il s'appelle Pierrot le Fou. Plus de trois mille paires de chaussettes et de bas Nylon vous ont bien été dérobés, le 30 juin, non ?

M. Bloquert acquiesce. Les voleurs se sont introduits par effraction dans le dépôt, mais ils ont agi avec tant de discrétion que les époux Bloquert n'ont rien entendu.

– Il a rôdé assez longtemps dans les parages, poursuit le commissaire. Personne d'autre n'est là qui pourrait le reconnaître ?

La jeune employée de maison puis le gardien de nuit appelés à la rescousse ne sont guère affirmatifs.

– Dommage, dit le policier, je voulais éviter une rétractation éventuelle de ce bandit. Nous allons procéder à une petite reconstitution. Le dépôt est bien par là, à droite du portail ?

Bloquert acquiesce, et tout ce petit monde suit les inspecteurs et leur suspect. En chemin, l'un des flics complimente le surveillant de nuit sur son fusil de chasse. Pour lui en faire apprécier la ciselure de la crosse et le bon fonctionnement, le vieux garde lui confie son arme.

A ce moment, les menottes du prisonnier tombent comme par enchantement, des colts jaillissent des poches des quatre policiers, qui sont des hommes de la bande de Pierrot. Soixante-quinze mille paires de chaussettes prennent alors le chemin de la capitale, tandis que les Bloquert, ligotés, assistent impuissants et à la razzia de l'usine et à la coupure des fils téléphoniques qui les reliaient à la gendarmerie de Grandvilliers.

Quelques jours passent, et la fin du mois de juillet se rapproche, sans que mon enquête progresse. Et puis, enfin, un résultat : René Velin dit René l'Aviateur, un des anciens camarades de Carrot, tombe dans un piège que je lui tends, passage du Pas-de-la-Mule.

– Je ne sais pas où est Pierrot, m'avoue-t-il. Je l'ai vu avant-hier avec Hervouet. Il rêve d'un gros coup, mais il n'est pas sûr de lui à cause de cette vie d'homme traqué qu'il mène depuis qu'il a dénoncé des gens. De plus, il se fait un mauvais sang fou pour Katia.

Encore et toujours cette Katia, qui me jure pourtant ses grands dieux n'avoir jamais eu de nouvelles de son amant de cœur!

Pas question de la filer. Méfiante, elle aurait tôt fait de déceler ses poursuivants. J'opère par la bande, lui laissant l'illusion que je crois en sa sincérité. Paulette, la maîtresse de Di Ciacca, l'a prise en charge :

– Il se peut que ce soit pour bientôt, monsieur Borniche. Elle est allée chez le coiffeur et elle m'a annoncé qu'elle allait s'absenter avec son nouveau Jules, un nommé Paulo...

– Paulo comment?

– Je ne sais pas, un très beau garçon brun aux yeux bleus... Un ami de Pierrot. A mon avis, c'est une coupure!

Le piège se resserre. Paulo Gauchois joue le jeu. Je n'ai pas eu de ses nouvelles pendant plusieurs jours, mais peut-être craint-il de se dévoiler?

Le 28 juillet, à 22 h 38, coup de fil à mon appartement. C'est Paulo.

– Ça y est, monsieur Borniche, j'ai le contact. Je suis resté avec eux pendant trois jours chez Yolande Laborde, 85, rue Charlot, à l'angle du boulevard du Temple. Une mansarde au sixième étage.

J'en tremble.

– Tu ne me racontes pas d'histoires, Paulo?

– J'ai son costume sur le dos, vous le reconnaîtrez. Je lui ai amené Katia. J'ai prétexté aller chercher des cigarettes pour vous téléphoner. Je suis aux Armes de la Ville, place de l'Hôtel-de-Ville. Le Pierrot Hervouet est avec lui mais attention... ils sont armés.

L'immeuble, une immense bâtisse lépreuse, a été partiellement évacué par les locataires, et des échafaudages de reconstruction commencent à s'édifier sur un des côtés. Au sixième étage, une enfilade de couloirs étroits, bordés de mansardes, la plupart abandonnées, donne un aspect sinistre au décor. Chacune d'elles possède une fenêtre ouvrant sur le chéneau qui surplombe le vide. Au-dessus, entre leur plafond et la toiture, les combles, espaces poussiéreux entrecoupés de charpentes, obstrués par d'innombrables réseaux de toiles d'araignée, où pullulent les rats. Partout, du bois vermoulu, des vitres cassées.

Au fond d'un étroit corridor, Paulo m'entraîne et, de loin, nous désigne la porte sur laquelle un écriteau indique « Sonnez avant d'entrer ». Je ne suis pas seul. Dès réception de la communication téléphonique, j'ai alerté le commissaire Denis, prêt à se mettre au lit.

– C'est sûr, Borniche, ce que vous m'annoncez là ?

– Absolument sûr.

– Il faut que je prévienne le divisionnaire...

– Ne perdons pas de temps, monsieur Denis. Tel que je le connais, il voudra ouvrir si grand le parapluie avant que nous intervenions que nous risquons de tout louper !

– Obligé, Borniche. Nous sommes sur le territoire de la préfecture. S'il y avait un pépin...

Et voilà comment le ratage de l'Auberge de Champigny a failli se reproduire. Comme prévu, le divisionnaire prévient le sous-directeur de la PJ, qui, réveillé, prévient son directeur, qui, réveillé, prévient son préfet, qui, réveillé, prévient le directeur de la police municipale, qui, réveillé lui aussi enfin, ordonne à deux cents de ses gardiens de s'engouffrer dans les cars à l'avertisseur caractéristique et de foncer rue Charlot. D'en haut, je perçois les « pin-pon-pin-pon » qui révolutionnent tout le quartier.

Devant la porte du Dingue n° 2, nous sommes cinq : le commissaire Denis et moi-même avons été rejoints par les inspecteurs Juillet, Gaillet et Courchamp – Courchamp que je retrouverai plus tard dans l'affaire Cri-Cri.

Seul, avec Prel et Sorbier, mes équipiers, il me suffisait de pénétrer dans la pièce derrière Paulo et le tour était joué. Mais devant un tel déploiement de forces, mon indic bénévole a peur. Carrot et Hervouet, sur leurs gardes, peuvent déclencher un tir meurtrier.

– Ces cons-là vont tout nous faire rater, murmure Juillet qui, d'un coup de pistolet, fait sauter la serrure.

Sous ma poussée, la porte s'ouvre. Je suis le premier dans les lieux abandonnés. Sur une table, deux colts et un P.38. Un petit homme est là, Roger Ferry, qui lève les bras au ciel.

– Je n'y suis pour rien, je vous jure!

– Où sont-ils?

Sans répondre, il me désigne la fenêtre qu'il a refermée et qui donne sur les toits.

– Avance, vieux, je suis là!

C'est Gaillet, un inspecteur de la préfecture, qui est sur mes talons. J'enjambe la barre d'appui. Dehors, la nuit noire. Un pied devant l'autre, je m'aventure sur le chéneau large d'une quarantaine de centimètres. Le courageux Gaillet me suit, personne d'autre. On n'en est pas encore à la remise des médailles!

Le zinc du chéneau est glissant. J'avance toujours, rasant sur ma gauche la pente du toit. Rien qui pourrait éventuellement me retenir si, par malheur, je perdais l'équilibre. Mon corps irait s'écraser trente mètres plus bas, sur le boulevard.

La chute a bien failli avoir lieu. J'ai trébuché sur une traverse de soudure que je n'avais pas vue. Miracle : un réflexe aussi prompt qu'inattendu me fait appuyer la main gauche sur le montant d'une fenêtre aux carreaux détruits. Et elle s'ouvre. La crémone n'avait pas été engagée. Un pan de robe bleue à larges pois blancs voltige derrière une cheminée. Katia!

Je bondis, extrais de sa cachette improvisée la maîtresse terrorisée de Pierrot le Fou n° 2.

– Où est-il ?

En même temps, derrière la porte condamnée, la voix du divisionnaire se fait entendre avec son roulement des r bien particulier :

– Où êtes-vous, Borniche ?

– Derrière la porte, monsieur le Divisionnaire. Je tiens Katia!

– Bien. Ne bougez pas, je tire!

– Mais je suis derrière, monsieur le Divisionnaire! Derrière la porte!

– Ça ne fait rien, je tire quand même!

Quand un chef de service plus habitué aux salamalecs qu'aux actions sur le terrain se met à faire de la police, on peut craindre le pire! Heureusement, il ne tire pas.

Soudain une voix caverneuse s'échappe du conduit de cheminée derrière laquelle se cachait Katia.

– Ne faites pas de mal à Katia, monsieur Borniche, je me rends.

Deux pieds puis deux jambes battent le vide. Ce n'est pas le père Noël, non, c'est le grand corps de Carrot qui apparaît dans l'âtre, noir de suie, et en slip.

– Je vous en supplie, monsieur Borniche, elle n'est pour rien dans tout ça.

Une joie subite m'envahit. Je m'étais promis de récupérer Carrot et le voilà devant moi. Il a une drôle d'allure, Pierrot, avec l'énorme papillon tatoué sur sa poitrine et les serpents enroulés qui ornent ses cuisses. Drôle d'allure, et la mine piteuse comprenant, lui le donneur, qu'il a été donné à son tour.

– Où est Hervouet ?

– Je ne sais pas, monsieur Borniche. Il a couru vers les échafaudages, je l'ai perdu de vue. Je n'aurais pas eu Katia, vous ne m'auriez pas eu non plus.

René Delpêche, un journaliste de *France-Soir*, est déjà là, avec son photographe qui fusille Carrot à bout portant. Le secret n'a pas été gardé longtemps au quai des Orfèvres vers lequel un escadron de policiers entraîne déjà Carrot, nu et menotté, sa maîtresse et Yolande Laborde découverte, elle, terrée derrière des doubles rideaux.

Toute la nuit, je poursuis la fouille de l'immeuble. En vain. Au petit matin, je dois me rendre à l'évidence : le Grand Pierrot Hervouet s'est enfui à tire-d'aile. Je l'arrêterai deux mois plus tard, dans un discret logement de Châtenay-Malabry, où la filature de son propriétaire m'a conduit. Il n'aura pas le temps de se saisir du pistolet dissimulé sous l'oreiller du lit sur lequel il s'était allongé.

A peine installé dans le fauteuil réservé aux vedettes du crime, au quai des Orfèvres, Pierrot le Fou se mue à nouveau en Pierrot le Bavard. Sa fanfaronnade devant les journalistes s'arrête dès qu'il me revoit :

– Je disais à l'inspecteur Courchamp que je n'aurais jamais tiré sur vous, monsieur Borniche. Sur celui qui m'a balancé, je n'en dirais pas autant.

Je me venge à ma façon. Des paroles dites sous l'emprise de la colère et que je regretterai plus tard. Il ne sert à rien d'abattre un peu plus un homme vaincu.

– Tu ferais de la peine à Katia, qui a trouvé l'âme sœur, Pierrot. Comment veux-tu qu'elle continue à vivre avec un type comme toi, toujours entre deux cavales ? Elle m'a beaucoup aidé, Katia. Hier, c'était toi, aujourd'hui, c'est elle.

Pierre Carrot a perdu sa superbe. Il la retrouvera à la

cour d'assises devant le président Jadin, tentant, par ses pitreries, d'intéresser les élégantes agglutinées sur les bancs du prétoire. A mon tour de témoigner :

– Carrot a été mon meilleur indicateur et j'en tiens les preuves à votre disposition, monsieur le Président. Grâce à lui, le milieu des mauvais garçons a été assaini. Peut-être lui en sera-t-il tenu compte au moment des délibérations.

Enfoncé dans son box, les yeux au ras de la rambarde, Carrot ne souffle mot. Le caïd s'est dégonflé.

J'ajoute :

– Jo Attia et Di Ciacca, présents dans ce box, ont fini par reconnaître leur participation aux vols des peausseries de Fougères, des chaussettes à Molliens, des pneus de camionnette au dépôt des PTT d'Issy-les-Moulineaux. Attia a eu une conduite héroïque dans le camp de la mort où il avait été déporté. Je tenais à le souligner.

Le soir même de l'audience de ce 16 décembre 1953, Joseph Brahim Attia, dit le Grand Jo, était libéré après six années de détention. Le lendemain, la presse titrait : *L'inspecteur Borniche se fait l'avocat des mauvais garçons repentis. Il a aussi démontré, en ce qui concerne Pierrot le Fou n° 2, que les donneurs finissent toujours par être donnés.*

Pierre Carrot écopait d'une lourde, très lourde condamnation. Malgré le tour qu'il m'avait joué, cette condamnation ne m'enchantait pas. La maison centrale de force à laquelle il était destiné équivalait à une mort lente. Je ne lui souhaitais pas d'y moisir trop longtemps.

Comme me l'a écrit René l'Américain, son ancien camarade d'évasion : « Minable jusqu'à l'extrême, quoi ! »

7

Gabriel Boquet
L'escroc escroqué

Le monde de la pègre est à l'image de la société. Il a ses vedettes, caïds devenus fameux par l'audace de leurs exploits, le nombre ou l'horreur de leurs crimes. Il a aussi sa piétaille, ses pékins, ses petits soldats du délit modeste ou ridicule. J'ai eu l'occasion de rencontrer quelques-uns de ces gibiers de prison dont on dit, parfois, qu'ils méritent plus d'être renvoyés dans la cour de récréation que mis à l'ombre pour des années. Ainsi Gabriel Boquet, auquel je ne pense jamais sans attendrissement... Si l'on avait songé à ériger une statue à la gloire du Malfrat inconnu, le père Gabriel aurait mérité de poser pour le sculpteur.

Boquet, je l'ai connu en recherchant un personnage qui, d'une certaine façon, pourrait être considéré comme la version flamboyante de Boquet le Modeste.

Ce personnage, appelons-le Jean-Baptiste Granet, était un héros au sens propre du terme. Pilote dans la fameuse escadrille des Cigognes de Guynemer, il avait connu la gloire au cours de la guerre de 1914-1918. Les hostilités terminées, cet as de la chasse aérienne était devenu industriel, mais, sans doute plus à l'aise aux commandes d'un Spad que dans un bureau directorial, il avait dû rapidement déposer son bilan.

Propriétaire d'une agréable villa au Vésinet, Granet, personnage de légende, était habitué à vivre largement et n'avait aucunement l'intention de changer ses habitudes. Il se lança donc dans les « affaires », fort de la confiance que pouvaient inspirer à ses clients son nom, sa prestance et sa Légion d'honneur obtenue au combat. Une confiance mal placée, puisque son dossier allait atterrir sur mon bureau, rue Bassano, à la suite d'une procédure d'information établie par la police de l'Air. Ce service, qui dépendait de la Direction des renseignements généraux dont la spécialité est de surveiller les partis politiques, les étrangers, la presse, les syndicats, le monde financier et les mouvements des voyageurs aériens, maritimes ou terrestres, est incompétent en matière de police judiciaire. C'est pourquoi le commissaire Jeannin avait transmis l'affaire à mon service. René Camard, le sous-chef de Brigade, un colosse normand dont les grosses lunettes d'écaille accusaient la dureté des traits, me l'avait affecté.

Que reprochait-on à Granet ?

Une escroquerie. Ou plutôt de la carambouille. Encore fallait-il « pénalement » la prouver. Sa faillite prononcée, il s'était reconverti dans la vente d'avions. Après la guerre de 1939-1945, les aéro-clubs se multipliaient et recherchaient tous les appareils disponibles, qu'il s'agisse de surplus de l'armée ou de modèles civils, avec une préférence pour le Piper-Cub, biplan américain qui fut, durant le conflit, une sorte de Jeep du ciel. C'était un appareil très maniable, facile à piloter, mais que la France importait au compte-gouttes. La méthode de Granet était simple, puisqu'il se contentait de passer une annonce dans un magazine aujourd'hui disparu, *les Ailes* : « Particulier vend Piper-Cub. Prix : 700 000 francs. » Somme coquette en 1948, mais parfaitement justifiée par la réputation des appareils et le nombre des demandes. Intéressés, les dirigeants des aéro-clubs se mettaient en contact avec l'ancien industriel et héros de guerre, qui les entraînait au Bourget ou à Toussus-le-Noble, voire à Orly qui n'avait pas encore atteint ses dimensions actuelles. Connu sur les terrains, Granet amenait ses acheteurs jusqu'à un Piper qui ne lui appartenait pas, les faisait même monter dans la carlingue, jouait les bonimenteurs et promettait une livraison dans les trois mois. Un premier versement de trois cent cinquante mille francs était exigé à la commande, le solde à la livraison.

Les représentants des aéro-clubs et, parmi eux, le président André Marie, l'ancien ministre de la Justice, signaient le chèque demandé avec enthousiasme.

La suite, on la devine. Les trois mois passaient, puis quatre. Quand les acheteurs écrivaient, s'inquiétant du retard de la livraison, ils recevaient, pratiquement par retour du courrier, une lettre dans laquelle Jean-Baptiste Granet se confondait en excuses. Le retard était dû à l'exportateur américain. Il fallait patienter trois mois de plus. En attendant, M. Granet joignait à sa lettre un chèque de trois cent mille francs représentant la majeure partie de l'acompte versé, le reste, soit cinquante mille francs, ayant soi-disant été viré à l'exportateur qui gardait l'argent jusqu'au moment où il serait en mesure de livrer l'avion. Cinquante mille francs constituaient une somme importante, mais comment douter d'un homme arborant la Légion d'honneur ? On patientait. Puis, les mois passant, Granet renvoyait un chèque du montant de la somme en expliquant qu'il lui était décidément impossible de tenir son engagement, l'exportateur n'ayant pas donné suite.

La police de l'Air, s'étant intéressée au vendeur de Piper-Cub à la demande d'un président moins patient que les autres, devait découvrir que Granet remboursait ses « emprunts » non pas avec son argent personnel mais sur des fonds provenant d'autres emprunts.

Le dossier en main, je procédai alors à l'audition d'un certain nombre de dirigeants ou de secrétaires d'aéro-clubs qui, n'ayant pas été lésés, jugeaient inutile de déposer plainte. Seul le président André Marie, responsable de l'aéro-club de Rouen, n'avait pas reçu le chèque et la lettre d'excuses de Granet.

Je convoquai l'ex-chevalier du ciel mué en chevalier d'industrie, afin de recueillir ses explications. C'était un personnage haut en couleur, grand, distingué, cheveux blancs, rosette de la Légion d'honneur au revers de son veston de bonne coupe. Un personnage qui inspirait la sympathie, voire l'admiration. Je le reçus dans mon bureau minable, un peu honteux de ne pouvoir offrir qu'une chaise défoncée à cet archange. Très à l'aise, il m'expliqua sans gêne aucune qu'il avait remboursé tous ses clients, sauf deux qu'il comptait d'ailleurs régler au plus vite.

Chaque audition ayant trait à un cas particulier, Granet prenait tous les deux jours le chemin de mon bureau aménagé sous les combles poussiéreux de l'ancien hôtel particulier, et nos entretiens commençaient. Pendant deux ou trois heures, nous évoquions ses « emprunts » sur un ton feutré et courtois, entretiens parsemés, il va sans dire, des récits de ses glorieux combats aériens.

Il m'apparut, au fur et à mesure de ses explications, que l'intention frauduleuse, un des éléments constitutifs de l'infraction, n'était pas nettement établie. Je comptais donc revoir les membres des aéro-clubs et leur demander s'ils souhaitaient ou non donner à l'affaire des suites judiciaires, le procureur de la République étant à même de décider s'il pouvait mettre l'action publique en mouvement. Sinon, ils avaient la ressource de demander des dommages-intérêts en se constituant partie civile.

Le mardi 28 décembre 1948, Granet et moi nous séparâmes avec l'intention de nous retrouver le lendemain à dix heures pour la révision définitive de ses déclarations. A peine avait-il quitté le service, à dix-neuf heures, que le commissaire principal Camard me dégringolait dessus dans le hall d'entrée, au pied du grand escalier de bois.

– Alors, Borniche, me lança-t-il, que nous préparez-vous de beau, en ce moment ? Depuis l'arrestation de Pierrot le Fou n° 2, vous ne faites plus beaucoup parler de vous...

– Parce que je n'ai rien de sensationnel, monsieur le Principal. Je cherche à identifier les auteurs de l'agression Finant, à Senlis, mais pour l'instant, rien. En attendant, je m'occupe du dossier Granet...

– Quel Granet ?

– L'aviateur qui vendait des avions Piper-Cub aux aéro-clubs. Le président André Marie en a été victime...

– Ah, l'escroc de la police de l'Air, oui... Et alors ?

– J'ai terminé la procédure que j'expédie ces jours-ci au Parquet de Versailles.

– Parfait. A demain.

C'est curieux comme certains chefs de service, dans l'espoir d'une promotion ou d'une décoration, aiment se faire mousser auprès de leur hiérarchie, par presse interposée. Le lendemain matin, dans l'autobus, quelle n'est pas ma stupeur en dépliant *le Parisien Libéré* d'apprendre que Jean-Baptiste Granet, l'escroc qui vendait des avions fantômes, a enfin été arrêté par les fonctionnaires de la 1re Brigade !

Jamais le trajet ne m'avait paru aussi interminable. Sitôt rue Bassano, je me précipite chez Camard, qui se montre intraitable :

– Enfin, Borniche, vous m'avez bien parlé de l'affaire Granet, non ?

– Oui, monsieur le Principal.

– Vous m'avez bien dit que le président André Marie, l'ancien ministre de la Justice, avait été victime de ce type qui vendait des avions qui ne lui appartenaient pas ?

– Oui, monsieur le Principal.

– Que vous aviez terminé la procédure que vous expédiiez au Parquet de Versailles ?

– Oui, monsieur le Principal, mais je n'ai jamais dit que Granet allait être arrêté ! Il devait venir ce matin à dix heures à mon bureau...

– Eh bien, attendez-le !

Le ton est sec, désagréable, même. Je regagne ma tanière, les jambes molles. Si Granet prend peur et néglige ma dernière convocation, me voilà frais ! Le parapluie administratif ne s'ouvrira pas pour protéger le lampiste que je suis.

Les minutes s'écoulent avec une lenteur désespérante. Dix heures, enfin. Mon cœur bat la breloque. Le quart, puis la demie arrivent sans que Granet ne se présente au planton du rez-de-chaussée. Soudain, la sonnerie du téléphone. Ce n'est pas le gardien qui m'annonce l'arrivée de mon témoin mais le procureur de Versailles :

– Qu'est-ce que c'est que cette histoire Granet, inspecteur ? J'apprends par la presse que vous l'avez arrêté et déféré à mon Parquet ? Or ni mes substituts, ni les juges d'instruction, ni même le gardien-chef de la prison, que j'ai interrogés, ne sont au courant. Où l'avez-vous mis ?

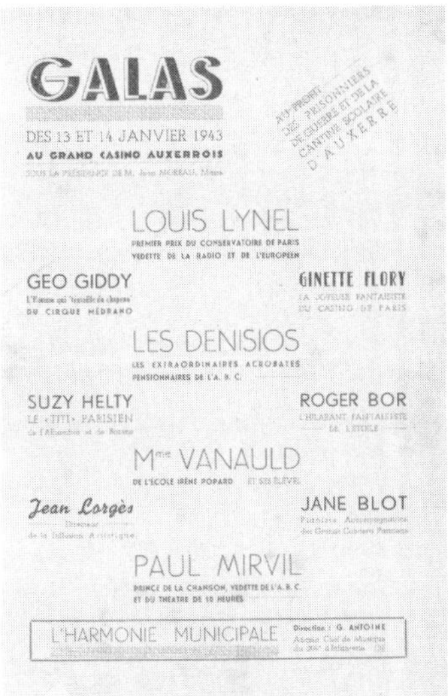

Roger Bor, un débutant au music-hall, en haut au *Beuglant* (à l'extrême gauche) et, ci-dessus, présenté comme « l'hilarant fantaisiste de l'Etoile »... Je ne devais malheureusement pas faire carrière sur scène.

Ci-dessus : Mlle Kim, ma rivale des services de sécurité du Printemps, où je jouai pour quelques semaines les apprentis-policiers.

1945. Intégré à la 1re Brigade de P.J., je me trouve par hasard sur la piste du redoutable gang des tractions avant. En partie grâce à mon passé de comédien, je pus infiltrer le gang et approcher quelques-uns des plus grands caïds de l'époque : Boucheseiche, Loutrel (Pierrot le Fou)...

... et Jo Attia (ci-contre et ci-dessous, dans son bar), que j'aurai l'occasion, quelques années plus tard, d'innocenter d'un meurtre qu'il n'avait pas commis.

La célèbre traction avant utilisée par Pierrot le Fou et sa bande.

© D.R.

© Roger-Viollet.

Pierre Carrot, dit Pierrot le Fou n° 2 (ci-dessus à son procès, et à droite, au moment de son arrestation), que je tente de surprendre en planquant, déguisé en clochard. Grâce à ses aveux, sa bande fut démantelée.

Ci-dessous : l'un de ses complices, René Mâle, dit René l'Américain.

Gabriel Boquet (ci-dessus), René la Canne (ci-dessous à gauche lors de nos retrouvailles) et Antoine Sinibaldi (à droite), trois truands, trois styles.

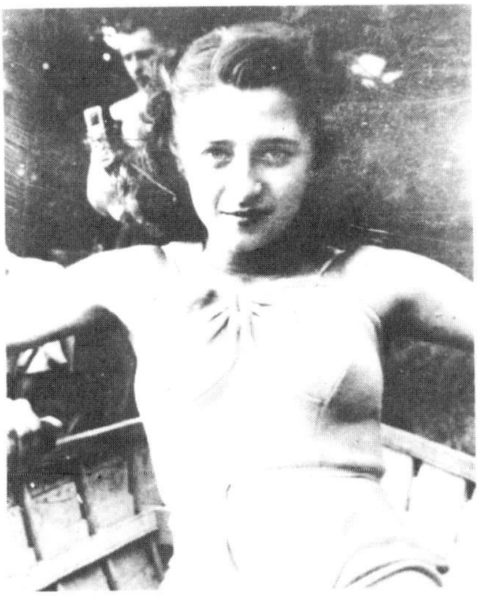

Emile Buisson, l'ennemi public n° 1, ici lors d'une reconstitution, me « balança » quelques affaires lors de son interrogatoire. Notamment celle de la mort mystérieuse de la petite Cri-Cri (à gauche).

Deux spécialistes de « la Belle » : Emile Courgibet (ci-dessous), qui s'enfuit du bagne de Saint-Laurent-du-Maroni en barque...

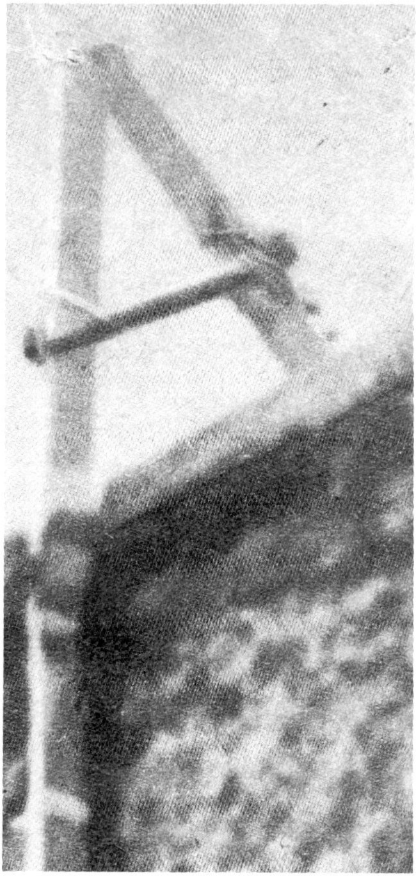

... et Claudius Liogier, qui fit le mur de sa prison à l'aide d'un « engin » de son invention.

J'ai beau expliquer qu'il s'agit d'un malentendu, que Granet n'est que témoin et que les journalistes ont mal interprété le communiqué de presse, je devine que le procureur me prend pour un parfait crétin. Lorsque, enfin, il raccroche, c'est au tour de Camard de prendre le relais :

– Il est venu, votre type ?

– Non, monsieur le Principal.

– Alors, débrouillez-vous pour le récupérer. Et vite, encore. Parce qu'il n'est pas content, le procureur, pas content du tout, même ! Je vous l'ai passé.

– Je l'ai eu, monsieur le Principal. Je pars pour Le Vésinet.

Le moins qu'on puisse dire, c'est que je suis dans une situation difficile. Il ne me reste qu'à tenter de sauver les meubles et à foncer au domicile de Granet pour mettre les choses au point avec lui. Mais s'il n'est pas chez lui, s'il a filé par frousse du scandale, je sens que je vais bientôt faire la connaissance du conseil de discipline.

Une heure plus tard, Crocfer me dépose devant la villa de Granet, une construction élégante et cossue. La grille donnant sur une avenue tranquille commande l'accès à un jardin coquettement entretenu. Je sonne. Une femme paraît sur le seuil de la maison, hume l'air, suit l'allée de briques rouges entre les plates-bandes, et vient m'ouvrir, tremblante.

– Madame Granet ?

– Oui.

– Je suis l'inspecteur Borniche. Je voudrais voir votre mari.

Elle ne répond pas, déverrouille la serrure, m'invite à la suivre jusqu'à un salon meublé à l'ancienne. Elle me désigne une bergère Louis XV. Sur la table basse, entre des revues de mode, un quotidien, *Le Figaro*. Son titre me saute aux yeux : L'ESCROC GRANET ARRÊTÉ ET ÉCROUÉ À LA PRISON DE VERSAILLES.

Je ne peux que répéter ma question :

– Je voudrais voir M. Granet, c'est important...

Elle dodeline de la tête, ses yeux sont rouges. Elle chiffonne une pochette de soie entre ses doigts.

– Il n'est pas là. Il est sorti tôt ce matin pour chercher le lait et le journal, comme d'habitude. Il devait vous rendre visite, je crois. Je venais de me lever quand il est rentré. Il était bouleversé. Il a posé le pot et le journal sur la table de la cuisine et il m'a dit : « Je m'en vais, c'est effroyable ce qui m'arrive... Je t'appellerai... » J'étais debout au milieu de la pièce, en robe de chambre. Il est parti sans que j'aie le temps de faire un geste, de recevoir une explication. Et j'ai vu le journal...

La malheureuse se met à pleurer. Moi, je suis effondré. Crocfer, qui m'a rejoint et qui pourtant en a vu d'autres, paraît tout ému. Granet, le héros d'une prestigieuse escadrille de chasse, est un homme capable de commettre un acte irréparable en se voyant publiquement déshonoré. Le conseil de discipline et la révocation se rapprochent de moi à grands pas. D'autant plus que l'antipathique chef du service régional de police judiciaire ne peut pas m'encadrer. Si j'en réchappe, j'ai intérêt à changer de poste au plus vite et à apporter à un autre commissaire les tuyaux que je possède sur le Milieu. On m'a parlé d'un certain Chenevier qui, réintégré à la Direction de la PJ, 11, rue des Saussaies, recrute des volontaires actifs pour monter une équipe antibanditisme. Cela me conviendrait mieux que ces filandreuses affaires d'escroquerie.

Je ne sais que faire. J'affirme pour me rassurer :

– Il va revenir, madame, ne craignez rien... Il doit même vous appeler, m'avez-vous dit. Je vais l'attendre si vous le permettez.

Hélas, la fin de la matinée, puis l'après-midi s'écoulent et, comme sœur Anne, je ne vois rien venir. Le téléphone ne cesse pratiquement pas de sonner, provoquant à chaque fois un sursaut chez mon hôtesse. A chaque fois aussi, je colle mon oreille à l'écouteur, espérant capter la voix de Granet. Mais notre homme ne se manifeste pas. Ce ne sont que des amis du couple qui, ayant lu la presse, viennent aux nouvelles. Il est près de cinq heures quand on sonne enfin à la grille. A travers le rideau de la fenêtre, j'aperçois, debout sur le trottoir devant la porte, un homme de petite taille portant un cartable noir d'écolier à la main. Il est vêtu d'un pardessus bleu nuit et coiffé d'une casquette de marin, avec visière en cuir.

Je me tourne vers Mme Granet.

– Qui est-ce ?

Elle aussi a dévisagé le visiteur.

– Je ne sais pas, je ne l'ai jamais vu.

Elle a l'air sincère mais j'imagine qu'il s'agit peut-être d'un émissaire envoyé par son mari. Je quitte le salon, m'approche de la grille. Le petit homme me considère d'un air grave. Je constate qu'il porte la Légion d'honneur au revers de son pardessus. Il doit frôler la soixantaine.

– M. Granet fils ? s'enquiert-il.

– En effet, dis-je, pensant que c'est le meilleur moyen de voir ce que cet inconnu a dans le ventre.

– Je viens pour votre papa, reprend-il. Je peux entrer ?

Je tourne la poignée de la serrure. L'homme trottine sur mes talons jusqu'au salon, d'où Mme Granet a disparu avec *Le Figaro.* Sans doute s'est-elle réfugiée dans sa chambre. Crocfer joue avec les pièces d'un jeu d'échecs posé sur un trictrac en acajou.

Il lève le sourcil à notre entrée.

Je me fais une tête demi-deuil, genre fils malheureux écrasé par la honte et la douleur, pour demander :

– Donc, vous venez pour mon père ?

Mon homme jette un coup d'œil dans la pièce, dévisage Crocfer en silence, puis :

– Oui, souffle-t-il à mi-voix. Je suis gardien à la prison de Versailles où votre papa est incarcéré depuis hier. Les policiers l'ont amené, menottes aux mains, ça m'a fait de la peine. Aussi, quand il m'a demandé de vous rendre une petite visite, je n'ai pas hésité...

– C'est gentil à vous, dis-je, ne trouvant rien d'autre à répondre.

Il prend ma réponse pour un acquiescement, enchaîne, toujours sur le ton de la confidence :

– Normal. Il a besoin d'argent, pas grand-chose, entre cinquante et cent mille francs pour cantiner. Parce que le rata, en prison, je ne vous dis que ça. Il souhaite aussi que vous me remettiez quelques provisions pour passer le jour de l'an, ainsi que des vêtements chauds. Les plus beaux, exige-t-il, je ne sais pas pourquoi...

– Il vous a dit tout ça quand ?

Le gardien-marin sourit, l'air entendu :

– Ce matin. Ça tombe bien, c'est moi qui suis chargé de la surveillance de sa cellule. Il est si sympathique que j'ai décidé de faire une petite entorse au règlement.

Il marque une pause avant d'ajouter :

– Tout ceci entre nous, n'est-ce pas ? Pas un mot au directeur de la prison, je ne tiens pas à perdre ma place.

Il a vraiment l'air bonasse et sa philanthropie me toucherait dans des circonstances autres que celles qui m'ont amené au Vésinet. Voyant que je réfléchis, il insiste :

– Si vous n'avez pas cinquante mille francs, vingt

mille, ce sera déjà ça. Je reviendrai en chercher d'autres le mois prochain, à moins qu'il ne soit mis avant en liberté provisoire...

Je le regarde posément, tout dans le masque, comme jadis au cours de comédie. Il s'agit à la fois d'être naïf et raisonnable.

– Votre démarche me touche, dis-je. Mais qui me prouve que vous êtes gardien ? Il y a tellement d'aigrefins en ce moment...

Alors là, l'inconnu a un geste superbe. Un vrai père noble. Avec aplomb, il sort de sa poche une carte barrée de tricolore. En titre : « Prison de Versailles. » Au centre, écrit en belles rondes : « Nom de l'agent pénitentiaire : Boquet Gabriel, né le 3 décembre 1888. »

Il a donc bien l'âge que je lui donnais. Au moins la date de naissance est-elle véritable. Parce que le reste a de quoi faire rire. La carte a été taillée dans un bout de bristol et les couleurs, plutôt baveuses, doivent tout à la gouache et rien à l'encre de l'Imprimerie nationale.

– Heureux de faire votre connaissance, dis-je, en exhibant ma carte de Police judiciaire. Vous voyez, moi aussi j'ai une carte bleu-blanc-rouge. Seulement la mienne, elle est vraie.

Gabriel Boquet ne paraît pas autrement troublé.

– Ça me paraît clair : vous êtes un flic. Moi je suis, disons, un petit escroc. Très petit et pas méchant.

Tout en parlant, il ouvre sa sacoche, en sort un cahier d'écolier assez épais qu'il me tend. C'est un véritable agenda. Sur chaque ligne, un nom, une adresse, un chiffre. Certaines lignes sont barrées, d'autres, non.

Je referme le cahier.

– C'est quoi, ça ?

Boquet sourit.

– La liste de mes clients...

Et, sans en demander la permission, avec même un

certain entrain, il s'assied dans un fauteuil pour me raconter ses exploits.

– Voilà comment je procède. Tous les matins, de bonne heure, j'achète les quotidiens, essentiellement ceux qui donnent une place aux faits divers. Je relève les noms et les adresses des personnes arrêtées, puis je me présente aux familles. Je leur tiens le discours qui n'a pas marché avec vous : je suis gardien de prison, j'ai vu votre mari ou votre fils, selon le cas, nous avons sympathisé. Il serait heureux si vous pouviez lui faire passer un peu d'argent, des vêtements, des provisions, etc.

Bien entendu, les victuailles vont droit dans son garde-manger. S'il y en a trop, Gabriel Boquet les distribue à des clochards. De même pour les vêtements. Quant à l'argent, il prend le chemin de sa poche.

– Vous devriez mener la grande vie, dis-je. Votre système paraît fructueux si j'en juge d'après l'épaisseur de votre agenda.

– Ne croyez pas cela, monsieur l'Inspecteur, s'écrie-t-il. Dès que je récupère des fonds, je rembourse celles de mes victimes qui me paraissent les plus méritantes... C'est honnête, non ?

Je m'efforce de ne pas rire. En cherchant un escroc, je viens d'en trouver un autre. Et tous deux fonctionnaient selon un principe identique : le système de la noria, un seau plein remplissant ou presque le seau vide. Le plus surprenant est que Gabriel Boquet semble persuadé de son honnêteté.

– Je ne sais pas si votre démarche est honnête, dis-je, mais je constate que pour l'instant vous avez commis deux délits : celui d'escroquerie, bien sûr, que vous reconnaissez, mais aussi celui d'usurpation de fonction. Vous avez falsifié une carte officielle !

Là, Boquet s'insurge :

– Pas du tout! J'en ai créé une, ce n'est pas de la falsification!

– Soit. Mais comment espériez-vous rembourser les sommes soutirées? Car les chiffres du cahier indiquent seulement l'argent reçu, non?

– Exact.

Une lueur de ruse passe dans son regard.

– Tout simplement, monsieur l'Inspecteur. Je joue à la Loterie nationale. De temps à autre, je gagne. Alors je m'empresse de dédommager mes victimes. D'ailleurs, regardez.

Triomphal, il fouille dans son cartable et en sort une grosse enveloppe.

– Ce sont les talons de mes mandats de remboursement. Le nom de l'expéditeur est faux, bien entendu. Je ne voulais pas qu'on me connaisse...

Je jette un coup d'œil sur le contenu de l'enveloppe. Boquet dit vrai. Je prends un talon au hasard, vérifie dans le cahier. Le nom du destinataire est rayé de la liste. Boquet a remboursé.

Ébahi, je considère le bonhomme. Il est certainement un peu fêlé. S'apercevant que je suis bon public, Boquet se met alors à me raconter les plus extravagants de ses exploits. Ainsi, il y a une vingtaine d'années, il s'était présenté, en uniforme de lieutenant de vaisseau, à bord d'un torpilleur ancré à Cherbourg, et il avait fait appareiller le navire. Il en riait encore. Une fois en mer, estimant s'être bien amusé, il avait avoué sa supercherie. Cet exploit lui avait valu de passer devant le tribunal militaire auquel il expliqua, pour sa défense, qu'il avait voulu démontrer que n'importe quel espion pouvait s'emparer d'un bâtiment de guerre. Il avait écopé d'une condamnation pour port illégal d'uniforme.

Autre exploit dont il se vantait encore : le jour des

Rameaux, il était entré à cheval dans une église en expliquant aux fidèles qu'il voulait vérifier si sa jument Marquise aimait la musique.

Mais Boquet avait par ailleurs un lourd pedigree. Expédié au bagne en Guyane, il s'en était évadé peu de temps plus tard, dans des conditions qui frisent le miracle, alors que tant d'autres, des durs, s'avouaient vaincus.

C'était un escroc congénital. Dès son adolescence, il aimait se parer de noms ronflants et de titres de noblesse. Son air naïf lui permettait de faire de nombreuses dupes. Malheureusement, pour être escroc on n'en est pas moins homme. L'âge venant, Boquet avait commencé à décliner et, de déchéance en arrestations et en ratages, il en était arrivé à bricoler dans l'abus de confiance. Fanatique de la Loterie nationale, il investissait une grande partie du fruit de ses larcins dans des coupons. Pour me prouver qu'il était sincère, l'aimable vieillard avait vidé ses poches sur la table. Il avait sur lui près d'une centaine de billets de loterie. Je ne pus m'empêcher de m'étonner. Lui arrivait-il de gagner ?

– Oui, une fois. Trente mille francs. J'ai remboursé aussitôt un type que j'avais plumé.

Il disait vrai, je l'ai vérifié en comparant les talons des mandats et son agenda. Sa victime, à qui j'ai rendu visite, m'avoua n'avoir jamais compris comment, délestée de quinze mille francs, elle avait ensuite reçu un don anonyme de trente mille... Le pauvre diable, un peu fou, se mélangeait même les pieds dans sa comptabilité.

Comme je considérais pensivement le tas de billets de loterie déposé sur la table, Boquet annonça d'un air engageant :

– Servez-vous, si cela vous chante. Je peux même vous faire un prix pour le lot...

Et puis, brusquement, il perdit sa gaieté et sa faconde. Réalisait-il enfin qu'il n'aurait plus l'occasion de tenter le gros lot avant longtemps ?

Il a poussé un long soupir avant de murmurer :

– Ce matin, je me suis tiré les cartes. J'ai sorti du pique, mauvais signe. Je savais que la journée ne me serait pas favorable.

J'ai conduit Gabriel Boquet devant le juge d'instruction Ponseel, qui a enregistré ses aveux et désigné des experts psychiatres.

J'ignore ce qu'il est devenu. Son affaire n'a jamais été jugée. Sans doute déclaré irresponsable, il a dû finir ses jours dans un asile psychiatrique.

Jean-Baptiste Granet, lui, dès la lecture du *Figaro*, s'était précipité chez son avocat qui lui avait conseillé de se présenter directement au Parquet de Versailles, échappant ainsi à toute procédure policière.

Aucune plainte n'ayant été déposée contre lui, et sa famille s'étant cotisée pour rembourser ses deux derniers créanciers, l'ancien héros devenu homme d'affaires par accroc, et escroc par accident, s'était juré, mais un peu tard, qu'il ne vendrait plus jamais de Piper-Cub à des aéro-clubs aussi peu compréhensifs.

Quant à moi, la pusillanimité de mes chefs de la 1re Brigade me poussa à rendre visite au commissaire Chenevier, qui appuya ma demande de mutation à la direction de la PJ. Je lui apportais dans mes bagages les affaires Girier, Buisson et autres Courgibet.

Mes chefs de la rue de Bassano ne me le pardonneront jamais.

8

Sinibaldi et Marcantoni, Les millions de la Banque d'Indochine

L'affaire de la Banque d'Indochine et des meurtres qui s'ensuivirent a commencé le 12 novembre 1946. C'était un mardi. En prenant son service, à neuf heures précises du matin, Mlle Brousse, une des plus anciennes employées de l'établissement du boulevard Haussmann, s'avise qu'un paquet de titres de la Compagnie de Suez a disparu. Trois millions manquent à l'appel. Tout d'abord, Mlle Brousse pense qu'un de ses collègues a négligé, la veille en quittant son travail, de replacer les titres dans le coffre où on les serre habituellement. Elle pose la question autour d'elle... Non, personne n'a touché aux Suez. Mlle Brousse avise alors son chef de service qui, lui-même, alerte le directeur. Une équipe de recherche est constituée. Bientôt, il faut se rendre à l'évidence : les trois millions de titres ont bel et bien disparu. Cette fois, le directeur panique. Mais ce n'est qu'un début. Une vérification générale des dépôts conduit l'un de ses adjoints à débouler en catastrophe dans son bureau. Ce ne sont pas trois millions qui se sont envolés mais vingt-deux millions de titres ! Du Suez et des valeurs diverses ! Et le vol, car il s'agit bien d'un vol, ne peut être que le fait d'un employé. La liste du personnel sous le nez, le directeur pointe les noms, l'un après l'autre. Et soudain, son crayon tombe en arrêt :

– Baudine Léon... C'est un nouveau ?

Effectivement, c'est un nouveau. Il a été embauché aux écritures, trois semaines auparavant, et il donne toute satisfaction.

– Allez me le chercher, ordonne le directeur.

Le messager revient bredouille. Baudine est en congé. Il a sollicité et obtenu une permission de trois jours pour se rendre au chevet de sa mère malade. Il devrait normalement reprendre son travail le lendemain matin.

– Qu'on aille voir chez lui s'il n'est pas déjà rentré.

Au 6, passage des Abbesses, dans le 18e arrondissement, le chef de service s'entend dire tranquillement par la propriétaire du misérable meublé que Baudine a réglé sa note le matin même et qu'il est parti avec ses affaires.

Le directeur de la banque n'a plus qu'une ressource : alerter la police.

Le dossier échoit à l'inspecteur principal Ducourthial, de la brigade criminelle du quai des Orfèvres, un Bourguignon massif dont le mégot aplati, sucé, décoloré, ne quitte jamais les lèvres. Une figure de la Criminelle qui ponctue chacune de ses phrases par des « hein, hein ? » retentissants. C'est un policier endurci, Ducourthial, qui entraîne ses collaborateurs dans un tourbillon de vérifications, de filatures et de planques, dès qu'il est saisi d'une affaire. Assisté des inspecteurs Hillard, Dhaussy et Leduc, « Ducourt », comme on le surnomme à la « Crime », se met en chasse.

Pour lui, aucun doute : l'employé modèle est l'auteur du vol. Une fiche de recherche comportant son identité et son signalement est immédiatement diffusée à l'ensemble des services de police du territoire. Baudine mesure 1,65 mètre, il a les cheveux blonds rejetés en arrière, est d'assez forte corpulence, possède un teint rosé et des yeux clairs. Il était vêtu, lors de sa disparition, d'un complet-veston sport sous un pardessus gris foncé et portait un chapeau mou bleu marine. Mais ce que Ducourt apprend, surtout, c'est que le collaborateur de Mlle Brousse vivait avec une prostituée connue des services de police pour vol, recel et racolage. La dernière condamnation de Jeanne Even née Plassais, une Bretonne de petite taille, aux cheveux châtains et au nez en trompette, remonte à 1945.

Jeanne aussi a disparu, et ses consœurs de la place Pigalle, où elle exerçait son activité, ne peuvent ou ne veulent rien dire sur son refuge actuel. Sauf une, que Ducourt menace de retrait de « condé », l'autorisation occulte que les policiers accordent aux prostituées en échange de renseignements. Les confidences ne tardent pas. Jeanne aurait confié à sa copine Anita la Boiteuse qu'elle comptait partir un jour pour l'Espagne avec « des papiers bidon et un gros paquet de pognon que son Jules allait toucher ».

L'enquête marque le pas, les fugitifs sont introuvables.

Début décembre, pourtant, une information va la relancer : des titres volés ont refait surface. Un certain Georges Lefèvre, l'un des banquiers du Milieu domicilié boulevard Ney, à Paris, cherche des acheteurs pour du Suez. Cueilli à froid, il ne fait aucune difficulté pour reconnaître que ces titres lui ont été confiés par un certain Antoine Sinibaldi, tout en affirmant, bien entendu, qu'il en ignorait l'origine frauduleuse.

Sinibaldi n'est pas un inconnu pour les enquêteurs. Son palmarès est même éloquent. Né en 1915 à Calenzana, un gros village tranquille de Corse, qui sent bon le miel parfumé, il se prétend navigateur et domicilié rue Fontaine, dans le 9e arrondissement, une rue appréciée des mauvais garçons. Ce faux marin est un vrai poète : une hirondelle attrapant un papillon orne son avant-bras droit tandis qu'une femme tatouée dans de jolies couleurs honore son bras gauche. A trente-deux ans, le casier judiciaire d'Antoine est riche de condamnations pour vols et port d'arme. Il fait figure de caïd parmi les célébrités du moment : les frères Guérini, Antoine et Mémé, Paul Mondoloni qui sera mêlé au vol des bijoux de la Bégum, Ange Salicetti, le propriétaire du bar L'Équipage, rue Duperré, où se réfugiera le célèbre Émile Buisson après son évasion de l'asile de Villejuif, François Marcantoni, même, une des belles figures du Milieu corse, qui connaîtra une certaine notoriété dans les mois qui précéderont l'élection de Georges Pompidou à la présidence de la République.

Bref, Antoine Sinibaldi possède pour le moins de belles relations.

Les investigations de Ducourthial, très efficaces, doivent lui permettre d'aboutir assez vite, mais l'un de ses collaborateurs se vante auprès de la presse des succès remportés, et les journaux publient le nom de Sinibaldi. Celui-ci, peu désireux de tomber une nouvelle fois aux mains de la police, disparaît. Tout comme Baudine et sa maîtresse.

A la fin de l'année, le vol des vingt-deux millions de la Banque d'Indochine quitte à son tour l'actualité.

L'infortuné « Ducourt » erre dans le noir !

Six mois passent, au cours desquels je m'occupe de dénicher Pierrot le Fou n° 2 – Pierre Carrot –, évadé de la prison d'Auxerre et qui, avec sa bande, déménage des dépôts de chaussettes, de cuir ou de chocolat.

Le vol des deux cents millions de bijoux de la môme

Moineau, à Maisons-Laffitte, me tombe aussi sur le dos.

Le 24 juin 1947, un habitant de Limay, en Seine-et-Oise, aperçoit depuis le pont qui relie sa ville à Mantes-la-Jolie un corps flottant entre deux eaux, et prévient le commissariat. Tandis qu'on repêche le cadavre, la police alerte la 1re Brigade de police judiciaire, la mienne, et me voilà désigné pour tenter d'identifier la victime, et retrouver son ou ses assassins.

J'assiste à l'autopsie. Le corps a été dévêtu et lesté de tuyaux de plomb avant d'être jeté à l'eau, où il a séjourné longtemps. Trop longtemps même pour que je puisse espérer un relevé d'empreintes digitales parfait. Le médecin légiste m'explique que l'inconnu a été exécuté d'une balle dans la nuque, sans doute de calibre .7,65.

Il fait chaud dans la cour de la mairie où l'autopsie est pratiquée. Une puanteur insoutenable se dégage du cadavre en état de décomposition avancée. En le gonflant, les gaz l'ont arraché à la vase et fait remonter à la surface. Sur la poitrine, au ras du cou, une inscription tatouée, à demi effacée, attire mon attention : « Marseille-Maroc ».

Sur le moment, je reste perplexe. Puis, je me souviens d'un légionnaire appréhendé pour une affaire mineure, quelques mois auparavant. Lui aussi portait ce tatouage. Il m'avait raconté qu'il s'était fait décorer ainsi le jour de son engagement. Tout en lançant l'habituelle circulaire de recherche pour identification de cadavres inconnus, j'écris à la Légion étrangère, qui me fait savoir, deux jours plus tard, qu'un certain Léon Baudine a effectivement servi dans ses rangs, à Marseille d'abord, puis au Maroc. Le nom me fait sursauter. Ainsi, voilà retrouvé le suspect n° 1 du vol de la Banque d'Indochine après lequel le bon Ducourt cavale sans succès!

La nouvelle fait l'effet d'une bombe, et l'affaire est relancée. Pour ma part, je commence à me faire une certaine idée du déroulement des faits. Baudine a volé mais c'est Sinibaldi qui a proposé les titres à Lefèvre. Baudine est mort. Mais qu'est devenue sa maîtresse, Jeanne Even ? Et qui sont *le* ou *les* tueurs de Baudine ?

Le 9 septembre 1947, un promeneur découvre, dans les bois de Soisy-sur-École, dans la banlieue parisienne, le cadavre d'une jeune femme démunie de papiers. Albert Parmentelot, un inspecteur qui appartient à ma brigade, l'identifie rapidement : il s'agit de Jeanne Even. Elle aussi a été exécutée d'une balle dans la nuque.

Cette fois, Sinibaldi fait la Une des journaux. Son portrait s'étale partout. Le suspect n° 1 de ces deux meurtres semble doué soudain du don d'ubiquité. On le signale à Lyon, à Champagne-en-Valromey, un village de l'Ain, à Hauteville, dans le même département.

Le 24 septembre 1947, il échappe de peu à la police de Marseille. Ainsi que je l'apprendrai plus tard, il s'était réfugié chez Antoine Guérini qui l'hébergea quelques jours dans sa fastueuse villa de Saint-Julien : « La Calenzana », aux plafonds ornés du blason de la Corse. Le soir du 24, le gangster, las d'être confiné dans une chambre, décide de faire une virée en ville avec les deux mauvais garçons qui lui tiennent compagnie. Un taxi vient prendre les trois hommes qui se font conduire dans le quartier de l'Opéra, au centre de la cité phocéenne, où pullulent les boîtes et les prostituées. Un incident ridicule va mettre Sinibaldi à deux doigts de l'arrestation. Deux agents cyclistes sifflent le taxi, dont le phare gauche ne fonctionne pas. Ils invitent le chauffeur à les suivre au commissariat, puis, tranquillement, ils enfourchent leurs vélos et prennent la direction du poste. Docile, le chauffeur les suit, à petite vitesse. Sinibaldi ne perd pas son sang-froid : il se déchausse et, profitant de l'obscurité, entrouvre la portière, se laisse glisser sur la chaussée et s'évanouit dans la nuit. Quand le taxi arrive devant le commissariat, on ne peut que constater la fuite du troisième passager que la police, très vite, identifie. Mais où est-il passé ?

Plus tard, grâce aux informateurs que j'ai pu confesser alors que j'étais plus spécialement chargé de le retrouver, j'ai su comment Antoine Sinibaldi avait filé. Sitôt hors du taxi, il s'était précipité dans un bistrot pour téléphoner à Antoine Guérini, lequel l'avait fait recueillir par des amis en attendant l'arrivée de François Marcantoni, descendu spécialement en voiture à Marseille. Le beau François s'était acquitté au mieux de sa tâche. Il avait conduit Sinibaldi au Havre, où Joseph Campocasso, tenancier du Bar du Marinier, lui avait préparé les faux papiers nécessaires à l'embarquement.

La voie de l'Amérique était ouverte.

Mais, tandis que Sinibaldi se transforme en fantôme, à Paris éclate un coup de théâtre. Un trafiquant de faux dollars arrêté à Montmartre, un certain Vergès, raconte qu'il connaît les assassins de Baudine, l'ancien légionnaire, le voleur des vingt-deux millions de titres. Il donne même l'adresse de leur refuge, une boutique de la rue Pierre-Brossolette dont le patron, Bastien Capo, est lié avec le Milieu.

Au lever du jour, la boutique est cernée par des policiers armés de mitraillettes. Ils cueillent les deux hommes désignés par Vergès : Bernard Lirola – dit Bernard Girol – et Jo Gardan, qui tient un bar à Paris. Le commissaire principal Camard, mon chef de service, mène le bal. Je n'ai pas assisté aux interrogatoires. Je suppose que les enquêteurs chargés du travail ont été convaincants puisque les deux truands se mettent à table et éclairent la lanterne du juge désigné pour instruire l'affaire.

Bernard Lirola avoue donc avoir tué Baudine « pour rendre service à Jo Gardan » qui, au mois de juin, souhaitait régler son compte à un gars qui en savait trop. « Je n'aime pas laisser un phonographe derrière moi », lui aurait-il déclaré.

– J'ai accepté de lui rendre ce service, dit Lirola. Le 20 juin, nous nous sommes rendus à Angers où Gardan a retrouvé Baudine. Celui-ci m'a paru inquiet, nerveux. Il voulait à toute force savoir où se trouvait Jeanne, sa maîtresse.

» – Justement, on vient te chercher pour te conduire auprès d'elle, a répondu Gardan.

» Léon Baudine s'est installé sur le siège avant de la voiture de Jo, qui était au volant. Moi, j'ai pris place à l'arrière. Nous sommes revenus sur Paris. Gardan a pris la direction de Saint-Germain-en-Laye.

» – C'est quand même un beau coin, a-t-il dit à un moment en se tournant vers moi.

» J'ai compris que c'était l'instant choisi. J'ai tiré mon 7,65 de ma poche, j'ai appuyé le canon sur la nuque de Baudine et j'ai pressé la détente. Le pauvre type n'a pas eu le temps de réaliser ce qui lui arrivait. Il s'est écroulé sur le tableau de bord. Gardan a continué à rouler. Quelques kilomètres avant Mantes, nous nous sommes arrêtés près d'un pont démoli par les bombardements. L'endroit était désert. Nous avons sorti de la malle arrière de vieux tuyaux de plomb dont Gardan avait pris soin de se munir. Puis on a balancé le corps à la flotte...

Jo Gardan est sur le gril, dans un bureau voisin. Camard lui lit la déposition de Lirola et, « pressé de questions », comme l'écrivirent si joliment les journalistes, Jo Gardan finit par raconter l'histoire du vol des millions de la Banque d'Indochine et des meurtres qui en ont découlé.

Au début, Baudine s'était fait embaucher par l'établissement du boulevard Haussmann sur la suggestion de Sinibaldi qui avait eu un tuyau. Baudine vole donc les vingt-deux millions. Sinibaldi, peu au fait des tractations boursières, confie deux millions à Lefèvre, un type réputé pour négocier ce genre de papier, et le reste à un autre « homme d'affaires », Jean Lévy. Cependant, des divergences éclatent entre les membres du gang. Baudine et Jeanne Even, jusqu'alors planqués à Angers, renâclent. Jeanne revient à Paris et va trouver Sinibaldi pour réclamer une augmentation de leurs parts.

– Je vous assure qu'Antoine ne nous a jamais dit qu'il avait tué la Jeanne, dit Gardan. Nous avons appris l'affaire par les journaux. C'est certainement lui l'assassin.

Peu après, Baudine se manifeste. Il s'étonne de ne pas avoir de nouvelles de sa maîtresse et réclame lui aussi une rallonge. Baudine, qui semble avoir un sale caractère, est capable de se répandre en racontars, surtout quand il réalisera que Jeanne a vraiment disparu. Sinibaldi donne alors à Gardan l'ordre d'aller à Angers et de le supprimer.

Le mystère de la disparition des titres de la Banque d'Indochine est élucidé. Ducourthial et ses hommes se précipitent chez Jean Lévy. Une planque livre son secret ; dix-neuf millions de titres – la quasi-totalité du butin – sont récupérés. Aussitôt arrêté, le receleur bénéficie d'une bizarre mise en liberté : les psychiatres le déclarent irresponsable ! Décidément, le coup monté par Sinibaldi était voué à mal finir : confier le butin à un fou, quelle idée !

L'affaire serait donc réglée si Antoine Sinibaldi faisait partie du lot des interpellés.

Malheureusement, il manque à l'appel. Retrouver le fuyard est maintenant un travail de routine et de patience. Je note qu'il a été interpellé puis relâché en mai 1947, quelques mois plus tôt, par la brigade des agressions pour l'attaque de l'encaisseur des Établissements Bouchara, 54, boulevard Haussmann à Paris. La voiture qui a servi à l'agression lui appartenait, mais Sinibaldi avait eu l'intelligence de se présenter la veille au commissariat pour en signaler la disparition. De plus, son alibi était en béton.

Sans me faire trop d'illusions, j'invite mes informateurs à tendre l'oreille, mais pénétrer le Milieu corse n'a jamais été chose aisée.

La chance, quand même, me sourit. Georges Lefèvre, le banquier du Milieu mis à l'ombre par Ducourthial pour avoir tenté de négocier les titres volés à la Banque d'Indochine, bénéficie, lui aussi, d'une mise en liberté provisoire. A peine est-il sorti qu'il me téléphone. Puisqu'il souhaite me rencontrer, autant lui donner rendez-vous au Rochambeau, un bar discret de la rue La Boétie.

Lefèvre est un homme d'affaires. Donnant-donnant.

– Vous avez le vent en poupe, vous avez une bonne réputation, et je n'aime pas les méthodes de vos collègues du quai des Orfèvres, me dit-il, flatteur. Alors je veux bien coopérer avec vous si vous glissez un mot au juge d'instruction pour minimiser mon rôle... D'accord ?

– D'accord.

C'est ainsi que, grâce à Lefèvre, je suivrai dans les années à venir la cavale de Sinibaldi, qui s'est embarqué au Havre sous le nom de Vincent Manzoni, et a été pris en charge à New York par des compatriotes, spécialistes du trafic des stupéfiants. Lefèvre me signalera sa présence à San Francisco en 1950, au Venezuela en 1952, où sa maîtresse, Andrée Michelesi, que j'avais vainement surveillée, viendra le rejoindre deux ans plus tard en compagnie de Paul Mondoloni. Puis il perdra sa trace.

A plusieurs reprises, sur la foi des indications reçues, j'expédiai des télégrammes de recherche aux autorités policières des villes concernées, mais mes demandes s'enlisèrent dans les sables administratifs, et l'Antoine, averti, s'envola. Il faut croire qu'il bénéficiait, sur place, de quelques protections.

Mais je n'en étais pas là. Dans le courant de l'année 1949, un autre coup de chance – la chance, comme disait mon nouveau patron Chenevier, ne tourne-t-elle pas à l'avantage de celui qui la viole ? – me remet en selle. Le 4 avril, René la Canne s'évade de la joyeuse prison de Pont-l'Évêque. Le 5 mai, à Beauvais, Claudius Liogier l'imite. Je mets Thomas le Corse, l'amant de Michou Liogier, en piste. Et entre deux confidences, il m'informe que son compatriote Pozzo di Borgo vit en concubinage avec une spécialiste des chèques sans provision, recherchée par plusieurs Parquets.

– Elle connaît tout le Milieu, monsieur Borniche, et elle habite le 17e, au début de la rue de Tocqueville. Si vous lui mettez le marché en main, elle vous parlera de la Canne mieux que moi. Elle a peur de la taule...

– Elle peut savoir quelque chose sur Sinibaldi ?

– Je ne sais pas. Comme elle fréquente Les Calanques, le bar de Marcantoni, c'est possible.

La blonde Marinette fait vite ma connaissance, et son premier soin est de mettre en avant le nom de Robert Mattéi, un commissaire marseillais très actif.

– Je lui rends des services, monsieur l'Inspecteur.

Mattéi confirme. Marinette est d'excellente famille. Elle a malheureusement la légèreté de jongler avec son carnet de chèques et d'oublier son perpétuel découvert bancaire.

– Quand elle donne une affaire, c'est du sérieux, me dit-il. A condition d'avoir quelque chose à lui mettre sous la dent.

J'ai. Le service des diffusions me signale que Marinette a deux mandats d'arrêt aux fesses, pour escroquerie et chèque sans provision.

Du coup, je la regarde avec des yeux de convoitise. Lefèvre d'un côté, Marinette de l'autre, je vais pouvoir faire du dégât chez les insulaires amis de « Pompe » – ainsi qu'ils surnomment leur compatriote Sinibaldi.

– Marché conclu, accepte Marinette en quittant mon bureau. Dès que j'ai quelque chose, je vous préviens...

– Vous annoncez Françoise, au fil, je comprendrai. Mais si vous essayez de me doubler, je balance dans tout Paris que vous travaillez pour le commissaire Mattéi.

Simple chantage. Je ne l'aurais pas fait et je ne le ferais sûrement pas encore aujourd'hui si Prosper Pozzo di Borgo d'abord, Marinette ensuite, n'avaient connu un sort tragique. Prosper a été transformé en écumoire par des tueurs anonymes, en 1954 dans le quartier de Villiers. Malgré ses précautions, Marinette a connu le même sort deux ans plus tard.

Par un froid matin de décembre 1949, la standardiste me passe une communication :

– Françoise. J'ai un colis pour vous. Midi moins le quart à l'intérieur de l'église russe, ça vous va ?

A onze heures et demie, je piaffe rue Daru. Marinette, méfiante, débarque peu après. Dans la demi-obscurité du bas-côté, nous nous agenouillons l'un près de l'autre.

– Vous croyez que j'ai été suivie ? chuchote-t-elle.

– Sûrement pas. J'étais arrivé avant vous pour m'en assurer.

Elle semble tranquillisée.

– Bon. Une agression va être commise à Lyon, contre une banque. Ne me demandez pas où, je ne sais pas.

A la voir, tête penchée, mains jointes, elle donne une parfaite image de la piété. Seules ses lèvres bougent.

– Dellapina, qui s'est évadé des Baumettes à Marseille, est dans le coup. Tomasini aussi, condamné à mort par contumace. Et aussi Sinibaldi, qui est de passage en France. Ce ne sont pas des enfants de chœur, ça flingue dur...

– Si vous ne me dites pas quelle banque, je ne peux rien faire. C'est grand, Lyon !

Elle soulève légèrement une épaule. Elle semble agacée.

– Je n'en sais rien. C'est déjà pas mal de savoir ça, non ? Je risque ma peau, moi. C'est votre travail après tout de trouver le reste !

A mon tour d'être agacé. Il y a trente secondes, je jubilais. Maintenant, je déchante. Je vois mal une mobilisation générale de la police lyonnaise, de la gendarmerie et de la garde républicaine pour surveiller tous les établissements bancaires de la région lyonnaise ! Même si le tuyau est sûr – Mattéi m'a garanti la solidité de ses informations – Marinette peut avoir été abusée. Déçu, je laisse tomber :

– Impossible de les piquer si on n'en sait pas plus. Il faudrait connaître leur planque, avant ou après le coup.

Marinette garde un instant le silence puis murmure, comme à regret :

– Si vous suivez Marcantoni, il vous mènera à eux. Il doit les rejoindre en voiture avec tout le matériel, armes, fausses plaques et cagoules... Il tient le Jasmin maintenant, rue Saint-Ferdinand.

D'abord, c'est la stupeur. Marcantoni n'était pas connu comme truand, à l'époque. Il était l'associé de Toto Rossi, le frère de Tino, dans la gérance du bar Les Calanques, rue Quentin-Bauchart. Un établissement chic du quartier des Champs-Élysées où se pressait le monde du cinéma, du show-business et du sport. Un bar si proche de la rue de Bassano que nous y allions de temps à autre boire un pot, histoire d'approcher vedettes et mannequins. C'est un joyeux drille, François, un Corse gai, ce qui est rare, avec le sens de l'humour et souvent une histoire drôle à raconter.

Un soir, alors qu'il se trouve à consommer chez Jeannot Beux, un tenancier de brasserie de la rue des Dames, une descente de police le surprend. Au policier qui lui demande ses papiers, il rétorque :

– Les vôtres d'abord, rien ne prouve que vous n'êtes pas des faux poulets !

L'autre, l'inspecteur Vaux, du quai des Orfèvres, exhibe sa carte. Son chef est le commissaire Bouvier.

– Beux, Vaux, Bouvier, mais c'est une étable, votre boîte ! plaisante Marcantoni.

Vaux, furieux, le conduit devant son patron.

– A qui ai-je l'honneur ? interroge Marcantoni.

– Bouvier.

– Bouvier ! Vous ne seriez pas des Flandres, par hasard ?

J'ignore comment le futur directeur de la PJ a apprécié le propos !

Souvent, le commissaire Denis et moi nous sommes demandés quelles pouvaient être les activités du beau François derrière la façade de son bar. Et voilà que Marinette soulevait le voile !

– Ça m'ennuie de vous le balancer, parce que je sais que vous le connaissez...

– Et alors?

– Rien. Je dis ça comme ça...

Ses paroles étaient lourdes de signification. Non seulement je le connaissais, Marcantoni, mais j'avais pour lui une certaine reconnaissance.

Le 6 février 1948, à l'âge de vingt-deux ans et à la veille de se marier, ma sœur cadette décédait de ce qu'on appelait alors la maladie bleue, et que l'on opère facilement aujourd'hui, à l'ère des transplantations cardiaques. La douleur de mes parents, la mienne, furent immenses. La nouvelle m'avait terrassé en fin de matinée alors que je venais d'apprendre ma nomination au titre d'officier de police judiciaire. Les trains pour Chantilly étaient rares, les autocars inexistants. Le chef de brigade avait refusé qu'un chauffeur me conduise auprès de ma famille avant la mise en bière. Ce patron-là m'avait rétorqué que la PJ n'était pas une entreprise de transports.

Je me préparais à enfourcher la vieille bicyclette qui sommeillait au fond de ma cave lorsque le hasard m'avait fait rencontrer Marcantoni. Superbe dans un manteau poil de chameau sur son costume prince-de-galles, il descendait la rue Blanche.

– Quelle surprise, monsieur l'Inspecteur, s'était-il exclamé. Vous cherchez quelqu'un à mettre en prison, dans ce coin-là?

Devant ma mine déconfite, il avait ajouté, toujours pince-sans-rire :

– Ou alors, il vous a filé entre les pattes...

Je lui avais fait part de ma tristesse. Instantanément, sa physionomie avait changé :

– Vous n'allez pas jouer les coureurs cyclistes à cause de ce salopard de patron! Ma voiture est garée rue de Douai, devant le 38, la carte grise est sous le tapis de sol. Voici les clés, vous me les rendrez quand vous n'en aurez plus besoin. Elle est saine, ma voiture, et soyez tranquille, je ne cherche pas à vous corrompre. Demain, on aura tout oublié, tous les deux.

Grâce à Marcantoni, j'avais pu arriver avant la mise en bière. Je ne l'ai jamais oublié. Deux années plus tard, Marinette me citait son nom en même temps que celui du gangster Sinibaldi...

Il est six heures du matin et il fait froid. Montuire, mon chauffeur, a garé sa traction à proximité du Jasmin. Si les dires de Marinette sont exacts, je dois assister au départ de Marcantoni. D'où je suis placé, je peux voir sans être vu. La buée qui se dépose sur le pare-brise me protège mieux encore.

La traction noire de François, immatriculée 6145 LS 2, stationne toujours devant le bar. Hier, au cours d'une discrète surveillance, je l'ai repérée. Marcantoni en refermait le coffre. Le service des cartes grises m'avait édifié : la Citroën traction avant avait été dérobée une quinzaine auparavant, à un commerçant de Beauvais. Les plaques n'ont pas été changées. Conclusion, elle a dû sortir d'un box au dernier moment pour entreprendre le voyage. J'ai communiqué le numéro de la voiture aux brigades de gendarmerie échelonnées sur le trajet, avec instruction de surveiller son passage, de me renseigner, mais surtout de ne pas interpeller le conducteur. La brigade de PJ de Lyon, alertée elle aussi, est prête à assurer la filature dès son arrivée par la nationale 7. Pour plus de précautions, des voitures banalisées seront disposées sur les nationales 83 et 84, venant de Bourg-en-Bresse et de Genève. Tout est donc prévu pour la réussite de l'opération.

A sept heures trente, Marcantoni apparaît sur le seuil de son bar. Il est vêtu d'un pardessus gris à chevrons, coiffé d'un chapeau de feutre sombre et il porte des gants de cuir clair. Il s'installe au volant, fait chauffer le moteur, démarre. Montuire le laisse prendre un peu de champ, puis démarre à son tour, après que les feux de la traction volée ont viré dans l'avenue de la Grande-Armée. A sa suite, nous gagnons la Porte Maillot, puis les boulevards extérieurs, jusqu'à la Porte d'Italie et la route de Fontainebleau. A Orly, nous abandonnons la filature. Je suis fixé.

Il ne me reste plus qu'à confirmer aux brigades intéressées le départ de notre client.

Sur mon bureau, j'ai étalé une carte routière de façon à suivre le voyage kilomètre après kilomètre.

Au début, mon système de guet fonctionne à merveille. De demi-heure en demi-heure, le téléphone sonne. Les brigades de Sens, puis Avallon, ont repéré la 15 CV qui file en direction de Lyon. Il me suffit de fermer les yeux pour voir François, tel que mes correspondants me le décrivent, s'arrêtant tantôt à Joigny pour prendre un café, tantôt à Vermenton où il achète un cigare. Un peu plus loin, il s'arrête pour prendre de l'essence et vérifier son huile. A cette époque, la nationale 7 était la voie royale vers le Sud. On ne parlait même pas d'une future autoroute. Devant mes yeux émerveillés j'ai l'impression qu'un film se déroule.

Encore quelques heures et Antoine Sinibaldi, mon véritable gibier, tombera dans mes filets. Selon Georges Lefèvre, il se terre aux États-Unis, bien que, depuis plusieurs semaines, le « banquier » semble avoir perdu sa trace... Comme je m'inquiétais de l'authenticité de sa participation au hold-up annoncé, Marinette m'avait affirmé qu'elle était sûre de ses sources : Sinibaldi faisait de brefs séjours en France pour s'y ravitailler en argent liquide. Il participait donc à quelques bons coups. La théorie se défendait.

J'attends donc, une main sur le téléphone et l'autre armée d'un crayon pointé sur la nationale 7, avant Lyon. Soudain, la sonnerie retentit. Je décroche.

– Ici le lieutenant commandant la brigade de Tassin-la-Demi-Lune...

– Inspecteur Borniche.

– Je n'ai pas de bonnes nouvelles, inspecteur.

Et le gradé de m'expliquer. Le gendarme mis en faction devant la brigade, sur le bord de la route, n'avait rien compris aux instructions. Voyant venir vers lui la traction de Marcantoni, le pandore s'avance de deux pas sur la chaussée et, d'un ample geste du bras, invite le conducteur à s'arrêter sur le bas-côté.

– Que se passe-t-il ? roucoule Marcantoni avec son bel accent corse. Il y a des barrages ?

– Oui, monsieur Marcantoni. Des barrages pour vous arrêter. Parce que votre voiture est volée et qu'elle est remplie de mitraillettes et de fausses plaques.

Marcantoni comprend. Il n'y en avait pas cinquante dans la confidence !

Le pandore, lui, irradie la joie.

– Descendez et venez voir le lieutenant.

Marcantoni est un sage. Il réalise que l'affaire du hold-up est mal engagée. Annulée même. Sans résister, il suit le gendarme dans les locaux de la brigade.

– Le suspect, chef ! claironne le gendarme en poussant le Corse dans le bureau de l'officier. C'est l'homme que Paris a signalé. Je jette un coup d'œil dans son coffre et je reviens.

Le lieutenant est catastrophé. Conscient d'avoir compromis le plan des policiers parisiens et lyonnais, il cherche vainement une idée pour arranger les choses. C'est alors que Marcantoni, qui a l'œil à tout et a repéré la médaille de la Résistance que le gradé arbore parmi d'autres décorations, se lance dans une scène de la plus haute bouffonnerie :

– Puis-je vous parler très confidentiellement, mon colonel ?

– Lieutenant seulement, rectifie l'officier. Alors ?

– Les armes et les plaques que votre brigadier est en train de sortir de mon coffre, il faut me les laisser.

– Comment ça ? s'étonne l'autre. On ne se promène pas avec un arsenal pareil ! Qu'est-ce que vous voudriez en faire ?

– De la Résistance, mon lieutenant. Pour me battre contre les Allemands.

Le gendarme ouvre des yeux ronds.

– Les Allemands sont partis depuis longtemps, voyons ! Il n'y a plus de Résistance !

– Pas possible ! fait semblant de s'étonner Marcantoni. Elle est finie, vous croyez ? Alors là, franchement, je ne le savais pas !

Ou Marcantoni est de mauvaise foi, ou il joue les fous, pense le lieutenant, abasourdi. En attendant de prendre une décision, il colle le Corse dans une cellule nauséabonde et m'appelle :

– Navré de ce ratage, inspecteur. Je le tiens quand même pour détention d'armes de guerre, de fausses plaques d'immatriculation et d'une voiture volée. Je vais faire ouvrir une procédure pour le Parquet de Lyon.

– Pour l'instant, vous me le gardez au frais, lieutenant. Je vous envoie les inspecteurs Gard et Rose pour le ramener à Paris.

Le lendemain, Marcantoni est dans mon bureau, menottes aux mains. Je le fais détacher et il frotte ses poignets endoloris. Il a peu dormi et la barbe a bleui son visage.

– C'est vous qui me faites un truc pareil, monsieur Borniche ?

– Oui, François. J'avais une dette envers toi. Tu te

souviens de la voiture que tu m'as prêtée, il y a deux ans, pour aller voir ma sœur ?

– Non. A moins que j'aie oublié.

– Moi, je n'oublie pas. Si je t'avais laissé aux mains des gendarmes, tu prenais une sérieuse correction. Ils t'auraient écroué dans une prison lyonnaise humide, sale et glaciale. Ton amie Simone aurait été obligée de se déplacer souvent pour aller te porter des colis ou te voir... La taule, en province, ce n'est pas rigolo. Alors, je t'ai fait remonter. Ça te facilitera les choses. Ton avocat pourra te rendre visite, tandis que là-bas... tu ne l'aurais pas vu beaucoup. J'avais une dette envers toi, nous sommes quittes...

Marcantoni a un sourire narquois, me dévisage sans rien dire. J'ajoute :

– Dans quel bain tu te serais fourré si tu avais été piqué en train de braquer une banque avec Dellapina et Sinibaldi ! Fini les beaux costumes, les belles voitures et les belles pépées. Tu te rends compte ?

Mon prisonnier n'a rien répondu. Je l'ai autorisé à téléphoner à sa maîtresse du moment, qui lui a apporté des vivres et des vêtements chauds. Quand je l'ai abandonné au greffe de la prison de la Santé, la grosse horloge marquait minuit. C'était la veille de Noël. Il m'a serré la main et ironisé :

– Pour une bûche, c'en est une, non ? Moi, j'aurais quand même préféré en déguster une autre. Voyez-vous, monsieur l'Inspecteur, ça ne sert à rien, mais vraiment à rien, de continuer à faire de la Résistance.

Il est parti derrière les grilles en rigolant. Six mois après, il était dehors.

Après ce superbe ratage, comme disait le lieutenant de gendarmerie, la chape de l'oubli a recouvert l'affaire de la Banque d'Indochine. Moi-même, j'avais classé le dossier Sinibaldi dans un placard. Le « banquier » avait perdu sa trace, et Marinette faisait un stage à la prison de la Roquette.

A la fin des années cinquante, l'URSS de Nikita Khrouchtchev, premier secrétaire du Comité central du parti soviétique, commençait à évoluer en matière de politique internationale. Khrouchtchev franchit l'Atlantique pour visiter les États-Unis et fit une escale à San Francisco, en septembre 1959.

Les services de sécurité soviétiques avaient pour habitude de lui présenter un plan des villes visitées. Se voilant la face d'une main, le chef de l'État abattait son index sur un point de la ville. L'hôtel le plus proche était alors choisi comme résidence provisoire, avec ce que cela comportait d'enquêtes et de contre-enquêtes sur les membres du personnel tout entier.

L'index de Nikita chuta sur le Mark Hopkins, un des hôtels sélects de California Street. Aussitôt, le FBI passa au peigne fin la liste des employés, du directeur général au marmiton.

Si les services de police municipale de San Francisco s'étaient occupés des vérifications, il est certain que le cuisinier, un Français d'origine, n'aurait eu aucun ennui. Mais le FBI dispose d'un formidable fichier et possédait dans ses archives, transmises par Interpol, les empreintes d'un nommé Antoine Sinibaldi, condamné à mort par contumace par la cour d'assises de la Seine.

Le 20 septembre 1959, Antoine Sinibaldi était arrêté. Depuis treize ans, il vivait sous une fausse identité à San Francisco. Il s'était marié, avait deux enfants et, menant une vie rangée de cuisinier d'hôtel et de père de famille, n'enfreignait pas les lois. La justice américaine décida de l'extradition mais, estimant que les crimes dont on l'accusait n'étaient pas prouvés et que Sinibaldi avait été condamné sur les témoignages d'anciens complices trop heureux de se blanchir en l'accusant, elle le renvoya en France en ne retenant que les charges de recel et d'émission de fausse monnaie.

Le 7 mai 1960, Antoine Sinibaldi, menottes aux poignets, arrivait à Paris. Le 31 janvier 1963, la cour d'assises, renonçant à l'inculpation d'assassinat, le condamnait à la peine de huit années de réclusion criminelle, plus dix années d'interdiction de séjour pour recel de titres volés à la Banque d'Indochine.

Transféré à la prison centrale de Clairvaux, dans l'Aube, Sinibaldi ne renonçait pas à l'espoir de retourner un jour aux USA pour retrouver sa famille. Les Américains, qui n'avaient rien à lui reprocher, semblaient prêts à l'accueillir, une fois sa peine purgée.

Sinibaldi devait être libéré le 20 septembre 1967.

Trois mois avant sa libération, une crise cardiaque l'emportait définitivement vers le paradis des mauvais garçons.

9

Pierre Barriel
Le mystère du gant jaune

L'année 1950 est la pierre blanche qui marque ma vie professionnelle. Une répétition de succès. Le 20 janvier, cinq mois après le hold-up qui a soulagé la Bégum de quelque deux cent treize millions de bijoux, je cueille Mondoloni, le futur parrain de la French Connection. Et le 7 mars, je récupère la Marquise, un brillant pas plus large qu'une pièce de monnaie, mais qui vaut la bagatelle de soixante millions de francs. La Bégum fait la moue. Retaillé par un diamantaire-receleur qui prend à son tour le chemin de la Santé, le solitaire a perdu sa valeur symbolique. L'épouse de l'Agha Khan perçoit l'indemnité prévue par la Lloyd's, et mon indicateur la prime de six millions offerte par les mêmes assureurs.

Le 7 juin, mon anniversaire me porte chance. Le hasard guide mes pas vers un terre-plein du 17ᵉ arrondissement où des joueurs disputent une partie de pétanque. Leurs mimiques, leur accent méridional amusent les badauds dont je suis. Soudain, la physionomie d'un type en cavale se superpose aux traits du pointeur. J'autopsie ma mémoire. Le petit Bonnot, pas Jules mais André, n'a pas l'air de beaucoup se soucier des recherches dont il fait l'objet depuis le cambriolage du musée d'Auch. Ses amis corses et marseillais non plus qui, les boules ramassées, s'entassent sur les banquettes d'une splendide voiture décapotable, trois à l'avant, quatre à l'arrière. Le moteur tourne. Pas question de laisser filer Bonnot. Un pompier de Paris qui passait par là m'apporte heureusement une aide providentielle. Il bondit sur le marchepied droit, moi sur celui de gauche. Une main agrippée au montant du pare-brise, l'autre enfouie dans la poche de ma veste pour donner l'illusion d'être armé, je guide la voiture vers le commissariat le plus proche, rue Clairaut. La prise est bonne. Bonnot et quatre de ses acolytes prendront le chemin du Palais de justice.

Le lendemain, c'est au tour de Frank, dit Jacques le Niçois, de faire ma connaissance. Le principal associé d'Émile Buisson qui, à ses heures perdues, travaillait aussi pour son propre compte, a donné rendez-vous à un de ses amis dans un bar discret de la rue de Richelieu, face au journal *l'Aurore.* Il n'a pas le temps de se servir du colt 11,43 qui, avec une balle dans le canon, gonfle la poche de sa veste.

Le 10 juin, à Claville, près d'Évreux, dans l'Auberge de la Mère Odue, mes menottes claquent sur les poignets du sinistre Buisson, tueur fou aux trente-six meurtres et agressions à main armée depuis son évasion de l'asile psychiatrique de Villejuif, le 3 septembre 1947. La quasi-totalité des membres de son gang défilent dans les jours et les semaines suivants dans mon gourbi du cinquième étage de la rue des Saussaies.

Vraiment une année exceptionnelle qui se clôture par les arrestations du petit Jérôme, le rusé banquier de l'équipe de Pierrot le Fou, ex-tenancier de La Bonne Galette, à Champigny, dont je reparlerai, et des voleurs des deux cents millions de bijoux de la môme Moineau. L'évasion de René la Canne, qui a scié le plancher de son fourgon cellulaire, me laisse froid. Il ne perd rien pour attendre.

Bref, en faisant mon métier de flic, j'ai accédé à une sorte de vedettariat que ne m'auraient jamais valu mes activités de cabotin. Je reçois les félicitations d'usage, et papa Queuille, vice-président du Conseil et ministre de l'Intérieur, épingle la médaille des actes de courage au revers de ma veste pied-de-poule. Chenevier – que mes prouesses comblent d'honneurs et d'avancement –, me cajole, m'appelle son « petit Borniche », ne jure plus que par moi, avale mes renseignements avec voracité, écoute mes paroles comme celles d'un oracle. Il me galvanise de promesses. Ma nomination au grade de principal, le sommet du corps des inspecteurs, est assurée malgré mon jeune âge et mes six années de service. Et je ferai un excellent commissaire de police dès que les conditions statutaires le permettront. Je n'ai plus qu'à patienter. J'ai bien fait, en tout cas, de quitter la 1re Brigade.

Je me sens de mieux en mieux dans ma pelure de flic. Des lettres me parviennent, congratulations d'inconnus qui me félicitent de débarrasser la France de ses malfrats, dénonciations de maniaques soupçonnant leurs voisins de se livrer à de louches et enrichissants trafics. Un courrier de star que je parcours d'un œil plutôt distrait, mais que je fais soigneusement classer aux archives. On ne sait jamais.

En cette matinée de novembre, alors que le brouillard encapuchonne les longs bras de l'antenne des transmissions du ministère, une lettre en provenance de la prison de Fresnes me fait pourtant sursauter :

Facile de jouer les Zorro, mais les innocents, vous vous en foutez comme vos collègues du quai des Orfèvres qui m'ont fait plonger pour un crime que je n'ai pas commis. Même le juge est contre moi et le baveux que je ne peux pas payer dit que je suis bon pour vingt piges minimum. Si vous êtes le champion que les canards disent, montrez-moi ce que vous savez faire.

Pierre Barriel, 1re division, avenue de la Liberté, Fresnes.

J'ai une faiblesse qui est, de mon point de vue, une qualité. J'écoute toujours avec attention l'homme qui entre dans la voie des aveux. Pour mieux les verrouiller par la suite et éviter une rétractation quand l'avocat entre en lice. A plus forte raison un détenu qui clame son innocence, même si les faits semblent l'accabler...

Le temps de réclamer le dossier au fichier central, de le feuilleter, de jeter un coup d'œil sur les trois photographies anthropométriques qu'il contient, et je suis fixé. Pierre Barriel, plusieurs fois condamné, n'est pas un enfant de chœur. Le juge Chapar, du tribunal de la Seine, l'a inculpé pour une tentative de vol qualifié commis au préjudice des chaussures André, rue Delouvain à Paris 19e. Pire, il y a eu échange de coups de feu entre les gangsters et les agents d'un car de police-secours appelé à la rescousse après que l'un des bandits eut été abattu par le veilleur de nuit.

Je le connais bien, le juge Fernand Chapar. C'est un Pyrénéen petit, trapu, tenace, pointilleux jusqu'à l'extrême, d'une honnêteté et d'une impartialité scrupuleuses. J'ai souvent l'occasion de collaborer avec lui. Pour moi, Barriel donne dans la graphomanie à en juger par les copies de lettres que la préfecture de police a transmises, pour information, à la Sûreté nationale. Il est de ces épistoliers qui inondent de leur prose magistrats, policiers et ministres. Je fais reprendre au dossier le chemin du monte-charge.

Janvier 1951 arrive, avec son cortège de neige, de bise, de traites à payer. De lettres encore et toujours, parmi lesquelles une seconde missive de Barriel.

Bonne année, inspecteur, et merci pour la visite que vous ne m'avez pas rendue. Elle conforte l'image que j'ai des flics. Des sales mecs, tous, pas un pour se distinguer des autres. Salut.

Je hausse les épaules. Pour le moment, j'ai autre chose à faire que d'aller à Fresnes écouter les sornettes d'un détenu mythomane. Je suis sur la piste de Girier – René la Canne. Et j'ai d'autant plus hâte de lui faire réintégrer sa cellule de la Santé que je viens d'être promu inspecteur principal. Le Gros a tenu ses promesses. Le 26 janvier, celui que les journalistes ont surnommé le Bandit Bien-Aimé quitte le studio Universal de l'avenue de l'Opéra où il a assisté à la projection du *Troisième Homme*. Je le ceinture sur la place, face à la bijouterie Clerc, au milieu d'une foule indifférente. Une nouvelle médaille m'est décernée. Chenevier jubile, me fait obtenir une prime de vingt mille francs prise sur la cassette de la Sûreté, et les collègues de la PP font la gueule. Mais l'affaire Barriel ne cesse de me tarabuster et, trois jours plus tard, je me pointe au cabinet du juge Chapar.

– Vous voulez un permis de communiquer ? me dit-il en tirant d'un classeur une épaisse chemise beige. Lisez ça d'abord et vous me direz ensuite en votre âme et conscience ce que vous en pensez. Pour moi, aucun doute sur la culpabilité de mon inculpé que je renvoie en cour d'assises.

Son greffier aux joues rebondies me colle dans un réduit attenant au cabinet d'instruction, et je me plonge dans les procès-verbaux consacrés à Barriel.

Tout a commencé dans la nuit du 30 juillet 1945. La famille Roughol sommeille dans le pavillon de plain-pied situé près de la porte cochère qui commande l'accès à la cour du dépôt André. La nuit est chaude et calme. Vers une heure du matin, la voix de sa fille, âgée de dix-sept ans, tire le gardien Roughol de son rêve :

– Il y a quelqu'un chez nous, papa.

Il se lève, enfile un pantalon, gagne pieds nus la cuisine dont la fenêtre est entrebâillée. Derrière un pinceau lumineux qui balaie les pavés de la cour, à quelques mètres de sa vue, des ombres se meuvent. Un inconnu manie une torche électrique, d'autres se tiennent près du portail qu'ils s'évertuent à ouvrir de l'intérieur. Réveillé pour le coup, le gardien réalise que les visiteurs ont escaladé le portail et tentent de le déverrouiller, certainement pour charger à bord d'un camion le butin qu'ils ont déjà sorti de la réserve.

Au lendemain de la guerre, alors que le rationnement était toujours en vigueur, un lot de chaussures en cuir présentait une valeur marchande considérable, digne de susciter la convoitise des truands.

– Qui va là ? crie Roughol par l'entrebâillement de la fenêtre.

Ses doigts enserrent la crosse d'un archaïque pistolet à barillet de faible calibre, qu'il a récupéré dans le tiroir du buffet, entre les couverts et un ouvre-boîte.

– Police ! répond une voix alors que le faisceau de la torche se fixe sur la fenêtre de la cuisine. On fait une ronde, il y a des voleurs chez vous !

Dans la seconde qui suit, une flamme jaillit, un coup de feu claque. La balle destinée au veilleur vient se loger dans le cadre de la fenêtre, à vingt centimètres de son crâne. Instinctivement, le doigt de Roughol presse la détente. Il ne vise pas, il tire au jugé. La lumière de la lampe bascule, décrit un arc de cercle. Un bruit de pas. Une galopade, plutôt. Les visiteurs détalent, puis un moteur vrombit dans la rue. Derrière Roughol, sa femme s'époumone dans le téléphone. Police-secours est alertée.

Méfiant, le revolver à la main, le gardien s'aventure dans la cour du dépôt. Son pied heurte un corps, étendu, les bras en croix, dans une flaque de sang. La balle qu'il a tirée a frappé l'inconnu en pleine tête. Abasourdi, le veilleur ne sait plus que faire. Comme dans un rêve, il perçoit la sirène du car de police qui se rapproche. Comme dans un rêve, il voit deux silhouettes se glisser dans la cour que sa femme vient d'illuminer, deux gars inquiets sans doute de la disparition de leur camarade. Ils portent la même tenue que le cambrioleur abattu : treillis bleu et veste passée sous la ceinture du pantalon. A l'approche du car de police, ils déguerpissent à toutes jambes. Puis Roughol perçoit le bruit d'une fusillade, à hauteur de l'église de Belleville. Pour forcer le passage de leur traction avant, les truands ont ouvert le feu sur les policiers qui ont riposté. Pneus crevés, pare-brise éclatés, les deux véhicules sont hors d'état de rouler. Une dernière rafale pour couvrir leur retraite et les bandits disparaissent par la rue de Palestine. Les agents en sont réduits à attendre l'arrivée des renforts pendant qu'ils fouillent la voiture abandonnée. Ils y découvrent des armes, des pinces-monseigneur, des fausses plaques minéralogiques, une paire de chaussures et un gant jaune, de la main gauche. Le cadavre de la cour n'est pas chaussé et le porte-cartes retrouvé dans son blouson livre son identité. Il s'agit d'un nommé Charles Raymond Ménager, dit Raymond le Blond, domicilié rue du Faubourg-Saint-Antoine, à Paris 11ᵉ.

Tandis que la traction est remorquée devant le commissariat le plus proche, rue Ramponeau, dans le

20e arrondissement, l'alerte générale est déclenchée. Une demi-heure plus tard, trois individus sont interpellés boulevard de Belleville. L'un d'eux, Giuseppe Di Ciacca, est lui aussi vêtu d'un bleu de chauffe glissé à l'intérieur du pantalon. Le deuxième est un Algérien, un certain Rabie Ouhyahia. Le troisième enfin, Pierre Barriel, discutait avec Di Ciacca qui sortait d'une vespasienne, ses chaussures nouées sur l'épaule. Les trois hommes, dûment menottés, sont conduits au commissariat de la rue Ramponeau.

Là, interrogatoires. D'abord Giuseppe Di Ciacca.

– Qu'est-ce que tu faisais dans la pissotière ?

– Je pissais.

– Avec tes chaussures autour du cou ?

– J'avais mal aux pieds. J'ai dansé toute la soirée et je rentrais chez moi, à Ivry. Je n'en pouvais plus, j'ai fini par me déchausser.

Après tout, pourquoi pas ? De toute façon, il ne s'agit que d'un interrogatoire sommaire. Il est près de minuit et le brigadier de service n'est pas compétent pour mener une enquête. Ce n'est pas son rôle. La police municipale, ce n'est pas la PJ.

L'Algérien, lui, qui demeure dans un hôtel tout proche, étouffait dans sa chambre et était sorti pour prendre l'air, faute de trouver le sommeil.

Pour le troisième suspect, Pierre Barriel, les choses se gâtent. Il a été trouvé porteur d'une carte d'identité grossièrement falsifiée et d'un gant de cuir jaune destiné à la main droite. « Le pendant exact de celui découvert dans la traction des bandits », note le chef de poste dans son rapport.

Interrogé sur la provenance de ce gant, Barriel prétend l'avoir ramassé dans le hall d'un cinéma des boulevards dont il est incapable de fournir le nom, pas plus que le titre du film qu'il aurait vu en compagnie d'une amie.

– Quel film ? insiste le chef de poste.

– Ben... j'étais occupé avec elle, vous comprenez ?

– Le nom de cette femme ?

– Je peux pas vous le dire, c'est une femme mariée.

Un coup de téléphone aux Sommiers judiciaires, organisme centralisateur des condamnations encourues, apprend aux hommes de garde que le client n'est pas blanc-bleu, et que son casier est déjà chargé.

Convaincus, grâce à ce coup de fil, d'avoir affaire à un truand, les gardiens poussent l'interrogatoire jusqu'à un extrême que les Américains appellent le « troisième degré »... et que les Français surnomment passage à tabac.

Barriel craque et finit par livrer le nom et l'adresse de Marie-Louise Duchenal, la jeune femme qui l'accompagnait. Réveillée en sursaut au beau milieu de la nuit, Marie-Louise est conduite au commissariat et confrontée avec Barriel. Mais elle affirme ne pas le connaître. A cet instant, coup de théâtre :

– Je vous ai menti, avoue Barriel. Je ne la connais pas non plus.

On évacue la dame, plus morte que vive, et le prisonnier a droit à une nouvelle dérouillée.

Le lendemain matin, les trois suspects sont transférés au commissariat du quartier d'Amérique, 25, rue du Général-Brunet, seul compétent pour traiter une affaire qui s'est déroulée dans son secteur. Nouvel interrogatoire que, cette fois, un vieux secrétaire touché par l'âge de la retraite expédie avec une admirable désinvolture. Il enregistre, sans ciller, les explications que ses trois clients arrêtés la veille lui confient, puis, satisfait de son travail, il les congédie en leur rappelant qu'ils doivent rester à la disposition de la Justice.

Mais il y a eu mort d'homme dans la cour du dépôt des chaussures André. Aussi le substitut de permanence ouvre-t-il une information, et le juge d'instruction saisi sollicite-t-il la brigade criminelle pour procéder à une enquête complémentaire. L'inspecteur Courchamp s'y met avec ardeur, d'autant que l'Identité judiciaire venue examiner la voiture garée rue Ramponeau, deux jours après les faits, a relevé les empreintes digitales de Barriel sur la face intérieure de la vitre arrière droite. Cette fois, pas de discussion possible : l'homme est bien mêlé à l'affaire, et le tort a été de le libérer trop rapidement.

Une circulaire de recherche est lancée contre le fuyard qui s'est tout simplement rendu à Nantes, son pays natal, histoire de se remettre de ses émotions. Ses vacances terminées, il revient à Paris où Courchamp a vite fait de le repérer grâce à la fiche de police qu'il a remplie dans l'hôtel où il est descendu. A cette époque, le service des garnis, que l'on a eu le tort de supprimer, était d'une remarquable efficacité.

Et voilà Barriel embarqué sur le toboggan fatal. Mais le temps passe, les affaires ne manquent pas dans les cabinets d'instruction, et il mijote à Fresnes, en détention préventive. A l'instant où je finis la lecture de son dossier, il s'y trouve toujours, clamant depuis 1946 son innocence par voie épistolaire, et à qui veut l'entendre.

– Alors ? me demande le juge Chapar en ouvrant la porte du réduit. Vous êtes convaincu ?

J'esquisse une moue.

– La procédure paraît carrée, monsieur le Juge. Mais s'il était innocent ?

– Innocent ? Avec le gant saisi sur lui, identique à celui de la voiture, son faux alibi, sa fausse adresse, ses empreintes digitales, les cinq, bien visibles sur la glace de la voiture ? Vous n'y pensez pas, mon ami !

– J'aimerais quand même lui rendre visite...

Fernand Chapar hausse les épaules. Un autre que moi aurait sans aucun doute essuyé un refus de sa part. Oser venir piétiner son jardin!

– Si vous y tenez...

Lorsque je quitte son cabinet, j'ai en poche le permis de communiquer du magistrat si redouté des mauvais garçons.

Le Palais de justice, avec ses escaliers innombrables, ses couloirs qui se croisent, s'entrecroisent et n'en finissent pas, n'a plus de secret pour moi. Aussi, en longeant les locaux de la 9e chambre de la cour d'appel, j'atteins l'escalier aux marches séculaires qui m'entraîne vers les archives de la PJ du quai des Orfèvres. C'est toujours par là qu'une enquête doit commencer. En lisant entre les lignes des paperasses qui ne sont pas communiquées à la Justice, un flic s'instruit et découvre parfois un fait anodin qui déclenche des rebondissements inespérés. Mais rien dans le dossier Barriel ne me permet d'avancer d'un pouce. Les doubles des rapports et des procès-verbaux de police ne m'apportent, à l'issue d'une lecture fastidieuse et stérile, aucun élément nouveau. Les antécédents judiciaires de l'inculpé ne sont pas de ceux qui en font un ennemi public. Des broutilles : trafic de cartes de pain, usage de faux titres d'alimentation, escroquerie au préjudice d'un grossiste en beurre, œufs et fromages enrichi au marché noir. Pas l'exploration miracle!

Puisque je suis dans les lieux, autant jeter un regard sur les gants, pièces à conviction de la procédure. Je remonte l'escalier, reviens sur mes pas, suis un couloir, et grimpe un étage jusqu'à la porte du greffe correctionnel. Cinq années se sont écoulées depuis les faits, mais je fais confiance aux gens de Justice. Les gants mis sous scellés doivent se dissimuler sous une tonne d'autres pièces à conviction plus poussiéreuses les unes que les autres. Ce n'est qu'un jeu pour l'aide-greffier, soucieux de l'ordre dans le désordre, de les extraire et de me les coller sous le nez.

Apparemment, les deux gants sont semblables : même couleur jaune passée, mêmes boutons marron, mêmes coutures. Celui de la main gauche, toutefois, m'apparaît plus usagé, taché, et râpé au bout des doigts. Le droit est en meilleur état. Je fouille mes souvenirs. Je n'ai pas vu sur la fiche anthropométrique de Barriel, à la rubrique « signes particuliers », qu'il était gaucher. Or, le gant gauche est, de beaucoup, plus usé que le droit. Je me gratte la nuque avec perplexité, tournant et retournant le problème dans ma tête, sans parvenir à une solution.

L'aide-greffier, muet jusqu'à présent, s'inquiète :

– Quelque chose ne va pas, inspecteur ?

– Si, si... Vous n'auriez pas une loupe par hasard ?

Il suffisait de demander. Dans un froissement de la blouse grise qui lui descend à mi-mollet, le commis m'en rapporte une avec laquelle je joue les Sherlock, examinant les pièces sous toutes leurs coutures. Première constatation qui surprend : celles du gant gauche ne me paraissent pas tout à fait identiques à celles du droit. Le point est plus long et plus serré.

Des boutons-pression en assurent la fermeture, tous deux de couleur marron. Sur l'un, le vernis cellulosique laisse entrevoir le brillant poli du métal.

– Vous n'auriez pas aussi un coupe-papier ou un tournevis ?

Je lis l'étonnement dans les yeux de l'employé. C'est plus un bricoleur qu'un flic qu'il a en face de lui. Il doit se demander ce que je suis en train de manigancer.

– Ça ira, ça ?

« Ça », c'est un poignard à large et courte lame en acier bleui qu'il a déniché dans un scellé voisin. Peut-être s'est-elle plongée dans le cœur de quelque victime ? Moi, je vais me servir de sa pointe pour décortiquer les boutons.

– Parfait.

Tel un ouvreur d'huîtres, je fais sauter les capsules et je ne peux retenir une exclamation de surprise. Les parties métalliques femelles, ajourées, sont différentes. L'une porte en cercle et en creux le nom du fabricant : Dechaume-Méru, et l'autre Rive-Voiron !

– Eh ben ! s'exclame mon assistant occasionnel à qui je montre les marques dissemblables, qu'est-ce que ça va faire tout ça quand le juge verra les boutons abîmés !

– Ça va faire, mon cher, que je suis en train de lui faire une vacherie. Mais rassurez-vous, il est d'accord.

Quand je me retourne, au moment de franchir la porte à double battant, je surprends le regard effaré de l'homme au poignard dans des yeux ronds comme des soucoupes.

Le lendemain, je suis à Fresnes. J'aime la prison de Fresnes. C'est calme, c'est clair, c'est aéré, et c'est sain ! C'est vraiment autre chose que ce cul-de-basse-fosse humide et malodorant qu'est la prison de la Santé où l'on guillotine à tour de couperet ! En plus, pour y aller, c'est une vraie promenade à la campagne qui défile de chaque côté de la plate-forme de l'autobus 187.

Dans le prétoire, aussi vaste que la nef d'une cathédrale, un alignement de chaises précède une table recouverte d'un tapis vert derrière laquelle trône un fauteuil directorial. Je m'assieds et j'attends que le gardien m'amène Barriel.

– Pas trop tôt ! s'exclame-t-il en guise de préambule. Vous êtes aussi facile à bouger qu'une statue, vous !

Sa fiche signalétique ne m'avait pas trompé. Il est

grand, blond, et une cicatrice en virgule orne sa joue droite, juste sous l'oreille légèrement décollée. Fugitivement, je me demande s'il s'agit de séquelles de bagarres, ou d'un passage à tabac en règle.

Il ne manque pas de culot, Barriel, de m'accueillir de la sorte. A moins qu'il n'appartienne à cette catégorie de naïfs qui croient à la justice immédiate et absolue.

– Je peux repartir, dis-je d'un ton sec. Je n'ai jamais été à la disposition de personne, encore moins d'un truand... Alors, du calme. Déjà que je te fais un cadeau en venant te voir.

– Comment ça, un cadeau ? s'étonne-t-il.

– Parce que j'appartiens à la Sûreté et que pour te faire plaisir je suis en train de piétiner les plates-bandes des collègues de la préfecture qui t'ont coincé. Ça ne devrait pas arranger nos relations. Assieds-toi.

Il a la sagesse d'opérer une prudente retraite, tire une chaise à lui tandis que le surveillant s'éclipse.

– Excusez-moi, inspecteur, mais quatre piges au séchoir sans avoir rien fait, ça fait mal. Personne ne veut m'écouter...

– Parle-moi du gant.

– Quel gant ?

– Celui qu'on a trouvé sur toi. A qui était-il ?

Ma question le fait sursauter. Ses pupilles se rétractent :

– Ben merde, alors ! J'arrête pas de dire que j'en sais rien. Je l'avais trouvé à la porte du cinoche...

– En présence de Marie-Louise Duchenal, la fille qui t'accompagnait, c'est ça ?

– Bien sûr que c'est ça.

– L'ennui c'est qu'au commissariat elle a affirmé ne pas te connaître. Et toi, tu as reconnu que tu avais menti.

– Forcément.

– Comment ça, forcément ?

Il a un moment d'hésitation, me fixe, le sourcil froncé, puis :

– Parce que je pouvais pas la mettre dans ce coup-là.

A mon tour d'exprimer ma surprise :

– Le coup des godasses André ?

Il hausse les épaules.

– Pas des godasses, du gant. Si je vous l'explique, vous me promettez de la laisser de côté ?

– Si c'est ton témoin à décharge, ce sera difficile de la garder sous cloche. Il faudra bien que le juge l'entende.

– Ce toquard qui ne me convoque même pas quand je lui écris ? Pour qu'il aille répéter ça aux poulets de la PP ? C'est pour l'heure qu'elle aurait des drôles d'emmerdes, la Marie-Louise !

– Explique-toi.

Il émet un soupir, passe la main dans sa tignasse embroussaillée, baisse la voix.

– Faut que je vous dise que j'en ai gros sur la patate de vous raconter ça. Je ne voudrais pas foutre son ménage en l'air... Bon.

Et de se libérer. Marie-Lou, il l'a connue rue de Lappe, près de la Bastille, une rue où les bals musettes, le Balajo, la Boule Rouge, Chez Bouscat attiraient une clientèle particulière, où les rabatteurs de propriétaires de maisons closes venaient pêcher les jeunettes débarquées droit de leur Bretagne ou de leur Normandie natales pour embrasser la carrière de bonnes à tout faire. Marie-Louise était mariée à un postier ambulant qui, sur le trajet Paris-Nice et retour, triait les lettres devant les casiers de son wagon postal. Elle profitait de ses absences, trois jours par semaine, pour aller danser au son de l'accordéon. C'est au Balajo que Barriel l'avait levée. Elle était devenue sa maîtresse et, dès que l'ambulant embrayait pour la province, le couple prenait le train des plaisirs.

– Tu es allé chez elle ?

J'ai posé la question pour avoir un aperçu des lieux, ce qui me permettrait de vérifier la véracité de son propos.

– Sûrement pas. Elle avait une voisine, une vieille qui pouvait pas la sentir et qui n'arrêtait pas d'ouvrir sa porte dès qu'elle entendait un bruit sur le palier. Je l'attendais devant le métro et on allait guincher. Ce soir-là, son bonhomme faisait simplement Paris-Lyon et retour. Elle était moins libre. Nous sommes allés au cinéma mais la toile, moi, je m'en foutais. On a passé la séance à se faire des minauderies et on s'est tirés en plein milieu du film pour aller dans un hôtel du boulevard de Belleville, pas bien loin de chez elle. Elle est rentrée à cause de cette vieille chouette de voisine et moi je me suis fait piquer. C'est pas plus compliqué que ça.

Il me dévisage, comme soulagé, change de position sur sa chaise, puis reprend :

– Tout ça, c'est entre nous, parce qu'avec le connard de mari qu'elle a, ça ferait du vilain. Paraît que c'est un teigneux. Il la foutrait à la porte...

– Tu es donc allé à l'hôtel avec un gant dans ta poche. Bizarre, non ?

Il a un geste évasif de la main :

– Bizarre ou pas, c'est comme ça. J'y pensais plus, moi, à ce gant. Je le vois par terre, dans le hall, et je le ramasse pour le filer à la caissière. Plus personne. Je le fous dans ma poche en me disant que j'irai le rendre le lendemain. Même que Marie-Lou me dit de le laisser là où il était. Je l'ai à peine quittée qu'en sortant de la pissotière, un type que je ne connais pas me demande son chemin pour rentrer à Ivry. Je lui dis que par Nation et

Italie, c'est plus court mais que de Belleville ça fait une trotte quand même. A ce moment-là, une volée de flicards nous tombent sur le poil et nous emmènent rue Ramponeau. Ça pouvait pas mériter un autre nom. Qu'est-ce qui m'en ont filé des ramponneaux à cause de ce putain de gant!

Pendant qu'il racontait, j'ai bien observé Barriel, guettant le moindre indice qui aurait pu me faire douter de sa sincérité. A moins d'une leçon bien apprise et souvent répétée, je ne trouve aucune faille. Mieux, les détails qu'il donne me semblent vérifiables. Tout va dépendre de ce que la Marie-Louise va me dire.

– Tu les as cherchés, les coups. Tes mensonges, ta carte d'identité falsifiée, ton passé aussi. Tu avais déjà eu quelques histoires. Mets-toi à la place des flics qui ont failli se faire descendre rue Delouvain...

Pour une fois, il semble acquiescer.

– Je suis pas un ange, c'est vrai, mais j'aurais jamais tiré sur quelqu'un. Pourquoi faire?

En quelques phrases, il me raconte sa vie, l'itinéraire d'un petit délinquant classique sous l'Occupation. Le marché noir, le trafic des cartes d'alimentation et de textiles pour se faire de l'argent, les mauvaises fréquentations, un jeu qu'il a continué après la Libération.

– Je pouvais pas leur filer mon adresse, aux flics, ils m'auraient piqué tout ce que j'avais dans ma piaule, des cigarettes américaines, du whisky, des impers, des jerricanes d'essence, du chewing-gum, bref tout ce que les Ricains nous vendaient et que je refourguais avec bénéfice. Du trafic, d'accord. Mais jamais de braquages ou de cambriolages à la Pierrot le Fou!

– Tu le connais? dis-je, intéressé.

– Le numéro deux, oui. Pierre Carrot. Il m'avait contacté pour le coup des chaussettes de Molliens et d'autres coups de ce genre avec Jo Attia. J'ai pas voulu marcher dans leurs combines. Trop dangereux. Il était toujours chez Nana, un rade de la rue de la Roquette, en face de La Roulotte. Ça pullulait de truands et de poulets, là-dedans, et ça fraternisait dur.

– Je sais, dis-je. Mais pourquoi Marie-Louise a affirmé ne pas te connaître ?

Un sourire voltige sur les lèvres épaisses :

– Si vous aviez vu la tête qu'elle a fait quand elle a débarqué au poste ! J'aurais pu insister, bien sûr, mais je pouvais pas dire qu'elle était ma maîtresse, elle se serait fait jeter par son bonhomme. Alors, j'ai dit comme elle. Puisque j'étais innocent, je pensais que je m'en tirerais sans lui occasionner des problèmes. Je ne l'ai jamais revue et je me demande quelle explication elle a pu donner à son cocu quand il a appris que les flics étaient venus la chercher en pleine nuit. Je sais pas si j'ai eu raison ou tort de ne pas la mettre en cause, mais c'est comme ça. Vous savez tout. Qu'est-ce que vous allez faire, maintenant ?

– Maintenant, dis-je en me levant, je n'en sais rien. Je garde pour moi ce que tu m'as dit et je reviens te voir le plus vite possible.

– Parole ?

– Promis. Je n'ai pas pour habitude de raconter des histoires.

Ce que je me garde bien de lui dire, c'est que j'ai désormais quelques atouts en main. Les gants, d'abord, qui ne font vraiment pas la paire. Le témoignage à venir de Marie-Louise, ensuite, avec toute la discrétion nécessaire.

Malgré son titre, l'allée des Faucheurs n'est qu'une ruelle de l'ancien village de Belleville, large d'une soixantaine de centimètres, longée de maisons grises d'un à deux étages et de cours fermées par de petites barrières de bois. Des poules y picorent, des canards y barbotent et, le soir, les réverbères à gaz donnent un aspect sinistre à ses façades lézardées.

Ce n'est pas un château que les époux Duchenal occupent au premier étage d'un immeuble voué à la pioche des démolisseurs. Un logement modeste, une pièce-cuisine sans plus, sombre, meublée Galeries Barbès. Petites gens, petits moyens. La femme, blondasse dont les racines dénoncent la couleur brune d'origine, frémit à la vue de ma plaque de police. Un coup discret de téléphone au Centre des ambulants de la gare de Lyon m'a assuré que son mari était de tri pour deux jours dans le Paris-Marseille et retour.

Il est onze heures. Marie-Louise est encore drapée dans une robe de chambre vieux rose qui laisse entrevoir une poitrine opulente. Quand, la gorge sèche, elle referme la porte, son sourcil se fait interrogateur. Je la rassure :

– C'est toujours pour la même histoire, dis-je. Ne craignez rien, j'ai pris la précaution de venir en l'absence de votre mari. Vous voyez de quoi je parle ?

Elle fait non de la tête, un non qui me prouve qu'elle a fort bien réalisé. La même histoire, elle n'a pas dû en avoir cinquante dans sa vie.

J'enchaîne sans prêter attention à son attitude :

– A cause d'un gant, et faute d'alibi, votre ancien copain Barriel est en prison. Depuis quatre ans. Vous l'ignoriez sans doute, mais c'est comme ça. Or, vous étiez avec lui peu de temps avant son arrestation. Au cinéma, d'abord, à l'hôtel, ensuite. Quatre ans de taule parce qu'il n'a pas voulu vous mettre en cause, c'est un drôle de sacrifice, non ?

Elle ne répond pas mais le mouvement ascendant de sa glotte reflète son embarras. Je poursuis :

– Un type élégant, Barriel. Un peu truand sur les

bords mais galant... Aimant la valse musette. On vous connaissait bien au Balajo, vous en mettiez un coup tous les deux. Et la java par-ci et le tango par-là...! Ça, vous ne passiez pas inaperçus! Donc Barriel est en prison et il ne tient qu'à vous de l'en faire sortir. Votre témoignage est précieux et votre mari n'en saura rien, je vous le promets.

La tête continue d'aller de droite à gauche, lentement.

– Je ne vois vraiment pas ce que vous me voulez, finit-elle par dire. Je ne comprends rien à cette histoire.

J'avance une moue dubitative :

– En ce cas... Ça m'ennuierait d'avoir à me servir de vos passages que j'ai dénichés au fichier des hôtels. Pas avec Barriel mais avec Louis Jaouen, par exemple. Ou André Chiron. Tantôt 224, Faubourg-Saint-Martin, tantôt rue de l'Arcade... Si votre mari apprenait ça...

La petite fausse blonde ne fait pas le poids. Ses yeux trahissent son trouble. Elle parle. Oui, elle était au cinéma avec Barriel, oui, il a ramassé un gant à la sortie mais elle ignore ce qu'il a fait après l'avoir quittée. Elle l'a revu au commissariat, en pleine nuit, où elle a nié le connaître pour ne pas briser son ménage.

– Si Paulo était plus gentil, tout ça ne serait pas arrivé, soupire-t-elle, la gorge nouée. On a vingt ans de différence d'âge et il est d'une jalousie féroce.

Paulo, c'est le cocu ambulant que le portrait accroché au-dessus du lit représente en tenue de chasseur alpin. Son port de tête altier, sa moustache en croc, son avant-bras replié sur la vareuse, façon Napoléon, n'attirent pas la sympathie. Il doit cogner sec, Paulo. Ce n'est pas mon problème.

– Il faudra confirmer ça au juge, dis-je en prenant congé. Un brave homme qui sait, lui aussi, être discret. Je viendrai vous chercher, cela évitera une convocation que Paulo risquerait d'apprendre. Votre témoignage prouvera que Barriel ne pouvait pas être sur les lieux d'un cambriolage puisqu'il était en votre compagnie. D'accord ?

Cette fois, la tête fait un timide signe affirmatif.

Sur le boulevard de Belleville, où souffle un vent froid, je resserre le col de ma gabardine. Puis la chaleur bienfaisante du métro me ravigote.

Un sandwich sur le pouce à la buvette du Palais où avocats et plaideurs se rencontrent à l'heure du déjeuner, avant les audiences, et me voici piaffant d'impatience devant la porte du cabinet du juge Chapar.

– J'ai du nouveau, monsieur le Juge. Je crois que Barriel est innocent.

Fernand Chapar a un brusque mouvement de tête vers l'arrière.

– Comment cela, innocent ?

– Les gants saisis ne font pas la paire. Je les ai sortis du greffe et je les ai examinés. Ils sont bel et bien différents. J'ai aussi la preuve que Barriel était ailleurs au moment des faits.

Il me dévisage, mi-courroucé, mi-ironique.

– Vous ne seriez pas en train d'essayer de flanquer mon instruction par terre, inspecteur ?

– Je vous assure...

– Eh bien moi, je vous assure que, jusqu'à preuve du contraire, il est coupable. Un alibi, ça se forge, surtout en quatre ans. Je vais commettre un expert pour examiner ces sacrés gants, on verra bien... Mais ses empreintes digitales sur la vitre de la voiture, qu'est-ce que vous en faites ?

C'est vrai. Tout à l'euphorie de mes premières découvertes, je les avais oubliées, ces saloperies d'empreintes.

Le lendemain, je suis à Fresnes.

Barriel est heureux de me revoir. Et anxieux.

– Vous m'apportez une bonne nouvelle, monsieur Borniche ?

– Oui et non. Oui, parce que j'ai avancé. Non, parce qu'il reste une obscurité de taille : tes empreintes. Peux-tu me dire ce qu'elles fichaient sur la glace de la traction, là où personne n'a pu les poser pour toi ? Le rapport des gardiens mentionne aussi que tu étais dans la même tenue vestimentaire que le cambrioleur tué. Alors ?

Mon innocent embastillé se tortille sur sa chaise. Son regard court sur les murs nus du parloir, comme pour y chercher l'inspiration, puis revient se poser sur moi.

– Écoutez, monsieur Borniche, je vais vous dire un truc. Raymond le Blond, oui, je le connaissais. C'était un copain de la Bastille, pas un mauvais garçon, mais le Dingue n° 2 l'avait débauché. Comme moi, il traficotait les surplus américains. Ce que les agents ont surnommé « les bleus de chauffe » n'étaient que des jeans, très courus aux USA. Il vendait des blousons, des impers, des godasses à semelles de caoutchouc, tout ce qui pouvait rapporter, quoi. Aujourd'hui, la mode est passée mais comme on n'avait rien eu à se coller sur le dos pendant la guerre, alors on se rattrapait. Le grand chic à Belleville, à Ménilmontant ou à la Bastille, c'était de se balader en bleu ardoise, le blouson dans le jean, une large ceinture de cuir à grosse boucle par-dessus, comme les cow-boys.

Il me rappelle des souvenirs, Barriel. A la Libération, la mode yankee avait en effet envahi la France, quoique dans la police on fût plutôt du genre complet-veston-cravate. On ne se donnait pas des allures de loubards, comme maintenant.

Barriel est sur la voie des confidences. Il avait une

chambre rue des Cendriers, à Ménilmontant, qui lui servait d'entrepôt.

– Bourrée, inspecteur. Même du caviar que les Russes, qui ne sont pourtant pas restés longtemps à Paris, nous fourguaient. Quelle razzia les flics auraient fait s'ils avaient connu l'adresse ! Des conserves, du chocolat, des bas Nylon... Sans compter qu'ils étaient capables de me faire dégringoler pour recel. Des gonzes qui travaillaient dans les PX américains se sucraient eux aussi en nous ravitaillant. Et si j'étais condamné pour la quatrième fois, vous savez ce qui m'attendait ?

– La relégation, je sais. C'est pour ça que tu te servais d'une carte d'identité bidon.

– Pas tout à fait. Seule l'adresse était fausse. Les flics qui sont allés vérifier se sont cassés le nez et ont dit au brigadier que je racontais des histoires. J'ai pris une nouvelle danse mais j'ai pas cédé. J'avais mis toutes mes économies dans ma réserve, j'allais pas me la faire piquer !

La version de Barriel est plausible. Reste à élucider le mystère des traces de doigts. Comment avait-il pu les poser sur la face intérieure de la vitre arrière droite s'il n'avait jamais pris place dans la voiture ?

Depuis que Bertillon a mis au point son système d'identification, on n'a jamais vu d'empreintes identiques appartenant à deux individus différents.

– Il faut que je réfléchisse, que je comprenne comment ça a pu se passer, dis-je en prenant congé. Et toi aussi. Parce qu'elles n'y sont pas venues par l'opération du Saint-Esprit, tes empreintes, sur la bagnole. Les cinq, bien dessinées, bien visibles, comme si tu l'avais fait exprès !

Je quitte Fresnes sous des rafales de pluie. L'avenue de la Liberté ne m'offre aucun abri. Je suis trempé lorsque l'autobus 187 me prend à son bord, et je sens le chien mouillé. Debout sur la plate-forme, je réfléchis encore. Une première évidence : Barriel était un copain de Raymond le Blond, il est possible que ce dernier l'ait rencontré la veille du cambriolage et fait monter dans la voiture. Mais en général, les gangsters utilisent des voitures volées et « mises au frais » en attendant de passer à l'action. Hypothèse peu probable, donc.

A la Brigade, Chenevier est de mauvais poil : l'affaire Barriel l'empoisonne. Selon lui, je perds mon temps à m'occuper d'enquêtes sans intérêt, et vais me mettre à dos Chapar et le quai des Orfèvres alors que René la Canne court toujours.

– La PP nous l'a soufflé une fois, ronchonne-t-il. Je souhaite pour vos notes de fin d'année que ça n'arrive pas une seconde!

Moi non plus. Mais ce n'est pas une raison pour laisser croupir en cellule un pauvre type. Je me suis trop engagé, je continue. Et puis je suis maintenant persuadé qu'il n'est pas plus responsable du vol que de la fusillade qui a suivi. Reste à le prouver.

Me voici de nouveau face à face avec Barriel.

– Une question d'importance : avais-tu ou non rencontré Raymond le Blond avant qu'il ne se fasse descendre ?

Il soulève une épaule.

– Non, pourquoi ?

– Sûr ?

– Sûr. On se voyait de temps en temps à la Bastille mais pas tous les jours. La dernière fois que je l'avais rencontré, c'était devant la file du cinéma Comedia, sur les boulevards. Il était avec une nouvelle nana.

– Et tu n'es jamais monté dans sa voiture ?

– Il n'avait pas de voiture, Raymond. Je ne sais même pas s'il savait conduire.

– Dans celle d'un de ses amis, alors ? Ils auraient pu t'inviter à faire une balade...

Barriel secoue la tête dans le sens de la largeur.

– Non. Avant, je n'avais jamais vu la bagnole de la rue Ramponeau.

– Vrai ?

– Puisque je vous le dis !

– Quand tu as été relâché du commissariat du 19e, tu es rentré chez toi ?

– Un peu, oui ! Je voulais mettre ma camelote à l'abri. Ce que j'ai fait, question de précaution si j'avais été filé.

– Tu n'es donc pas revenu rue Ramponeau ?

Barriel fronce les sourcils dans un intense effort de réflexion.

– Non... Si...

– C'est non ou c'est si ?

– Si, mais en vitesse. Je n'avais pas envie de replonger... Ils avaient gardé mon béret et ma fouille. Il me fallait bien mes clés, pour rentrer chez moi !

– C'est donc là que tu as vu la voiture ?

– Avec Groscolas, oui.

– Qui est-ce, ce Groscolas ?

– Le gardien qui était de faction devant le poste. Je savais qu'il était flicard mais pas rue Ramponeau. Il habitait dans ma rue, à côté du boucher. On se voyait souvent.

– Qu'est-ce qu'il t'a dit, Groscolas ?

– Il m'a demandé ce que je venais foutre là. Je lui ai expliqué que j'avais été emballé par ses collègues, pris une tisane comme jamais je n'en avais reçu et que je venais rechercher mes affaires.

– C'est à ce moment-là qu'il t'a montré la voiture ? Tout à l'heure tu m'as dit que tu ne l'avais jamais vue avant. C'est donc que tu l'as vue après...

– Après quoi ?

– Après ta libération, imbécile. Tu ne serais pas monté dedans, par hasard ?

Il a un geste d'énervement.

– Pourquoi voulez-vous que je grimpe dans cette bagnole ? L'intérieur était tout chamboulé. Plein de morceaux de verre sur les banquettes et plein de sang partout ! La portière était tellement défoncée qu'elle ne pouvait même plus s'ouvrir.

– Quelle portière ?

– Celle de l'avant, à droite. Un vrai gruyère tellement elle avait pris de bastos. Ils n'y étaient pas allés de main morte, vos collègues !

– Comment était-elle placée devant le commissariat, la traction ? L'avant de quel côté ?

– Qu'est-ce que ça peut faire ?

A mon tour de retenir un mouvement d'humeur devant tant d'incompréhension.

– C'est une question que je te pose !

– L'avant vers la rue Julien-Lacroix, je crois. Oui, c'est ça. En sortant du bistrot, lorsqu'on est revenus vers le commissariat, j'ai vu la calandre défoncée.

– Parce que tu es allé au bistrot ?

– Avec Groscolas, boire un jus pour me réchauffer. Lui s'est tapé deux gnôles. Il ne crache pas dessus, la vache !

– Reprenons. Le côté droit de la voiture était face à l'entrée du poste et l'arrière vers le boulevard de Belleville. Comment sais-tu que la portière avant droite ne pouvait pas s'ouvrir ?

– Parce que Groscolas a voulu me montrer le bordel qu'il y avait dedans, les fausses plaques, les godasses du mort et je sais pas quoi encore. Comme il ne pouvait pas ouvrir devant, il a ouvert la portière arrière. Tout était sens dessus-dessous : la banquette en l'air, des jerricanes vides, deux mitraillettes, une paire de menottes, les godasses du Blond...

– C'est donc là que tu t'es appuyé sur la glace pour prendre appui, sans faire attention. Tu te rappelles ça ou non ?

Barriel secoue la tête d'un air désolé.

– C'était il y a quatre ans, inspecteur. Comment voulez-vous que je m'en souvienne ?

Le sous-brigadier Groscolas – il a pris de l'avancement – est normand et taillé en armoire à glace. Il n'habite plus rue des Cendriers, depuis trois ans. Je l'attaque alors qu'il est de repos à son nouveau domicile, boulevard Macdonald, où sa femme, une Normande comme lui aux pommettes roses, est concierge.

– Je viens pour Barriel, votre ancien voisin de Ménilmontant.

De toute évidence, Groscolas est frappé d'amnésie. Barriel, ça ne lui dit pas grand-chose, sinon rien. La rue des Cendriers est bien loin. Tout comme la rue Ramponeau. Depuis 1947, il est affecté au central du 14e arrondissement.

– Dommage que vous ne vous souveniez pas, dis-je. Barriel, lui, se souvient très bien de vous. Et là, vous le reconnaissez ?

Je lui colle sous le nez la photographie anthropométrique de mon « présumé innocent ».

– Ça me dit quelque chose, cette tête-là, en effet, dit-il, le regard trouble. J'ai dû l'apercevoir, mais il y a belle lurette...

– Quand il vous vendait des cigarettes et du chocolat américains il y a quelques années, en effet. Avant qu'il soit écroué. Mais ce n'est pas pour ça que je viens. Dans la matinée du 31 juillet 1945, vous étiez de garde devant le poste de la rue Ramponeau. La veille, Barriel avait été arrêté et transféré dans le 19e. Il est donc revenu chercher son béret et ses clés et vous l'avez invité à boire un café au bistrot du coin de la rue Julien-Lacroix. Exact ?

Le bonhomme fait mine de réfléchir mais il n'est pas chaud pour en dire davantage. J'insiste :

– La patronne du bistrot s'en est très bien souvenue, elle. Elle ignore le nom du type qui vous accompagnait mais sa tête enflée et ses yeux au beurre noir lui sont restés en mémoire. Si vous me racontez ce qui s'est passé, ça restera entre nous. Sinon, je serai obligé d'en parler à l'Inspection générale des services.

Il est de plus en plus mal à l'aise, le mari de la concierge. Concierge que j'aperçois, courbée sur les marches de l'escalier, astiquant les barres de cuivre du tapis avec énergie.

– Je n'ai rien fait de mal...

– Tout juste un abandon de poste. Quand on est de garde, on n'a pas le droit d'aller s'en jeter un au bistrot. Ce matin-là, une traction était garée devant le commissariat, où elle avait été remorquée après une fusillade à Belleville. Les empreintes de Barriel ont été relevées à l'intérieur. Vous lui avez montré cette voiture, dont vous aviez ouvert la portière arrière droite.

Entre la maison bœuf-carottes – l'inspection des services qui sanctionne les fautes administratives, la police des polices – et moi, Groscolas choisit le moindre mal. Du coup, il se souvient :

– Si vous dites que ça nuira pas à mon avancement d'être allé boire un petit coup...

– Mais non. L'IGS n'en saura rien.

– De toute façon, on n'y est pas restés longtemps, au bistrot. C'est quand on est revenus devant la bagnole que Barriel a ouvert la portière. Il a voulu voir ce qu'il y avait dedans, vu qu'on l'avait emballé pour ça. Moi, j'étais derrière lui. C'est en empêchant la porte de se refermer qu'il a mis sûrement ses empreintes sur la glace. Parce que moi, je vous jure que je voulais la refermer.

Ouais. Il minimise son rôle, le gardien-poivrot Groscolas. Peu importe que ce soit lui ou Barriel qui ait ouvert la portière. L'important, c'est que Barriel, à ce moment-là, ait collé ses empreintes sur la vitre.

– Le juge qui va enregistrer votre témoignage vous reprochera sans doute d'avoir gardé le silence si longtemps mais vous ne pouviez pas deviner que le simple fait de poser la main sur la vitre pouvait entraîner l'inculpation de votre ancien voisin, n'est-ce pas ?

Le sous-brigadier Groscolas semble soulagé d'un grand poids.

– Ça c'est bien vrai ! Jamais j'aurais pu me douter d'un truc pareil. Il doit y en avoir, des erreurs judiciaires sans qu'on s'en rende compte... Un petit coup de gnôle pour nous remonter le moral ?

– Merci, le mien n'a jamais été aussi haut.

Le dossier est bouclé.

Barriel, cloîtré pendant quatre ans en détention préventive, a expié un crime qu'il n'avait pas commis. Quand le juge, soulagé, a signé son ordonnance de non-lieu, il a quitté la région parisienne. Longtemps j'ai ignoré ce qu'il était devenu. Puis un jour j'ai su qu'il avait repris une vie normale d'emballeur à la société Petit-Beurre Lu, à Nantes.

Pierre Carrot, Pierrot le Fou n° 2, a fini par reconnaître que mon client n'était pour rien dans l'affaire des chaussures André.

– Pierre Barriel ? s'était-il exclamé au cours d'un de ses nombreux interrogatoires. C'est sûrement pas un trouillard pareil que j'aurais emmené dans mes coups !

Attia, Di Ciacca, Hervouet, oui, mais Barriel, laissez-moi rigoler...

Giuseppe Di Ciacca, l'un des hommes arrêtés ce soir-là avec Barriel, a toujours nié sa participation à l'affaire André. Il devait trouver une mort tragique sur un trottoir du 11e arrondissement, abattu de deux coups de revolver au cours d'un règlement de comptes.

Je rencontrais assez souvent le juge Chapar, devenu président de la cour d'assises de la Seine, puis conseiller à la Cour de cassation. Nous habitions Montmartre tous les deux. Un jour que je me promenais avenue Junot, il m'avait mis la main sur l'épaule, familièrement.

– Voyez-vous, mon cher Borniche, m'avait-il dit, l'erreur judiciaire, c'est ce qui peut arriver de plus terrible à un magistrat. Nous ne sommes que des hommes après tout, et il en est de nos jugements comme de nos montres : aucune ne donne l'heure parfaite à son propriétaire, mais chacun de nous ne se fie pourtant qu'à la sienne !

10

Cri-Cri
La suicidée

Combien d'affaires criminelles qui ont passionné l'opinion publique et que les journaux ont affichées à la Une pendant des semaines ne sont jamais élucidées ? Beaucoup, sans doute. De la première page des gazettes, elles passent à la deux, puis ne font plus que quelques lignes, avant de se perdre dans le marais d'une actualité sans cesse en mouvement.

Il arrive qu'un enquêteur referme un dossier par impuissance, par lassitude, ou en croyant de bonne foi avoir résolu l'énigme, même si certains détails restent dans l'ombre. Il arrive aussi qu'un manque de preuves l'oblige à renoncer à faire inculper un suspect, même s'il est certain de sa culpabilité. Dans ce cas, croyez-moi, le flic se sent mal dans sa peau. J'en parle en connaissance de cause. J'ai vécu cette situation insupportable pour un policier, insupportable pour tout individu qui croit en la Justice. On éprouve alors la sensation d'un échec irrémédiable.

Le dossier qui m'a laissé cet immense sentiment de frustration est connu dans les annales de la Criminelle sous le nom d'Affaire Cri-Cri.

En janvier 1948, le 11 pour être précis, une jeune fille de quinze ans, Christiane Czerwonska, disparaît.

Apprentie dactylo dans les bureaux de la Régie Renault, c'est encore presque une fillette, mais elle possède un corps déjà épanoui, un visage de madone. La beauté du diable, pourrait-on dire. Et elle le sait, Cri-Cri, qu'elle inspire le désir, que les hommes se retournent sur son passage, que belle comme elle est, son destin n'est pas de taper à la machine. Un jour ou l'autre, elle rencontrera un producteur, un mécène, qui fera d'elle une vedette de cinéma. Une chanteuse, peut-être, un mannequin, qui sait ? Bref, elle aura l'argent et la gloire. Christiane vit chez ses parents. Sa mère devine les rêves de sa fille, s'effraie de cette folie de réussite qui semble la posséder. Son second mari, un brave homme d'ouvrier, est un rigoriste qui se sent responsable de la « petite ». Il lui serre un peu la vis, comme on se plaît à dire dans le quartier. Pas question de la laisser traînailler le soir avec des galopins de son âge. Il n'a pas tort.

Exceptionnellement, le samedi 10 janvier, le beau-père a pourtant autorisé Cri-Cri à sortir avec son amie Lucette Burgat, dite Lulu la Fleuriste puisqu'elle vend des fleurs à la porte de Saint-Cloud, Lulu qui réside rue du Vieux-Pont-de-Sèvres à Boulogne-Billancourt, pas très loin du domicile des Czerwonska. Les parents de la gosse pensent qu'elle lui servira de chaperon. Deux garçons doivent les accompagner, Jacques et Robert, ce dernier étant le petit ami de Lulu.

Les quatre jeunes gens se dirigent d'abord vers le cinéma l'Artistic. Il n'y a plus de place. Peu importe, ils iront danser chez Zep où l'ambiance leur semble encore tiède, puis au Rubis. Vers les onze heures trente du soir, Jacques et Cri-Cri reviennent au Zep où l'atmosphère s'est réchauffée. Lulu et Robert les rejoignent peu après.

Cri-Cri s'amuse au point qu'elle en oublie l'heure.

Quand elle consulte sa montre, les aiguilles marquent trois heures et quart. Prise de panique, elle se précipite chez elle, flanquée de Lulu qui l'abandonne au bout de la rue, non sans s'être assurée qu'elle s'arrêtait devant le pavillon de ses parents.

Cri-Cri gratte doucement à la porte, puis cogne un peu plus fort. Silence. En fait, ses parents ne dorment pas. L'inquiétude et la colère – surtout chez son beau-père – les ont tenus éveillés.

– La voilà, chuchote la mère en entendant frapper. Calme-toi...

Le beau-père se lève, ouvre la fenêtre de l'unique étage, au-dessus de la boutique de blanchisserie.

– Tu sais l'heure qu'il est ? lance-t-il d'un ton rogue.

Au rez-de-chaussée, devant la porte, un murmure. Cri-Cri n'essaie même pas de s'expliquer.

– Il est près de trois heures et demie. Tu n'avais qu'à rentrer plus tôt, débrouille-toi.

Il referme la fenêtre, retourne se coucher. Sa femme émet une timide protestation mais son mari lui cloue le bec :

– A quinze ans, on ne rentre pas à trois heures et demie du matin. Ça lui servira de leçon.

Résignée, la mère de Christiane descend l'escalier pour sermonner la jeune fille à son tour.

Quand elle ouvre la porte, Cri-Cri a disparu.

Le lendemain matin, à huit heures, un homme qui promenait son chien le long des berges de la Seine découvre, sous le pont de Billancourt, des vêtements soigneusement pliés et alignés sur le sol : un manteau, une robe, une combinaison, des dessous féminins et une paire de chaussures. Et, près des vêtements, des objets : rouge à lèvres, poudrier, mouchoir, un porte-monnaie pratiquement vide. Sa propriétaire n'était pas fortunée : il contient à peine cinq francs en pièces.

Mais sous le porte-monnaie, l'homme aperçoit un morceau de papier, un bordereau de sécurité sociale sur lequel on a griffonné : « J'en ai assez de vivre. »

Choqué par cette découverte, le promeneur, M. Marcel Vauloup, ne sait quel parti prendre. Le billet qu'il a déchiffré et remis rapidement à sa place annonce une tragédie. Heureusement, deux agents cyclistes que le populaire surnommait « les hirondelles » roulent le long du quai. M. Vauloup les hèle.

La suite appartient à la routine. Les agents notent le nombre des pièces de vêtements, leur disposition, font un paquet du tout et prennent la direction du commissariat de Boulogne. A peine y sont-ils arrivés qu'une femme éplorée surgit pour signaler la disparition de sa fille. Le brigadier de permanence échange un regard avec ses agents.

– Vous êtes qui, madame ?

– Czerwonska, la maman de ma fille Christiane...

– On vient d'apporter des vêtements, dit-il, troublé. Voulez-vous y jeter un coup d'œil ?

Dès qu'elle voit le manteau et la robe, Mme Czerwonska a compris. Elle pousse un gémissement.

– C'est à elle.

Elle se rue sur le reste des habits. Oui, ce sont les chaussures, les sous-vêtements de sa fille.

– Mon Dieu, mon Dieu, répète-t-elle avant de s'effondrer.

La disparition de Cri-Cri fait la Une des journaux. S'agit-il d'un suicide, d'une disparition volontaire – on n'exclut pas que la jeune fille ait organisé une mise en scène pour donner une leçon à ses parents – ou encore d'un crime ?

Trois semaines passent. Le 5 février, on repêche, à l'écluse de Suresnes, le corps nu d'une jeune fille qui est identifié : il s'agit de Christiane Czerwonska. Le cadavre qui a séjourné dans l'eau depuis près d'un mois n'est pas gonflé et il porte des ecchymoses post mortem. Mais l'autopsie révèle un fait nouveau qui va encore propulser l'affaire Cri-Cri à la Une des journaux : la jeune fille était enceinte de deux mois au moment de la mort. Aussitôt, les journalistes relancent l'hypothèse de l'assassinat. Même le meurtre de Gandhi, assassiné le 30 janvier par un fanatique au lendemain de l'indépendance de l'Inde, passe au second plan. « Trouvez le père de l'enfant, peut-on lire dans la presse, et vous tiendrez le coupable. »

La plainte pour meurtre déposée par les parents conduit le Parquet à confier l'enquête à la Brigade criminelle. L'inspecteur Courchamp en est chargé.

Alfred Courchamp, dit Fredie, est une vieille connaissance que j'ai eu l'occasion de côtoyer dans l'affaire Barriel. Un brave garçon, ancien pompier, père de huit enfants, dont on se moque gentiment à la PJ : il a la manie de collectionner les cartes. Dès qu'il se présente, il tend celle de la préfecture de police, barrée de bleu-blanc-rouge, mais il s'arrange toujours pour glisser dans la conversation qu'il est membre de « La Gaule joyeuse de La Garenne », du « Club des Chasseurs du Poitou », et de dix autres associations... C'est, pourrait-on dire, un adhérent par vocation.

Courchamp n'est pas un Sherlock Holmes. Il fait son travail consciencieusement, recueille les témoignages et expose l'affaire dans des rapports copieux qu'il écrit à la main – il refuse de taper à la machine – d'une belle écriture conservée de son passage à l'école primaire, passage dont il est sorti avec un très honorable certificat d'études.

Donc Courchamp s'empare du dossier. Première constatation : Cri-Cri est sortie avec une copine surnommée Lulu qui tient un éventaire de fleuriste devant le café Aux Trois Obus, à la Porte de Saint-Cloud.

Il y a, en matière d'enquête, une sorte d'automatisme. Dès qu'un nom surgit dans une affaire, on cherche si l'administration ne possède pas un dossier sur la personne. Classiquement donc, Courchamp demande au commissariat de Boulogne une enquête dite de voisinage. Le rapport des policiers lui arrive très vite, et sa première réaction est de penser que les Czerwonska faisaient preuve d'une belle naïveté en confiant leur fille à Lulu. Parce que, en matière de chaperon, ils auraient pu trouver mieux. La famille de la jeune fleuriste n'est guère recommandable et le concubin de sa mère, le Gros Antoine, est réputé pour vivre de trafic et de recel. Grand amateur de pastis, il fréquente assidûment un bar de la rue Gît-le-Cœur dans le 6e à l'enseigne de Chez Victor. Le grand-père maternel de Lulu, un certain Vaucouret, avait eu maille à partir avec la Justice et avait fini guillotiné.

Le premier soin de Courchamp est donc d'aller bavarder avec Lulu. Il prend le métro, descend à la station Porte-de-Saint-Cloud. Devant les Trois Obus, une bâche noire recouvre l'éventaire de la marchande de fleurs. Le patron de la brasserie, interrogé, répond qu'il n'a pas vu Lulu de tout l'après-midi.

– Elle a souvent des pannes d'oreiller, plaisante-t-il.

Courchamp a compris. Il va pousser jusqu'au 40 de la rue du Vieux-Pont-de-Sèvres, ce n'est pas si loin. L'immeuble, aujourd'hui rasé pour faire place à une construction moderne, n'était qu'une bâtisse sans charme, composée d'immeubles délabrés alignés au fond d'une cour. Dans un coin, sous une voûte, l'inspecteur déniche une sorte de trou où végète une vieille qui prétend être la concierge.

– C'est bien ici, Lulu la Fleuriste ?

La vieille le toise, sent le flic et ne fait pas de discours :

– A gauche dans la cour. Rez-de-chaussée.

Courchamp regarde dans la direction indiquée. Une vraie cour des Miracles. Dans un coin s'entassent même quelques vieilles carcasses de voitures. Il tire de sa poche la photo d'identité de Lulu, dont il a obtenu un duplicata aux archives de la préfecture, se remet en mémoire les traits de la fille et frappe à la porte indiquée.

Personne ne répond.

Il insiste. Cogne du poing sur le panneau. Enfin une voix de femme s'élève :

– Qu'est-ce que c'est ?

– Lulu la Fleuriste ? Je veux vous voir.

– Mais qui est là ? reprend la fille.

Puis, comme l'inspecteur s'apprête à marteler de nouveau la porte, celle-ci s'ouvre enfin. Lulu papillote des yeux, les cheveux en bataille, l'air ahuri, essayant sans conviction de refermer la robe de chambre dans laquelle elle s'est drapée pour venir ouvrir. Elle est nue sous le vêtement.

– Police judiciaire, annonce Courchamp. Je désire vous parler.

– Ah oui ?

– C'est au sujet de Cri-Cri. Je peux entrer ?

La fille, gênée, hésite. Alfred Courchamp en profite pour se faufiler dans l'ouverture et pénétrer dans la pièce plongée dans la pénombre. Il ne fait cependant pas suffisamment noir pour qu'il ne puisse apercevoir un homme couché dans le lit. Courchamp comprend la raison des pannes d'oreiller de Lulu. Le type, embarrassé, s'enroule dans les couvertures. Il ne s'agit pas d'un des godelureaux que Lulu fréquente, selon le rapport du commissariat local.

– Ce que j'ai à dire à Lulu ne vous regarde pas, jette Courchamp à l'inconnu. Habillez-vous et fichez-moi le camp.

L'homme, un petit brun aux grands yeux noirs, ne discute pas. Il rejette les draps, empoigne son pantalon, l'enfile, se chausse sans même prendre le temps de remettre ses chaussettes, passe les manches de sa chemise qui flotte autour de sa taille, prend sa veste et s'éclipse. Tout cela en trente secondes, montre en main.

Quelques années plus tard, j'aurai l'occasion d'apprendre à Courchamp que le petit homme brun aux grands yeux noirs qu'il avait éjecté ce jour-là n'était autre qu'Émile Buisson, l'ennemi public n° 1 recherché par toutes les polices. Mais n'accablons pas mon collègue amateur de cartes, il ne pouvait soupçonner que Buisson gîtait à Boulogne chez Lulu. Quant à l'identifier, nous ne possédions à l'époque qu'une photographie prise dix ans auparavant à la prison de Troyes où il se trouvait pour hold-up. Dix ans de moins et... la boule à zéro!

Revenons à l'affaire Cri-Cri.

Lorsque Courchamp interroge Lulu, la jeune fille répond sans embarras :

– Oui, j'étais au bal avec elle. Je l'ai raccompagnée devant sa porte où je l'ai laissée pour continuer mon chemin avec mon fiancé. J'ai été étonnée d'apprendre par la presse qu'elle avait disparu.

– Pourquoi ne vous êtes-vous pas manifestée auprès de la police?

– Vous savez, la police... (Lulu esquisse une moue qui doit signifier que dans la famille, on n'est pas porté à fréquenter les flics.) Vous ne connaissiez pas Cri-Cri! Elle était assez fantasque. Son suicide m'a surprise, mais j'ignorais qu'elle était enceinte. En fait, c'était encore une gamine, elle ne me faisait pas de confidences.

– Comment était-elle au cours de la soirée du 10 janvier ? Triste, gaie ?

– Elle était gaie comme tout. C'est pour ça que je ne comprends pas.

Courchamp non plus. Visiblement, Lulu n'a rien à lui révéler. Il quitte donc le taudis pour les usines Renault, où il va essayer de cerner la personnalité de la morte en interrogeant ses relations de travail.

Cri-Cri était coquette, c'est l'opinion générale. Elle n'avait apparemment aucune liaison avec l'un ou l'autre des hommes travaillant dans son entourage.

En policier consciencieux, Courchamp interroge les voisins des Czerwonska, puis le beau-père, l'homme dont l'intransigeance a déclenché le drame, mais qui lui apparaît comme un homme brisé. Il ne se pardonnera jamais d'avoir renvoyé la gamine, cette nuit-là. Une fois de plus, il évoque les heures d'insomnie avant le retour – et après – de la jeune fille.

– Quand elle a cessé de frapper, je n'ai plus rien entendu... Sauf, mais je l'ai dit à vos collègues, qu'il me semble avoir perçu le claquement d'une portière de voiture puis un bruit de moteur...

– Il y a beaucoup de circulation dans votre rue, la nuit ?

– Un peu. Surtout le samedi soir.

– Ouais, fait Courchamp. Sans doute n'est-ce qu'une coïncidence.

Il est déjà persuadé qu'il s'agit d'un suicide. Certes, les ennemis de cette thèse font remarquer que la robe de la gamine se boutonnait dans le dos, et que Cri-Cri ne pouvait la fermer qu'avec l'aide de sa mère. Comment aurait-elle pu la retirer toute seule ?

Courchamp ne désarme pas. Il apprend que Cri-Cri

prenait des cours de gymnastique et la souplesse qu'elle avait acquise pouvait très bien lui permettre de se contorsionner de façon à défaire seule les boutons de la fermeture. Du moins, il l'affirme, péremptoirement.

Reste le billet. Un expert graphologue estime qu'il a pu être rédigé par la disparue, compte tenu de certaines similitudes entre l'écriture de Cri-Cri et celle du message d'adieu. Là encore, une question : si elle l'a écrit avant de se dévêtir pour se jeter à l'eau, où est donc passé le crayon à bille de couleur bleue qui a servi à le rédiger ? Ce crayon ne figurait pas parmi les objets ramassés sur les lieux et restitués à la famille. Mais Cri-Cri a très bien pu libeller son message d'adieu avant de gagner le pont de Billancourt !

Courchamp rédige son rapport : cent pages d'une écriture appliquée qui concluent au suicide. Désespérée de se voir abandonnée par son suborneur, Cri-Cri a mis fin à ses jours. C'est clair et définitif.

L'affaire est classée. Les journaux passent à autre chose.

***

Lorsque je l'arrête, Émile Buisson est déjà condamné aux travaux forcés à perpétuité pour une agression perpétrée à Troyes en 1937. Les divers crimes qu'il a commis depuis son évasion de Villejuif ne risquent pas de compromettre un avenir déjà réglé. En revanche, s'il est prouvé qu'il est l'auteur d'un meurtre, il a une bonne chance de gagner son ticket pour l'échafaud.

Pendant des semaines, j'ai donc été amené à rencontrer quotidiennement « Monsieur Émile » afin de boucler le dossier de chaque affaire dans laquelle il était impliqué. Nous avons fini par avoir des rapports de confiance. Souvent, quand il se sentait sur un terrain délicat, il demandait à aller aux toilettes.

– Emmenez-moi donc pisser, monsieur Borniche, disait-il avec son accent du terroir.

A peine la porte refermée, il me confiait son souci. Que devait-il répondre à telle ou telle question ? J'avoue que, généralement, je lui conseillais de nier. C'était en vérité une méchante ruse qui me valait son estime. Suivant l'instruction de près, et pour cause, je savais que quelles que fussent ses dénégations, les charges étaient telles – témoignages de complices, empreintes sur des revolvers lui ayant appartenu – qu'il n'échapperait pas au châtiment suprême. D'une certaine façon, j'avais pitié de lui. Pourquoi le priver d'espoir ? Il verrait bien à l'issue de son procès qu'il ne pouvait plus s'en sortir.

En retour, Buisson, quand il était d'humeur, se laissait aller à quelques bavardages incontrôlés. C'est ainsi qu'il me parla de Milo l'Évadé, un ancien complice dont je raconterai l'incroyable histoire au chapitre suivant. En vérité, je l'ai déjà dit, les gens du Milieu « donnent » sans s'en rendre compte leurs amis et complices pour peu qu'ils y voient la possibilité de s'épancher. Or, un jour, Buisson me dit :

– M'sieur Borniche, vous qui êtes si fort, il y a une affaire que vous n'avez jamais élucidée...

Je dresse l'oreille.

– Laquelle ? dis-je, avec un apparent détachement, pensant à un braquage ou à un règlement de comptes.

– Ben... L'affaire Cri-Cri.

– Quelle affaire Cri-Cri ?

J'avoue que, n'ayant pas été mêlé à l'enquête, je n'ai qu'un très vague souvenir de cette histoire.

– Rappelez-vous, monsieur Borniche, la fille noyée à Boulogne-Billancourt. Elle était enceinte.

– Oui, je me souviens. Et alors ?

– Alors sa copine, Lulu la Fleuriste, était ma maîtresse, et elle m'a tout raconté.

Et Buisson, à son tour, de me raconter.

Dans les derniers jours de 1947, serré de près par la police, il a trouvé une planque rue Bichat. Mais – encore une fois – un bon copain livre l'adresse aux flics. Lorsque débarquent les inspecteurs devant l'immeuble, Buisson, par hasard, les repère. Il gagne le toit, à la hauteur du troisième étage. Un peu plus bas se trouve celui d'un autre immeuble. Émile saute sans hésiter, trébuche sur le zinc de la couverture, roule vers le vide, se rattrape à la gouttière, réussit un rétablissement et court se dissimuler derrière une cheminée. Il était temps! Les flics envahissent sa chambre. Ça râle dur. « Je suis sûr qu'il est ici ! hurle un type, sans doute un chef. On l'a vu entrer et il n'est pas ressorti ! »

Des agents grimpent sur les tuiles sans imaginer un instant que Buisson a sauté dans le vide au risque de se rompre le cou, ni qu'il se trouve tout près, derrière une cheminée de l'immeuble d'en face. Au lever du jour, les policiers déconfits renoncent et abandonnent leurs recherches, persuadés que le tueur a filé. Dès que la voie est libre, Émile quitte sa cachette, pénètre dans l'immeuble par un vasistas et s'éclipse. Il se retrouve quai de Jemmapes, pousse jusqu'à la République, téléphone d'une cabine à un ami.

– Cet ami, précise Buisson, c'était le Gros Antoine, un copain. « Bouge pas, me dit-il, je viens te prendre. » Une heure plus tard, Antoine paraît. Moi, mêlé aux badauds, je contemple le travail des éclusiers, en l'attendant. Il me situe. Je le rejoins. Il me conduit à la station de métro République. On ne voyage pas ensemble. Je me contente de monter dans le même wagon que lui et, quand on descend à la station Porte-de-Saint-Cloud, je le suis, jusqu'à la rue du Vieux-Pont-de-Sèvres, au numéro 40. La cour des Miracles! C'est comme ça que j'ai connu Lulu. Dès le premier jour elle est devenue ma maîtresse. Dame, Antoine était à l'étroit dans sa piaule et il était préférable qu'une seule personne connaisse ma présence chez lui. Lulu occupait mes nuits et me ravitaillait.

» Le plus marrant, c'est quand l'inspecteur Courchamp a surgi un après-midi pour interroger Lulu. J'étais au pieu avec elle. On était en train de baiser. Il m'a viré en me disant qu'il avait à parler à la môme. Quand je pense qu'il me courait après!

Je hoche la tête. Pauvre Courchamp, que la chance – ce dieu des policiers – n'avait pas pris sous son aile ce jour-là!

Je considère Buisson un instant.

– Pourquoi me racontes-tu ça, Émile?

– Pour vous donner un coup de main, monsieur Borniche. Ça doit vous intéresser, le meurtre d'une gosse!

Dans le cabinet du juge d'instruction chargé de l'affaire Cri-Cri, je prends connaissance du rapport de Courchamp et de sa conclusion : suicide. Pas de suite à donner.

Buisson, que j'extrais à nouveau de sa cellule, hausse les épaules.

– Courchamp, je m'en fous. Je vous en parle parce que je connais l'assassin.

– Tu le connais?

– Oui, par Lulu.

– Et qui est-il, cet assassin?

– Un certain Gontrand *

– Gontrand comment?

– Vous promettez, monsieur Borniche, que vous me ferez une fleur si je vous donne un coup de main?

* On comprendra en lisant la suite de ce récit que j'aie dû modifier le nom véritable donné par Buisson.

– Bien sûr qu'on te fera une fleur, Émile. Voire deux... Un bouquet même.

– Alors voilà...

Buisson se carre sur sa chaise et me raconte que, dès que l'affaire Cri-Cri s'est déclenchée, Lulu a vu quotidiennement ou presque ce Gontrand Porte-de-Saint-Cloud. Il admirait son étal, échangeait deux ou trois mots avec elle, déposait dix francs sur la boîte qui servait à serrer la monnaie et filait. Sans jamais emporter de fleurs.

Gontrand dirigeait une auto-école dont il était le propriétaire... C'était un homme d'une quarantaine passée, marié, père de famille.

– C'est quand même peu pour l'accuser, ne puis-je m'empêcher d'objecter.

– Sans doute, monsieur Borniche, mais c'était pour qu'elle ferme sa gueule. Vous avez vu le dossier chez le juge ?

– Oui.

– Il y est bien dit que Cri-Cri était enceinte, hein ? Eh bien, le père, c'était Gontrand. Mais il était marié. Et malgré ça jaloux comme un tigre. Il ne supportait pas qu'elle aille au bal. Il l'a attendue devant chez elle ce soir-là.

– Qui t'a dit cela ?

– Lulu. Elle l'aurait vu dans sa voiture, en train de guetter le retour de Cri-Cri. Mais comme Lulu et son copain se trouvaient avec elle, il n'a pas osé bouger. Quand Cri-Cri, éjectée par son beau-père, est restée à la porte, il a dû sortir de sa bagnole et la forcer à monter dans la voiture.

– Bigre. C'est grave, ton histoire. Tu es sûr de Lulu ?

– Interrogez-la, vous verrez.

J'ai donc convoqué la jeune femme à mon bureau de la brigade du banditisme. Elle m'a confirmé point par point le récit de Buisson. Seulement, elle s'est refusée à faire une déposition écrite.

Je l'ai tournée, retournée, tannée. Elle n'a rien voulu savoir. A la fin, cependant, elle a consenti à signer une déposition où elle déclarait simplement qu'elle connaissait Gontrand et qu'à plusieurs reprises le directeur de l'auto-école avait emmené Cri-Cri dans sa voiture au bois de Boulogne, près des lacs « afin, selon les propres termes de son amie, de se faire faire une pipe ».

Sans témoignage, je n'ai pas la partie belle. Je vais cueillir quand même le nommé Gontrand. Un type ordinaire qui commence par le prendre de haut, nie connaître les deux filles. Il se défend comme un beau diable mais il n'est pas heureux.

Buisson, que j'ai gardé au frais dans une cellule, vient à mon aide.

– Il y a peut-être un moyen, dit-il. Foutez-le en garde à vue avec moi. Je lui tirerai les vers du nez.

Rien de tel pour chasser le criminel qu'un truand qui souhaite montrer son professionnalisme! J'obtiens effectivement la garde à vue de Gontrand et le laisse mariner avec Buisson tandis que, convoquant à nouveau Lulu, j'essaie encore de lui faire signer sa déposition. Peine perdue. J'ai affaire à une mule.

Nous nous acharnons, Buisson, devenu paradoxalement auxiliaire de police, et moi. Gontrand finira bien par craquer. Le deuxième jour, nous le travaillons au corps dès le matin, décidés à le passer à l'essoreuse.

Mais il semble qu'un sort malin s'acharne. Alors que nous nous apprêtons à poursuivre les interrogatoires toute la nuit, je suis appelé à l'extérieur avec les deux inspecteurs qui m'assistent. Une affaire qui m'entraîne hors de Paris pendant vingt-quatre heures. Vingt-quatre heures que Gontrand met à profit pour se refaire une santé. En revanche, nous nous présentons dans « la dernière ligne droite » physiquement et psychologiquement épuisés.

Gontrand n'a pas craqué. Et nous avons été obligés de le remettre en liberté. Buisson ne décolère pas, ce qui, on en conviendra, est un comble!

Mais je sais que Cri-Cri ne s'est pas suicidée. Le Gros Antoine, la mère de Lulu et Lulu elle-même affirmaient en privé que Gontrand était le père de l'enfant qu'elle portait. Quant au billet retrouvé sur la berge, Buisson et moi-même supposions que l'assassin avait dû baratiner la fille en lui disant : « Écris un mot d'adieu que tu glisseras dans la boîte aux lettres, ça les attendrira et tu pourras rentrer chez toi. » Autre élément – plaidant le suicide, selon Courchamp –, la robe indéboutonnable que Cri-Cri l'acrobate aurait déboutonnée elle-même. On voit mal la fille, au bord du désespoir, écrivant son billet d'adieu sur la berge puis se tortillant pour se dévêtir par une température de moins cinq degrés, alignant ensuite ses sous-vêtements bien pliés sur la berge.

Je suis convaincu qu'il s'agissait bien d'un assassinat et que le coupable était ce Gontrand. Hélas, il avait été plus résistant que nous.

Je me trouvais à Boulogne-Billancourt, environ un an plus tard, quand, m'apprêtant à traverser la rue de Paris, je vois arriver une voiture-école. Au côté de l'élève appliqué au volant, Gontrand.

Il m'a vu lui aussi. A travers le pare-brise, ses traits se sont figés. Puis il a remué les lèvres. Je le fixais d'un regard de glace.

La voiture a brusquement viré à gauche, sur l'ordre sans doute du moniteur assassin.

Aujourd'hui, il doit être mort, comme le Gros Antoine, comme Buisson, comme Cri-Cri. Je n'ai jamais éprouvé de haine pour mes adversaires mais je souhaite simplement que chaque nuit, Gontrand se soit réveillé en sueur, revoyant en cauchemar l'ombre blanche de sa belle victime. Et ma silhouette, plantée sur le bord du trottoir.

11

Émile Courgibet
Le malchanceux

Venues du large, des vagues écumantes déferlent sur le quai de Southampton. Notre chauffeur, un quinquagénaire au nez bourgeonnant qui doit être en train de rêver à sa prochaine retraite, a garé la traction avant du commissariat au pied du sémaphore. Silencieux, les mains posées bien à plat sur le volant, il attend, comme nous, la fin de la tempête. Sur la banquette arrière, Leclerc et moi ne pipons mot. Nos regards sont rivés, au-delà de l'avant-port, sur les mille hublots phosphorescents de l'*America*, le paquebot de la ligne New York-Le Havre qui mouille au loin, dans l'incapacité de déposer ses passagers à la gare maritime.

En cette nuit sans lune du 14 au 15 février 1952, nous sommes venus de Paris pour cercler d'acier les poignets d'Émile Courgibet, un bagnard évadé soupçonné d'avoir participé, le 29 décembre 1937 à Troyes, à une agression à main armée, et que la justice a condamné de ce fait et par contumace aux travaux forcés à perpétuité. Depuis 1922, date de son évasion du camp pénitentiaire de Saint-Laurent-du-Maroni, en Guyane, Courgibet narguait la justice. Jusqu'à ce que, comme pour l'affaire Cri-Cri, Émile Buisson se sente, un beau matin de janvier, en veine de confidences.

Ce jour-là, il a reposé son verre de vin rouge sur le coin de mon bureau, et m'a lancé, alors que nous parlions des truands d'avant-guerre :

– Il y en a quand même un qui vous a filé entre les pattes, monsieur Borniche...

Il a marqué un temps d'arrêt avant d'ajouter :

– Il n'avait pas fait grand-chose, Milo l'Évadé. Mais il a préféré mettre la flotte entre les flics et lui. Moi aussi, si je n'avais pas eu à m'occuper de ma frangine, je me serais tiré aux États-Unis.

C'était dit comme ça, en passant, accompagné d'un soupir de regret. Certes, Buisson n'était pas une « donneuse » mais l'emprisonnement cellulaire qu'on lui avait réservé à la prison de la Santé, sans personne à qui parler, était pour lui une épreuve difficile à supporter. Des heures durant, il « piquait le dix », dix pas en avant, demi-tour, dix pas en retour, demi-tour... Aussi, lorsque je l'extrayais de sa cage, le fauve avait-il un besoin évident de s'épancher. Inutile d'essayer de lui tirer le vrai nom de Milo l'Évadé, sa langue se serait nouée. Je m'étais donc bien gardé de relever ses propos, mais le fichier central, une fois de plus, était venu à mon secours.

Le fichier, c'est le cœur des véritables archives du crime. Il occupe, au sixième étage de l'immeuble de la Sûreté nationale, une salle immense qui contourne la cour intérieure des Saussaies, au fond de laquelle on peut apercevoir les voitures directoriales avec, au volant, des inspecteurs-chauffeurs que l'inaction a enrobés de lard.

Si aujourd'hui les archives sont le fief de l'ordinateur et de la micrographie, autrefois, des millions de fiches, classées alphabétiquement et phonétiquement, sommeillaient dans des casiers appelés « cabriolets ». Chaque fiche portait l'état civil de l'individu susceptible de faire l'objet d'une recherche, ainsi que le numéro de son dossier, qu'il soit administratif ou criminel.

Tout le monde est noté au fichier central, les innocents comme les coupables. Les innocents, c'est-à-dire vous ou moi, lorsqu'ils font une demande de passeport, de carte d'identité ou de permis de chasse. Ils sont là parce que la police estime avec sagesse que les innocents se transforment parfois en coupables et qu'il est préférable de tout savoir sur eux à l'avance. Sans parler des dossiers tenus par la direction des Renseignements généraux sur tout individu appartenant à un parti politique, à un syndicat ou à une quelconque association de pêcheurs à la ligne ! Quant aux coupables, leur biographie, leurs photos, leurs jugements, leurs transferts d'une prison à une autre, sont consignés dans les dossiers individuels, les DI, leurs méfaits et ceux de leurs complices grossissent les DC, ou dossiers criminels. Chaque inspecteur qui traite une affaire, en plus des procès-verbaux qu'il rédige à l'intention des Parquets ou des juges d'instruction, est donc soumis à un véritable travail rédactionnel destiné à alimenter le fichier en renseignements divers, susceptibles d'intéresser la collectivité policière.

Au classement des sobriquets, j'avais eu tôt fait de trouver trace de trois Milo l'Évadé, deux jeunes et un plus âgé, apparemment de l'âge de Buisson. Le surnom m'avait renvoyé au nom d'Émile Courgibet, complice supposé de « Monsieur Émile » à l'époque. A son palmarès, figurait une condamnation à huit années de travaux forcés, en 1918, pour meurtre et désertion en temps de guerre. Le dossier précisait que Courgibet avait bénéficié de circonstances atténuantes comme engagé volontaire, et pour blessure de guerre. Pas d'antécédents avant le meurtre sordide de sa concubine, une prostituée du nom d'Édith Châtelain, qu'il avait volée après l'avoir poignardée.

J'avais expédié un télégramme de recherches à Washington en mentionnant, à tout hasard, le nom de la victime. Il faut croire que les Supervisors yankees savent travailler vite et bien, puisque deux jours plus tard, le FBI m'informait qu'un nommé Châtelain Fernand, dont le signalement et la date de naissance correspondaient à ceux de Courgibet, avait été localisé. Il vivait à New York, 227 East 50th Street, possédait un atelier d'ébénisterie qui employait une vingtaine d'ouvriers, était marié à une Américaine et menait un grand train de vie. Sa réputation d'honnêteté et de talent était telle qu'il travaillait de temps à autre pour la Maison Blanche.

Convoqué au service de l'immigration, l'ébéniste avait juré sur la Bible qu'il se nommait bien Fernand Châtelain et avait été relâché avec égards.

J'avais eu un doute sur le moment. S'agissait-il bien du Milo l'Évadé de Buisson ? Je n'avais eu qu'une solution pour confirmer ou infirmer mes soupçons : l'envoi immédiat aux USA des empreintes digitales de Courgibet.

Convoqué une seconde fois à l'immigration, Courgibet s'effondrait. Oui, c'étaient bien ses empreintes, oui, il avait changé d'identité pour se refaire une vie honnête, après des démêlés avec la justice française, oui, il acceptait de regagner volontairement la France sans attendre l'ordre d'extradition qui le ferait moisir, des mois durant, dans un pénitencier américain, oui, enfin, il réglerait personnellement ses frais de voyage, en cabine de luxe, puisqu'il en avait les moyens, et non à fond de cale, comme transitent les indigents expulsés par les autorités.

– Ne le mettez surtout pas sur un paquebot faisant escale en Angleterre, avais-je câblé à l'immigration de New York, il serait capable de s'évader. Et informez-moi du jour de l'embarquement et du numéro de la cabine qui lui sera affectée.

La réponse me satisfaisait : Milo l'Évadé, devenu, grâce à la collaboration involontaire de Buisson, Milo le Repris, avait embarqué sur le steamer *America* qui devait toucher Le Havre le 14 février. D'après le manifeste, il occupait la cabine 324.

L'*America*, interdit d'accostage, a donc jeté l'ancre à un demi-mile de l'avant-port. Dans la traction, mon collègue Leclerc, à qui j'ai demandé de m'accompagner, marmonne des imprécations entre ses dents. Débarqués du train de Paris dans l'après-midi, nous comptions reprendre celui du soir en bonne compagnie. Les éléments nous avaient été contraires et, puisque l'*America* avait du retard, nous avions erré à travers la ville, comme deux fantômes, transis et trempés, histoire de voir ce qu'était devenu le second port maritime français. Le Havre était malheureusement loin de s'être relevé de ses ruines, sept ans après la guerre. Cent douze fois bombardé, trente-cinq mille maisons détruites, cinq mille morts. Des quartiers offraient encore un visage de désolation, et leurs habitants s'entassaient toujours dans des baraquements de fortune.

On l'avait maudit, Leclerc et moi, le Milo Courgibet, accoudés au comptoir d'un bistrot du marché aux poissons, devant un « café aux trois couleurs » – calva plus rhum plus kirch – commandé pour nous réchauffer. Avec un nom comme ça et de tels antécédents, notre homme aurait dû passer directement de la pouponnière à la pendaison !

Aussi, quand le commissaire de police de la ville nous avait appris que l'*America* resterait au large tant que la mer serait mauvaise, nous avions tiré des mines longues d'une aune. Le train de 20 heures 32 allait bel et bien nous filer sous le nez.

– Ça va s'arrêter quand, ce temps de cochon ?

Le commissaire avait levé les bras au ciel en signe d'impuissance.

– Je ne peux pas vous dire... Par contre, je vous propose de voir la Capitainerie. Si ça se calme un peu, vous pourrez prendre le bateau-pilote.

– Avec ce temps-là ? s'était insurgé Leclerc. Déjà que je ne souffre pas une balade sur la Seine...

– Ce que je vous en dis, moi, c'est pour vous ! On peut toujours y aller...

Dans les rafales de vent, nous avions gagné la Capitainerie du port.

– Ça ne se fait jamais, avait lâché le vieux loup de mer à galons dorés. Mais si ça peut vous faire gagner du temps... A vos risques et périls.

Nous, Leclerc et moi, on ne voulait pas tellement déranger ! Le mieux était d'aller prendre un sandwich à la brasserie du « café aux trois couleurs » et d'attendre la suite des événements.

– Comme vous voulez, avait conclu le galonné à bonnet de laine. Si vous changez d'avis, dites-le au pilote du bateau qui attend lui aussi l'accalmie. Placez votre bagnole à un endroit où on puisse la voir.

La voiture tangue sous les bourrasques qui se succèdent. Nous nous sommes calés, Leclerc et moi, sur la banquette arrière et nous écoutons la pluie frapper les vitres. Deux heures, puis trois s'écoulent. Je suis frigorifié. Soudain, deux petits coups sur la carrosserie. Surgie de la nuit, la silhouette du marin-pilote, ensevelie dans un suroît de pêcheur, s'est approchée de la traction. Le chauffeur ouvre la glace.

– Pour se calmer, ça se calme, dit l'homme au visage ravagé par les embruns. Mais pour s'arrêter, ça s'arrête pas. Si vous voulez en profiter quand même...

Ce n'est pas qu'on y tienne tellement, nous autres, les

Parisiens, mais il est trois heures du matin et je ne veux pas rater le train de sept heures. Nous nous extirpons de la voiture sous une douche froide qui nous cueille, sitôt la portière ouverte. Nous courons, pliés en deux, et nous embarquons sur le pont glissant du bateau-pilote pour nous réfugier dans une cabine encombrée de chaînes, de bidons de fuel et de filins poisseux, puant le goudron.

Le teuf-teuf du moteur fait vibrer l'embarcation de toutes parts. La voilà qui danse maintenant sur les vagues comme un premier sujet de l'Opéra, et cahote vers l'*America.* A bord, personne ne doit se soucier de nous, les terriens. Soudé à une barre d'appui pour résister au tape-cul, je n'en mène pas large. Les creux nous engloutissent pour mieux nous projeter au sommet de crêtes blanches, la coque grince et l'odeur de mazout empeste. Enfin, la lutte contre les éléments tourne à l'avantage du maître après Dieu, et nous atteignons le flanc du paquebot. Alors que son bateau semble prêt à s'écrabouiller sur la ligne de flottaison rouge que les vagues dénudent par intermittence, le capitaine accroche d'un geste précis un filin à l'échelle de coupée et amarre solidement sa coquille de noix.

– Vous pouvez y aller, nous lance-t-il.

Je me dévoue le premier. Le marin agrippe mon bras gauche, me juche littéralement sur la première marche de l'échelle qui joue sous mon pied les montagnes russes. Suffoqué par le vent et la pluie, arc-bouté mais surtout cramponné à la rambarde, je la gravis, Leclerc aussi terrifié que moi sur mes talons. Son ciré noir plaqué par le vent, un homme guette notre arrivée dans l'encadrement d'une porte de coursive. Il tend la main, nous tire l'un après l'autre.

– *Come on!* beugle-t-il en refermant le panneau derrière nous.

On s'engouffre dans un couloir à la moquette beige et

moelleuse, qui ouvre sur une file de cabines. Délices, calme et volupté. Finis la tempête, les paquets de mer et la pluie. Du moins pour le moment.

L'homme se présente. Il est bilingue, heureusement :

– David Morgan, commissaire de bord.

Je lui tends les télex que le FBI et le service d'immigration américain m'ont adressés, ainsi que les copies des mandats d'arrêt concernant Émile Courgibet. Il leur jette un coup d'œil, et acquiesce de la tête. Tout est en règle.

– Cabine 324, dit-il. Je vous conduis, mais soyez discrets par égard aux autres passagers.

A nouveau, une coursive, des escaliers. Morgan s'immobilise devant la cabine 324, s'efface. Je frappe. Pas de réponse. Je frappe encore. Silence. Le commissaire de bord sort un passe de sa poche, ouvre la porte d'autorité. La cabine est dans l'obscurité. Je fais jouer le commutateur. La lumière éclaire une suite où l'acajou se conjugue avec le cuir. Le grand luxe ! Sur la couchette, un homme ronfle, la bouche ouverte. Je m'approche, lui tapote l'épaule :

– Réveillez-vous, Courgibet.

Sous le drap rose, la forme humaine s'agite à peine. Un ronflement plus sonore répond à ma sommation. L'haleine du dormeur empeste l'alcool. Il a dû taper dur sur la bouteille pour fêter, avec quelques jours d'avance, le trentième anniversaire de sa cavale guyanaise.

J'insiste :

– On est arrivés, Courgibet !

Je le secoue un peu plus vigoureusement. Le type finit par émerger de son sommeil, baragouine des jurons en anglais.

– Oui, oui, dis-je. Vous pouvez y aller, ça ne change rien. Habillez-vous.

Tout d'un coup, Morgan se précipite. Il est blême.

– Arrêtez! crie-t-il alors que Leclerc a déjà sorti les menottes. Il y a erreur!

Et de nous expliquer que l'homme qui vocifère est l'ambassadeur de Norvège. Son Excellence s'est embarquée au dernier moment sur l'*America* où on lui avait octroyé une cabine indigne de son rang. Au bout d'une journée de navigation, il a lié connaissance avec un industriel français qui lui a proposé sa cabine en échange de la sienne. Courgibet occupe désormais la 341.

Le temps de bredouiller une vague excuse et nous nous précipitons vers la 341. Le verrou n'est pas tiré. Habillé d'un costume croisé bleu marine, notre client est là, assis sur sa couchette, une valise à ses pieds. Notre irruption le fait se redresser :

– Émile Courgibet?

Il hoche la tête. Il se tient droit. Sans morgue ni servilité. Mentalement, je calcule. Il a cinquante-quatre ans, on lui en donnerait à peine quarante. Pas un cheveu blanc. Je m'attendais à dépister un gangster sur le retour. Je découvre un Américain à la mise soignée. Triste mais non abattu.

– Si j'avais eu vingt ans de moins, soupire-t-il, je tentais ma chance par là...

D'un mouvement du menton, il désigne le hublot. Un pauvre sourire court sur ses lèvres. Il mesure combien son propos est dérisoire.

– Allons-y, maintenant, dit-il, en empoignant sa valise. Je ne voudrais pas qu'on m'aperçoive les menottes aux mains.

Leclerc rempoche les bracelets. Le bateau-pilote nous recueille. Nouveaux sauts de mouton, toutefois moins violents qu'à l'aller. Cap sur la gare maritime, où le chauffeur nous guettait pour nous déposer au commissariat central. Quelques heures encore à patienter avant le départ. Enfin, l'express quitte la gare. Nous ne sommes que tous les trois dans le compartiment réservé à notre intention par l'inspecteur de permanence.

– Vous ne vous attendiez pas à celle-là, dis-je à Courgibet installé face à moi, contre la vitre. Après trente années de liberté!

Il me regarde avec commisération.

– C'est la destinée, murmure-t-il. L'homme la porte attachée à son cou, comme une médaille.

J'ai, sous les yeux, un tout autre être que celui que je m'imaginais. Comment, si calme, si posé, si soigné, a-t-il pu être un assassin et un complice du tueur Buisson ? Le temps ou le remords l'auraient-ils changé à ce point ?

Comme s'il répondait à mes questions muettes, Courgibet parle. Il me raconte sa vie. Au fil des kilomètres, alors que le jour tarde à se lever sur une campagne givrée, je découvre que le simple énoncé des faits recouvre une vérité humaine, faite d'un tissu de mauvais hasards, de « choix » imposés par des situations qui n'ont jamais été voulues. Quand le train entre en gare Saint-Lazare, je me mets à haïr vraiment le sort qui a fait de Courgibet un paria.

Sa vie, telle que j'ai pu la connaître au cours de cette nuit dans l'express Le Havre-Paris, est un vrai roman.

Et un roman vrai.

***

Tout commence avec le XXe siècle naissant. A Paris, Paris 1900, avec ses fiacres, ses omnibus hippomobiles, ses premières voitures automobiles, le métro, les hommes en canotier et grosse moustache. 1901, c'est l'année du certificat d'études d'Émile Courgibet. « Je le décroche, haut la main, à douze ans. »

Milo, c'est le gamin de Paris. Né dans le 13e arrondissement, d'Émile Courgibet et de Juliette Perrot, il est le dernier d'une famille de six enfants. Les cadets, bien sûr, on les gâte toujours un peu plus que les autres. Le « certif » en poche, il faut choisir un métier. Émile sera ébéniste, comme son oncle Fernand, un véritable artiste qui le fait entrer comme apprenti dans son atelier, au fond d'une cour de la rue de la Main-d'Or. Un atelier comme il en reste encore quelques-uns dans le faubourg Saint-Antoine, derniers témoins d'une époque révolue. Mais en ce temps-là, Émile maniait allégrement le rabot, la varlope et le ciseau à bois. L'odeur des copeaux l'imprègne à jamais. Avec le temps, il devient un maître. Un as du ciselage, de la coupe et de l'assemblage. C'est le bonheur, ou quelque chose qui y ressemble.

Et puis, brusquement, l'univers quiet où évolue l'adolescent éclate. Le 2 août 1914, le Kaiser et ses armées embrasent l'Europe. Mobilisation générale. Le père d'Émile, son oncle Fernand, ainsi que le patron de son atelier sont mobilisés. Âge, famille, peu importe. Il s'agit d'opposer une muraille humaine au déferlement des soldats allemands. Les gens ne s'intéressent plus aux meubles. Émile se retrouve seul dans l'atelier devenu trop grand. L'argent se fait plus rare encore qu'avant. Les queues s'allongent devant les boutiques d'alimentation. Dans les plaines du Nord et de l'Est, Français et Allemands s'enterrent dans les tranchées. D'interminables mois d'horreur commencent. Le père d'Émile est porté disparu. Son frère aîné, blessé, est fait prisonnier. A Paris, les ventres sonnent creux. Juliette, la mère, a été embauchée dans une usine; elle tourne des obus. Émile soutient l'atelier à bout de bras mais c'est la fin. La patronne va fermer. Alors le petit Courgibet s'engage, dès que la loi le lui permet, pour défendre son pays, son père, venger ses frères. En 1916, il a tout juste dix-huit ans et pas un poil au menton. Le temps de faire ses classes et le voilà en première ligne. Dans l'infanterie.

Un petit matin – son premier matin « à la guerre » –, il découvre la réalité des combats de tranchées. Le pilonnage de l'artillerie ennemie. Les vagues d'assaut feldgrau. La peur et la rage. Les contre-attaques à la baïonnette. Un cauchemar. En 1917, à Craonne, dans l'Aisne, il est grièvement blessé à la jambe. On envisage de l'amputer. Mais Émile se cramponne à la vie. La gangrène renonce. Il garde sa jambe. Il se relève. Avant de le récupérer, les autorités militaires lui accordent une permission de convalescence. Dix jours pour embrasser sa mère, ses sœurs, son ancienne patronne. Paré du prestige des guerriers, il déambule dans Paris, sa ville. Il regarde les gens qui se hâtent sur les trottoirs, perçoit la fièvre qui règne dans la capitale. Les hommes sont rares, à part les planqués. Les femmes s'habillent différemment, la guerre paraît lointaine, absente. C'est un autre univers. Maintenant, il marche vers l'Opéra, tranquillement, en flâneur.

Au coin du boulevard Montmartre et de la rue de Richelieu, une femme lui sourit. Jeune, chevelure noire, yeux verts. Vêtue avec recherche. Une seconde a suffi, c'est le coup de foudre. Courgibet l'invite à déjeuner. Elle s'appelle Édith, Édith Châtelain. La prestance d'Émile dans son uniforme bleu horizon et la médaille du combattant accrochée à la vareuse ne la laissent pas indifférente. Un sandwich sur le pouce à la brasserie Drouot et elle doit s'éclipser. Son patron, un vieux birbe de notaire de l'avenue de l'Opéra, l'accable de travail. Plus un seul homme à l'étude. Il la retient souvent, tard le soir. Elle vit dans un petit pavillon de banlieue, et doit parfois rentrer seule, la nuit tombée.

Émile est étourdi. Ce soir, à partir de sept heures, il sera sur le terre-plein du métro Opéra, à l'attendre. Ils resteront un peu plus longtemps ensemble. Ils iront dîner au Wepler, à Montmartre. Il l'accompagnera ensuite chez elle, à Choisy-le-Roi. Et alors là...

A six heures et demie, il est déjà sur des charbons ardents, accoudé à la balustrade de pierre, considérant la foule qui s'engouffre dans les bouches du métro ou stationne à l'arrêt des tramways. Et puis, machinalement, il descend l'avenue, passe devant un immeuble orné de l'écusson notarial. C'est sûrement là qu'Édith travaille... Il revient à pas lents, vers la place.

Sept heures. De loin, Édith lui fait de grands signes avec le journal qu'elle tient à la main. Elle le rejoint, tout essoufflée.

– J'avais peur d'être en retard, dit-elle. Je suis contente de te revoir. Viens, j'ai ce qu'il faut à la maison.

La suite va de soi. A Choisy-le-Roi, devant un pavillon d'aspect modeste, Édith récupère la clé qu'elle dissimule sous une pierre, dans une anfractuosité de la troisième marche de l'escalier extérieur.

– Les gens du rez-de-chaussée sont partis, dit-elle en montant l'escalier. Des petits vieux qui avaient la trouille de la Grosse Bertha. Il n'y a plus que moi, au premier.

Émile découvre un autre monde. Le corps d'Édith, les lèvres d'Édith, les caresses d'Édith. Jusque-là, son univers avait été les tranchées, la boue, l'hôpital, la solitude. Mais brusquement, Émile est replongé dans la réalité. La permission s'achève. Dix jours, déjà! Demain il doit regagner Château-Thierry par le train de 17 heures 30. De là, on l'enverra rejoindre son unité.

Il galope vers le domicile de sa mère qui lui a préparé sa musette et rempli son bidon. Il file vers l'Opéra où, pour leur dernier tête-à-tête, Édith a tenu à l'inviter. Le notaire, soudain généreux, a versé une petite prime.

Ils déjeunent au Café de la Paix. Édith a saisi sa main, ses yeux brillent. Elle se fait convaincante :

– Rien ne t'oblige à partir ce soir. J'aimerais passer encore une nuit avec toi.

Courgibet secoue la tête :

– Impossible. Le train est à 5 heures 30. Je ne peux pas le rater.

Il ne peut pas. Il doit être avant onze heures à Château-Thierry, sinon son absence serait considérée comme une désertion. Et pour une désertion, en temps de guerre, la loi est formelle : c'est la peine de mort.

– Pour quelques heures, qu'est-ce que ça change ? insiste Édith. Tu crois que tous les soldats rentrent à l'heure par les temps qui courent ? Il faudrait fusiller tout le monde !

Elle l'embrasse. Émile se sent sans force. Toute sa volonté, toute son énergie se dissolvent dans les yeux verts, implorants, de sa maîtresse. Il cède. Après tout, dans huit jours, son cadavre sera peut-être en train de pourrir dans la boue des tranchées ! Le bruit court, à l'arrière, que le général Foch, nommé généralissime unique des armées alliées, doit déclencher une grande offensive avec l'aide des divisions américaines.

Une dernière nuit. Le lendemain, à la première heure, Émile déboule à la gare de l'Est. Sur un grand panneau, devant les voies, un avis tracé à la craie avise les voyageurs que le train pour Château-Thierry a été supprimé. Un avion allemand a bombardé la ligne. Pas de gros dégâts mais il faut quelques heures pour la rétablir. Un convoi se formera à partir de dix-sept heures.

Courgibet vacille sous le coup. Avec douze heures de retard, il s'en tirait. Après tout, il rentrait d'une permission de convalescence et sa jambe pouvait lui faire mal. Mais vingt-quatre heures ! Comment se justifier ? Il maîtrise son affolement, s'efforce de réfléchir. Un certificat médical ? Peut-être. Il a plusieurs fois consulté un médecin, rue du Faubourg-Saint-Antoine. Il bondit dans le métro, arrive au cabinet. Las ! le généraliste exerce maintenant en province. Cette fois, la panique s'empare de Courgibet. Édith ! Elle aura sûrement une idée, un toubib à recommander... De toute façon, elle saura le consoler.

Il est midi. Planté devant l'étude, Émile guette la sortie des employés. En vain. Édith ne paraît pas. Sans doute, le sachant parti, se consacre-t-elle à un travail en retard ? Il est plutôt timide, Émile, mais il se décide à gravir les marches qui mènent aux bureaux de l'officier ministériel.

La porte palière est fermée. Il sonne. Un bruit de pas, de l'autre côté de l'huis qui s'entrebâille. Un petit vieillard lui fait face.

– L'étude est fermée jusqu'à quatorze heures, marmonne-t-il d'une voix maussade.

– Je sais... Pourriez-vous seulement dire à Mlle Châtelain de sortir une seconde ? C'est de la part d'Émile...

Le vieillard ouvre un peu plus la porte. « Un ancien clerc que le notaire a dû récupérer, faute de main-d'œuvre », songe Émile. Comme l'autre ne semble pas comprendre, il répète :

– Mlle Édith Châtelain, la secrétaire de Me Prodhomme...

Sur le visage du vieux, l'incompréhension fait place à l'ébahissement.

– Il n'y a pas d'Édith Châtelain à l'étude ! Ni secrétaire, ni dactylo...

Comment cela ? Émile ne comprend pas. Il insiste :

– Vous êtes sûr ? Pourtant...

– Il n'y a pas de pourtant. Je connais le personnel. Après quarante ans de maison, ce serait malheureux !

Le vieux referme la porte avec un haussement d'épaules. Émile reste figé sur le paillasson. Lentement, l'information chemine dans sa tête.

Il revoit Édith disparaître vers l'escalier qui, partant de la voûte, conduit à l'étude... Courgibet se retrouve sur le trottoir. Que faire maintenant ? La guerre, le train de Château-Thierry peuvent attendre. Il faut qu'il retrouve Édith, qu'elle s'explique. Parce qu'il y a certainement une explication toute bête, toute simple... Restons calme. D'abord, passer gare de l'Est, vérifier les heures de départ. Un plan s'impose à son esprit : rentrer à Château-Thierry, demain. Ce soir, il ira à Choisy. Non. D'abord, il reviendra avenue de l'Opéra. Édith finira bien par sortir de l'immeuble. Sans doute travaille-t-elle dans les étages, dans une autre boîte. Sans doute n'est-elle pas secrétaire, sans doute lui a-t-elle fait ce petit mensonge de peur de paraître une pauvre fille à ses yeux...

Requinqué, il se redresse, assure son pas. Il s'agit d'un simple malentendu.

Soudain, il s'immobilise.

Édith est là, sur le trottoir, devant lui, rue des Petits-Champs, à une vingtaine de mètres. Elle lui tourne le dos et s'avance vers un homme assez âgé, la cinquantaine peut-être, qui vient à sa rencontre. L'homme s'arrête. Elle lui parle. Un dialogue très bref. Le type sourit, opine de la tête et lui emboîte le pas. Édith disparaît dans un hôtel de la rue Daunou, le bonhomme sur les talons.

Émile Courgibet s'est rejeté en arrière, à l'abri d'un porche. Il a suivi le manège des yeux. Cette fois, il comprend.

Édith se prostitue ! C'est l'évidence... Dans un brouillard, il fait demi-tour. La gare de l'Est, le retour au front, sont sortis de son esprit. Il marche dans les rues comme un automate. Sans cesse, il revoit Édith entrer dans l'hôtel, le vieux cochon sur les talons. Une pute... Mais pourquoi lui avoir joué la comédie, s'être moquée de lui à ce point ! Lentement, la rage le submerge. Il faut qu'il sache.

A la nuit tombante, hagard, il est à Choisy, devant le pavillon. Il a poussé la grille du jardinet, cueilli la clé dissimulée sous la marche. Son plan d'action est dressé. Il referme la porte d'entrée à clé. La fenêtre de la cuisine donne sur un appentis. Il l'ouvre, passe sur le toit en contrebas, se laisse glisser à terre, va remettre la clé dans sa cachette. Un rétablissement, une traction et il est de nouveau dans la cuisine, dont il ferme la fenêtre.

Il suffit d'attendre. Assis dans le noir, il laisse s'écouler le temps. Il se sent meurtri, froid et dur. Débordant de haine.

Minuit dix. Le grincement de la porte du jardin. Des pas. C'est elle. Un bruit de clé dans la serrure, une allumette qu'on craque, les gestes habituels du retour. Édith allume la lampe à pétrole posée sur un guéridon, dans la petite entrée.

Émile, retenant son souffle, s'avance jusqu'au seuil de la cuisine.

– Bonsoir...

Édith sursaute au moment où elle va saisir la lampe. Médusée, elle contemple la silhouette qui se dresse devant elle, et bredouille enfin :

– Tu n'es donc pas parti ?

– Non. Je t'ai attendue, à midi, devant l'étude. Et je ne t'ai pas vue.

Édith est troublée. Elle sent que quelque chose ne va pas.

– Tu ne pouvais pas me voir. Me Prodhomme m'avait envoyée au Palais de justice...

Elle a lancé l'explication avec désinvolture. Tout en parlant, elle ôte son manteau, s'approche de lui, provocante, et passe les bras autour de son cou.

Émile saisit ses poignets, les rejette en arrière.

– Je l'ai vu, ton notaire ! Il ne te connaît pas. Personne ne te connaît à l'étude. C'était ton patron, le vieux de la rue Daunou ? Tu n'es qu'une petite putain !

– Qu'est-ce que tu racontes, Milo ? Tu deviens fou ?

– Non, je ne suis pas fou. Tu l'as levé devant moi, sous mes yeux, et il t'a suivie à l'hôtel...

Brusquement la colère qu'il contenait éclate :

– Pour toi, j'ai raté mon train. A cause de toi, je suis un déserteur. Tu as joué les amoureuses et c'est ce qui est le plus dégueulasse. Tu n'es qu'une putain, je te dis, une sale petite putain !

Édith a réalisé. Inutile de nier. Émile lui plaisait, c'est sûr. Pas très grand mais bien fichu. De larges épaules, une belle petite gueule. Et puceau...

– Et alors ? lance-t-elle, narquoise. Tu étais bien content de la trouver, la putain ! Elle t'a appris plein de choses, balourd comme tu étais, et elle ne t'a rien fait payer ! Tu veux que je te dise ? Tu n'es qu'un pauvre type avec tes histoires de désertion qui te mettent le trouillomètre à zéro !

Elle ne lui a jamais parlé ainsi. Elle n'a jamais été aussi vulgaire. Sous l'injure, Émile a blêmi, s'est transformé en bloc de haine. La femme qu'il rêvait déjà d'épouser après la guerre a fait de lui un déserteur...

Il recule toujours. Parce que, maintenant, c'est elle qui attaque.

– Tiens, fous le camp, tu me dégoûtes.

Elle hurle. Émile, coincé contre l'évier, s'appuie au meuble, tâtonne avec ses mains. Touche quelque chose. Un couteau. Allez expliquer comment un destin bascule.

– Va retrouver tes copains, qu'ils te fassent crever ! crie Édith.

Elle est devenue folle, elle aussi. Alors, il empoigne le couteau, lève le bras.

– Frappe-moi, si tu l'oses !

Il frappe. A la poitrine. Un flot de sang jaillit. Édith s'écroule, foudroyée.

Hébété, Émile contemple le corps étendu.

La suite ? Elle fut, si l'on peut dire, administrative. Émile Courgibet se présenta au commissariat de Choisy-le-Roi. Meurtre de sa maîtresse sous le coup de la colère. Une affaire sans mystère pour les enquêteurs : un déserteur tue une tapineuse pour la dévaliser. Parce qu'Émile avait fouillé le sac d'Édith et déchiré les billets de banque qui s'y trouvaient, le salaire de la prostitution. Prison, instruction. Le juge chargé de l'affaire hait les déserteurs. Courgibet a l'impression de glisser sur un toboggan.

Les jours sont interminables et pourtant le temps passe avec la rapidité de l'éclair. Au mois de novembre 1918, alors que Paris en liesse célèbre l'armistice, Émile comparaît devant les Assises. Un avocat a été commis d'office. Courgibet, sa mère et sa sœur n'ont pas les moyens de payer un défenseur. L'affaire est rondement expédiée, sur fond de *Marseillaise* victorieuse. Huit années de travaux forcés plus dix années d'interdiction de séjour.

Émile ne comprend pas. Son avocat lui explique. Condamné à moins de huit ans, il aurait été interné dans une maison centrale, en France. Huit années, en revanche, signifient la déportation au bagne, à Cayenne, en Guyane.

Sitôt jugé, Courgibet est transféré à Fresnes. Là, il découvre les rigueurs de la prison. Il doit masquer son visage avec une cagoule avant de quitter sa cellule pour la promenade quotidienne. Abasourdi, il subit, sans un mot.

Un jour, un maton l'informe qu'il part pour la centrale. Laquelle ? Personne ne le lui dit. Le lendemain, il retrouve quinze autres condamnés qui sont aussi transférés. On les enfourne dans un fourgon cellulaire. Deux hommes par box, des gardes mobiles dans l'étroit couloir. Un voyage interminable. Arrivés à La Rochelle, ils embarquent pour la centrale de Saint-Martin-de-Ré. Courgibet est bouclé dans une cellule suintant l'humidité, avec neuf autres prisonniers. Il réalise alors qu'il ne restera pas interné en France. On le vaccine contre les maladies tropicales. Il touche une tenue de transplanté, c'est-à-dire de bagnard : calot, veste, pantalon de bure et sabots.

Cette fois, l'affaire est réglée. Destination la Guyane. Quelques jours encore et le bruit court que le *La Martinière* vient de jeter l'ancre à Saint-Martin. Le *La Martinière,* c'est le bateau-cage qui, de l'île de Ré, emporte les forçats vers Cayenne. Dès le lendemain, mille huit cents condamnés sont rassemblés dans la cour de la citadelle, par rangées de dix, le balluchon aux pieds. Silence de mort. Un colonel de gendarmerie, flanqué de deux hommes en blouse blanche, deux docteurs, et du directeur de la centrale, apparaît sur le perron des bureaux. D'une voix forte, il annonce que désormais les bagnards passent sous l'autorité de l'administration pénitentiaire de Cayenne, et que l'embarquement va commencer.

Un commandement. Les convicts ramassent leur balluchon. Se mettent en colonne, surveillés par des soldats. On traverse la ville. Le *La Martinière* est à quai, bateau gris, assez bas sur la mer, dont la cheminée fume paisiblement. Des soldats, baïonnette au canon, font la haie. Émile retient un sanglot. Encore quelques mètres et il cessera de fouler le sol de la patrie. Il pense à sa mère, à sa sœur... Machinalement, il se jure qu'il les reverra. En principe, il pourrait revenir en France en 1936.

– Allons, pressons!

Les gardes hurlent. Le troupeau accélère l'allure. Dans la bousculade, Courgibet pénètre dans le bagne flottant.

– Vous autres, par ici, cale 3, hurle un garde.

Entraîné par un torrent humain, Courgibet dégringole l'escalier qui mène à la cale. D'un coup d'œil, il saisit l'organisation du bateau et la raison de son surnom de bateau-cage. La cale forme une sorte de cour. Autour, écrasées par un toit bas, des cages. L'une d'elles est déjà remplie, et les gardiens en ferment la porte. Les bagnards semblent grouiller à l'intérieur de cette prison. Un frisson parcourt l'échine de Courgibet. Toutes les cages sont surmontées de tuyaux dont la bouche ouverte est dirigée vers l'intérieur. Un détenu lui a parlé de ces manchons à air d'où jaillit une vapeur brûlante au moindre signe de rébellion. Dans la pénombre, chacun s'installe. Quelques-uns sont terrifiés, mais le plus grand nombre semble plutôt de bonne humeur... Cayenne, on en réchappe. Et puis, voguer sur l'océan, c'est une distraction. Personne ne regrette vraiment la centrale, le port de la cagoule, l'impuissance totale éprouvée par les prisonniers.

Émile dévisage ses compagnons de route. Des vieux, et aussi de très jeunes. Des Arabes. Les hommes sont répartis en deux catégories : les « travaux forcés » et les « relégués ». Les fortes têtes ont dû revêtir des vareuses grises à raies rouges ; ceux-là iront échouer sur les îles du Salut, au large de Kourou, ou dans les camps nommés Forestier, Cascade, Charvein et Kilomètre 42, dit le camp de la mort. Ceux qui, comme Émile, sont présumés amendables, iront aux pénitenciers de Cayenne ou aux camps Crique Rouge, ou Colbert, à Saint-Laurent-du-Maroni.

La traversée va durer dix-huit jours. Près de trois semaines d'épouvante. Dans les cages, les durs imposent leur loi. Compte tenu de la disposition des lieux, ils ne peuvent se livrer à de trop grandes violences, les gardes-chiourme étant proches en permanence, mais Émile comprend qu'une fois au bagne, il devra se battre pour survivre au milieu de ces fauves. Le tangage, le roulis, l'odeur nauséabonde qui monte de cet entassement de corps, le vacarme des machines ébranlent les nerfs. Trois malades sont morts et ont été discrètement balancés à la mer, ficelés dans des sacs de jute pour tout cercueil.

Enfin, Cayenne. Le visage collé à un hublot inviolable, Émile Courgibet essaie de découvrir le panorama. C'est une agglomération de maisons de bois à deux étages, peintes en jaune, avec un balcon qui les ceinture et un grand toit qui rouille sous l'humidité du climat. Un fort domine la ville. Sur le *La Martinière,* les surveillants ont échangé leur tenue militaire pour des vêtements légers, d'une blancheur immaculée. Les matelots courent d'un bout à l'autre du bateau. Au ras de son hublot, Émile voit passer un oiseau noir, plus gros qu'un corbeau; il saura bientôt qu'il s'agit d'un urubus. Il n'y a que des urubus à Cayenne, des animaux aux couleurs de la mort. On a ouvert la cage voisine.

– En avant!

Les hommes sortent. Une chaleur étouffante règne sur ce bout de terre. Ils gagnent le pont. Émile essaie de voir le rivage. Un des types, assis près de lui, hausse les épaules. Le bagne, il y a déjà tiré cinq ans avant de s'évader. Une histoire embrouillée; bref, le type s'était retrouvé en Espagne, juste avant la guerre. Puis, la paix revenue, il a voulu revoir le pays.

– Quel ballot j'ai été! Quinze jours plus tard, on m'a repiqué. Et me revoilà bon pour un tour.

Cayenne, il connaît.

– On est la seule distraction du coin, alors tout le monde vient admirer les monstres. Regarde. Ils sont tous là. Noirs, Chinois, Blancs. Le *La Martinière,* c'est leur cirque!

On n'ouvre pas la cage où se trouve Émile. Conclusion : il est bon pour Saint-Laurent-du-Maroni.

Huit heures d'escale et le bateau reprend la mer. Longeant la côte de la Guyane française dont les eaux sont teintées de la boue brune crachée par l'Amazone, le *La Martinière* remonte le fleuve Maroni, large ici de plus de quinze cents mètres, frontière naturelle avec la Guyane hollandaise. Le Maroni est une route liquide. En le remontant, on va vers la fortune, vers les placers d'où on extrait l'or, ou vers l'enfer de Saint-Laurent et plus loin, les camps mortels de Godebert, Charvein...

Coups de sifflet des maîtres d'équipage. Les machines s'arrêtent. Silence de quelques secondes. Un ara passe, d'un vol lourd, en poussant un cri. L'oiseau semble avoir donné un signal. Un dernier grincement des chaînes d'ancres puis les ordres claquent :

– Debout tout le monde ! Sortie deux par deux !

On ouvre la porte d'une cage. Dociles, deux hommes se présentent, tendent les poignets. Un garde les enchaîne. Les voilà maintenant siamois.

Émile se retrouve rivé à un géant d'une trentaine d'années. Un spécialiste du vol par effraction. En se bousculant, ils montent sur le pont. La lumière les aveugle. Émile découvre d'abord les quais. La même foule cosmopolite que lors de l'escale de Cayenne contemple les arrivants. Au-delà, la ville. Coquette, pimpante, ratissée, peignée.

Les prisonniers se forment en convoi. Encadrée par des gardes en arme, la colonne s'ébranle. On traverse la ville. La route de terre rouge aboutit à une muraille de briques. Une porte à double battant s'ouvre. En levant la tête, Émile peut lire, écrit en lettres noires sur le bandeau blanc qui surmonte la porte : CAMP DE LA TRANSPORTATION.

Lentement, la colonne franchit le seuil du bagne.

Émile essaie de se faire une idée de ce camp où vivent trois mille forçats. Les constructions basses sont sans doute destinées aux détenus. D'autres comportent un étage, certainement les bâtiments administratifs.

On passe près d'une sorte de lavoir où quelques bagnards coiffés du chapeau de paille réglementaire et obligatoire lavent du linge. Dans le ciment, sur un flanc du lavoir, une inscription : 1903.

La plupart des hommes portent des tatouages sur leur torse nu. En passant, Émile déchiffre, sur le dos d'un homme occupé à savonner un linge :

« Le passé m'a trompé
Le présent me tourmente
L'avenir m'épouvante. »

L'homme se relève en riant, fier de s'être fait admirer. Sa bouche est un trou noir : il n'a plus de dents.

– Halte ! hurle une voix. On va vous donner des chapeaux. Posez vos balluchons.

L'homme qui a crié est de type arabe. Il appartient à l'espèce des bagnards qui passent du côté des bourreaux en se faisant leurs auxiliaires. Il ajoute :

– A l'appel de son nom et de son numéro matricule, on se range devant les baraques jaunes numérotées 1, 2, 3 ou 4.

Courgibet reçoit un chapeau. L'appel commence. Il sait que, si on lui affecte un baraquement, cela signifie qu'il n'ira pas directement dans un camp disciplinaire.

Les noms se succèdent, précédant les numéros.

– Courgibet, baraque n° 2.

Ouf !... Il se redresse, soulagé. Il ramasse son balluchon et va se présenter devant le bâtiment. Ils sont quelques-uns à piétiner devant la porte. Enfin, un gardien l'ouvre. On se précipite. La baraque n'est qu'une salle longue d'une vingtaine de mètres, large de huit. Elle est divisée en deux dans le sens de la longueur par des barres d'acier distantes d'un mètre l'une de l'autre, comme des barres parallèles. Sur ces barres sont fixées les extrémités des hamacs dont les têtes sont accrochées à d'énormes anneaux scellés dans le mur. Au fond et à droite, les latrines. Les douches à gauche. Pas d'eau courante. L'air surchauffé empeste le grésil.

Courgibet s'installe dans un coin, à droite, près de l'entrée, le plus loin possible des lieux d'aisances. Il dépose son sac sous la toile servant de lit-hamac, déplie la couverture de tissu gris et rugueux que lui a donnée l'administration.

Sa vie de bagnard commence.

« Le bagne, ça se découvre, puis ça s'apprend, dira plus tard Émile Courgibet. Une fois que l'on sait, c'est à chacun de juger comment il peut espérer s'en tirer. »

Cette leçon de choses, Émile va mettre des mois à l'enregistrer. Il lui faut supporter la discipline, les rigueurs du climat, le travail forcé, les invectives, les insultes. Il doit défendre sa peau contre la chiourme et ses compagnons de misère. Se battre parfois. Assister sans broncher aux règlements de comptes, ignorer les passions ignobles qui ravagent ces hommes privés de femmes. Jeune, plutôt beau garçon, il excite de malsaines convoitises. Il apprend à manier un couteau. A se méfier du poison. Dans les baraquements, on règle ses comptes à l'arme blanche ou avec le noyau pulvérisé du fruit de sablier dissous dans du rhum blanc : un poison qui ne laisse aucune trace.

Certes, quelques condamnés bénéficient de traitements de faveur. Les garçons de famille, par exemple. Ceux-là sont placés comme domestiques chez des fonctionnaires. Le soir, dans les baraques, on raconte des histoires fabuleuses à leur sujet. Comme celle du garçon placé comme domestique chez un gardien, sur l'île de Saint-Joseph, et qui couchait avec sa femme !

Saint-Joseph, l'île disciplinaire, on n'en sort jamais vivant, de toute façon, disent les hommes. Les cachots sont grands comme des mouchoirs et couverts d'une grille à travers laquelle les punis sont surveillés. Certains deviennent fous. Alors les gardiens n'hésitent pas : ils tirent à travers la grille.

Et pourtant, malgré cette terreur permanente, quelques courageux ont tenté de se révolter. Ainsi Houpin et Lagneau, qui ont arraché son fusil à un surveillant avant de foncer vers l'embarcadère. On leur a tiré dessus. Lagneau est tombé, raide mort. Houpin, lui, a réussi à sauter à la mer. Il s'est accroché à un rocher. Les gardes l'ajustaient, comme dans un stand. Finalement, il a lâché son rocher. La mer s'est teintée de rouge. Les requins sont légion dans le secteur.

Courgibet bénissait son oncle de l'avoir entraîné à apprendre l'ébénisterie. Parce qu'il avait un métier, les chantiers de la mort lui ont été épargnés. Affecté à l'atelier de menuiserie du camp, il mène une vie misérable mais supportable. Pendant deux ans, il se conduit en détenu modèle.

Pour travailler, il faut du bois. Et le bois ne manque pas, à Saint-Laurent. La forêt vierge, aux portes de la ville, en regorge. Elle fournit la matière première à l'atelier. Une fois par semaine au moins, Courgibet est de corvée de bois. Spécialiste, il choisit les essences, organise la coupe. Parfois, des Indiens l'approchent. Des Galabis qui hantent les profondeurs de la forêt. Ce sont les seuls habitants de cette sombre cathédrale dont les troncs énormes constituent les piliers. Ici, dans la pénombre, abondent les marécages où vivent des oiseaux, sarcelles, canards, ibis, flamants.

A force de fréquenter la forêt, Émile commence à imaginer un plan. D'abord, pour s'évader, proscrire absolument le Maroni. Si on descend le fleuve, les gardiens, tant français que hollandais sur la rive d'en face, tirent à vue. Les requins qui suivent les embarcations n'ont qu'à se servir quand un garde-chiourme fait mouche... Courgibet compte les jours. Il y a maintenant vingt-huit mois qu'il est là... Encore un peu plus de cinq ans à tirer... Possible. Mais le « doublement » oblige les bagnards libérés à rester en Guyane pour une durée équivalente à celle de leur peine. Quant aux relégués, leur sort est peut-être pire que celui des bagnards. L'administration cesse de les nourrir et, sans travail, tous ces types qui errent, affamés, désespérés, finissent par voler... Alors tout recommence.

Peu à peu, le plan d'Émile prend forme. Il faut s'éloigner du Maroni, s'enfoncer dans la forêt réputée infranchissable, décrire une large boucle de façon à progresser dans la savane inexplorée de la région. Certes, le pari est risqué. Sous les arbres grouille une faune hostile, des insectes tueurs comme ces fourmis flamandes, énormes hyménoptères dont la piqûre peut être mortelle. Et les mouches « sans raison » qui volent en essaims aussi denses que des abeilles. Ou encore les mouches macaques, qui déposent leurs œufs sous la peau où ils éclosent, libèrent des vers de quatre centimètres. Les chiques, aussi, sont dangereuses. Elles s'insinuent sous la plante des pieds et entre les orteils et provoquent de douloureux abcès.

Une fois le Maroni franchi – en amont il est moins large mais constitué par une succession de rapides –, il faudra cheminer vers le nord pour rejoindre la côte et chercher un passage sur un bateau relâchant à Mariembourg, en Guyane hollandaise. Là encore, méfiance. Il s'agit de ne pas s'attarder. On sait, à Saint-Laurent-du-Maroni, comment procèdent les Hollandais. Quand ils ont besoin de main-d'œuvre, ils accueillent à bras ouverts les évadés. Mais que le travail vienne à manquer et les anciens bagnards se retrouvent vite aux mains des gendarmes français...

Un long chemin attend Émile. Pour la nourriture, il n'est pas inquiet, les maritas – fruits comestibles du palmier – abondent. Peut-être parviendra-t-il à pêcher et à chasser.

Généralement, deux bagnards l'accompagnent lors des corvées de bois. Un assassin, Petit Robert, un type d'une quarantaine d'années, pas trop usé par dix ans de travaux forcés, et La Fouine, un Morvandiau pilleur de châteaux, qui va sur la trentaine, un petit bonhomme tout sec et tout noir de poils, ses deux compagnons de l'atelier de menuiserie. Pendant des semaines, Émile les observe. Ils lui paraissent nets. Prudemment, il s'ouvre à eux de ses projets. Ils sont d'accord. Le plan d'Émile leur convient. Il faut attendre l'occasion et, au besoin, la faire naître. Des semaines passent. Le trio file doux. Surtout, se faire oublier.

Enfin, le dimanche 20 septembre 1922, la chance leur sourit. Ils obtiennent du gardien-chef l'autorisation de laver leur linge dans le Maroni quand ils reviennent d'un chantier que Courgibet a désigné comme idéal en matière de bois. Le dimanche, tacitement, on ne force pas. De plus, ce jour-là, il fait une chaleur écrasante. Les bagnards et le gardien qui les accompagne ont déjeuné sur place. Le gardien – que l'on désigne sous le sobriquet de La Gourde – a largement tapé dans le contenu de la fiasque d'alcool qui ne le quitte jamais, au mépris du règlement. Il s'assied sur le sol, dos appuyé à un arbre, chapeau sur les yeux, fusil entre les genoux. Une douce somnolence s'empare de lui...

A dix mètres de là, dans l'eau jusqu'aux cuisses, les trois bagnards s'activent, surveillant La Gourde du coin de l'œil.

Émile adresse un signe à ses compagnons. « Il » est bien. On peut y aller. Alors, doucement, lentement, ils abandonnent le linge, se laissent glisser dans l'eau et s'éloignent, au ras de la berge. Une centaine de mètres...

Ils se hissent hors du fleuve, galopent pieds nus et ruisselants vers un buisson, en tirent trois musettes et trois paires de sabots dissimulés lors de précédents séjours sur le chantier.

– Maintenant, on ne flanche pas, les gars!

Courgibet a galvanisé ses compagnons d'échappée. Il prend la tête du groupe, s'enfonce dans la forêt, forçant le passage à travers les lianes.

Ils sont déjà loin lorsque, là-bas, La Gourde ouvre un œil et s'étonne de la disparition des prisonniers. Sur la berge, à l'endroit où ils faisaient la lessive, leurs sabots sagement alignés semblent témoigner de l'absence très momentanée de leurs propriétaires.

Cette vision rassure d'abord le gardien. Il appelle. Hurle. Et finit par comprendre : ils ne se baignent pas, ils se sont enfuis! Une seule solution : foncer à Saint-Laurent pour donner l'alerte. On organisera des battues, on lancera les chiens sur la piste. Ils n'iront pas loin. Tous ceux qui ont voulu gagner la mer ont été repris, ou abattus.

Courgibet et ses candidats à la Belle progressent dans la forêt, pataugent dans les marécages, où les chiens ne pourront relever leurs traces. C'est l'enfer. Le royaume des anacondas, les plus grands serpents du monde. La nuit tombe. Ils escaladent les arbres, se juchent sur des branches où ils fixent les bouts de toile dont ils font des hamacs.

Alentour, les perroquets jacassent. Des éperviers les surveillent, flairant quelque proie.

Ils vont ainsi marcher trois semaines dans ces tourbières, cette boue, avant d'atteindre la zone des Terres Hautes. Là commence la partie sauvage du Maroni. Les rapides se succèdent. Le paysage se transforme. Ils progressent au milieu de collines ravagées par l'érosion. C'est le pays des Indiens roucouyennes, qui pêchent à l'arc et s'enduisent d'une boue rouge.

Le Maroni est là, devant eux. Épuisés, les trois fugitifs contemplent les rives escarpées du fleuve. Grâce à un embryon de carte griffonnée d'après les renseignements glanés au camp, Émile parvient à se situer.

Devant eux, le saut Poligoutou. En fait de saut, il s'agit de trois chutes, terribles, où l'eau se brise dans un fracas d'enfer. Voilà maintenant deux bons mois qu'ils ont quitté Saint-Laurent. Combien de kilomètres ont-ils parcourus, combien de rivières ont-ils franchies ? Ils l'ignorent, ils l'ont oublié. De l'autre côté du fleuve, sous leurs yeux, apparaît la brousse de la Guyane hollandaise. La liberté, très certainement. Mais le fleuve paraît infranchissable.

Tandis qu'Émile et ses amis essaient de trouver un moyen de passer l'obstacle, un chant bizarre porté par la brise leur parvient, entre deux rugissements des rapides.

Incrédules, ils se regardent.

– Faut aller voir, dit Petit Robert.

Ils regagnent la forêt, se glissent entre les troncs géants. Une demi-heure de progression prudente, et les chants se font proches. Ils écoutent. Et ils regardent. Sur la place de terre battue d'un village roucouyenne, les Indiens parés de costumes de plumes célèbrent le maraké, une cérémonie de fiançailles. Pour obtenir le droit de vivre ensemble, les candidats au mariage – homme et femme – doivent se soumettre à d'extraordinaires épreuves. Le chef de la tribu fait enduire le corps des futurs époux d'une pâte sucrée. La fille et le garçon s'allongent nus sur le sol. On guide jusqu'à eux des fourmis qui se régalent de la pâte et piquent ardemment les fiancés. Ceux-ci ne doivent exprimer aucune plainte. Pour les aider à supporter la douleur, on les abreuve de cachiri, une boisson fermentée à base de manioc.

Tandis que la cérémonie bat son plein, les évadés rampent jusqu'à la case proche du fleuve. Une pirogue et ses pagaies sont posées contre le mur, sous un auvent. Masqués par d'autres constructions, les trois hommes s'approchent, empoignent embarcation et pagaies...

Retour au fleuve. Il va falloir mettre l'esquif à l'eau dans la partie supérieure du saut, le rivage à pic interdisant d'atteindre l'eau calme, au pied du rapide.

Pas le choix. On embarque. Courgibet, à la proue de la pirogue, s'efforce à coups redoublés de pagaie d'éviter les rochers. Mais l'embarcation s'affole dans le courant, le rapide se rapproche, un brouillard d'eau monte dans le fracas du fleuve qui s'abîme dix mètres plus bas.

Courgibet renonce à pagayer. Il plonge la tête dans le nez de la pirogue. Derrière, les autres se cramponnent de leur mieux. Et c'est la chute. Interminable. L'esquif à la verticale roule dans le bouillonnement des eaux. Comment ne se sont-ils pas broyés sur les rochers ? Courgibet est incapable de le dire. Lorsqu'il revient à la réalité, Petit Robert a disparu. La Fouine est toujours là, agrippé au bordage. Le courant impétueux les entraîne, les submerge, mais les pousse vers la berge hollandaise ! Sauvés !

Longtemps, Émile et La Fouine restent étendus, incapables de bouger, épuisés. Puis Courgibet finit par se redresser. Il fouille du regard l'eau écumante du fleuve. Nulle trace de Petit Robert.

– Pauvre gars, lâche-t-il en guise d'oraison funèbre. Mais on n'est pas tirés d'affaire, nous non plus... En route, maintenant. Il faut marcher vers le nord.

De nouveau, c'est la forêt, la progression, mètre par mètre. La rive hollandaise vaut la française. Toujours ces arbres immenses, le terrain spongieux, les lianes, les serpents. Et la ressource des maritas pour calmer l'estomac qui crie famine. Douze jours de marche. Les deux hommes sont au bout du rouleau.

Tout à coup, un sentier s'ouvre sous leurs pas. Ils s'y engagent, atteignent un village de quelques cases, où vivent des Noirs qui travaillent à la mine proche de Bonidoro. Émile prend langue avec eux. Oui, il y a de l'embauche à la mine.

– Très peu pour moi, grommelle La Fouine. Je n'ai pas changé un bagne pour un autre.

Émile, lui, se fait engager. A Bonidoro, on n'est pas regardant quant à l'origine de la main-d'œuvre. Il commence dès le lendemain. La Fouine renâcle, puis finit par l'imiter. Sa première paye à peine empochée, le Morvandiau s'en ira seul vers la côte. Émile ne le reverra jamais.

Courgibet restera deux ans à Boniboro, à extraire le minerai qui, transporté à Mariembourg, sera acheminé vers la Hollande par cargo. Deux ans d'enfer. Mais il se sent un homme libre. Et cette liberté, il va la mettre à profit pour se constituer un maigre pécule. Lesté de ses quelques économies, il reprend ensuite sa marche vers l'océan. A pied, en camion, au hasard de la route. A Moengo, il vole même un cheval, une vieille carne qui le porte deux jours avant de s'écrouler. Enfin, il atteint Mariembourg.

C'est dans ce port que les évadés de Cayenne échouent pour la plupart. Un vrai piège à rats. Courgibet y retrouve d'autres forçats. A une dizaine, ils décident de gagner le Venezuela qui offre un asile sûr aux fugitifs. Pas question d'embarquer sur un navire hollandais, il les déposerait à Cayenne...

En traînant dans un bidonville, Émile fait la connaissance d'un Noir qui lui propose une barque de pêche et un brasero – utile pour faire cuire le poisson – pour mille florins. En prime, il ajoute une boussole, une carte et un secret de navigation qui permettra à coup sûr d'atteindre le but. Les copains sont d'accord pour se cotiser et acheter la barque, la carte et le secret. Marché conclu. Le Noir empoche les mille florins.

– Le secret ? s'inquiète Émile.

– Il faut savoir, dit l'autre. Au large de la côte, vous allez trouver un courant qui vous portera d'est en ouest sans qu'il soit besoin d'une voile.

Émile a le sentiment de s'être fait flouer mais il ne pipe pas. Prudent, il confectionne tout de même une voile de fortune avec des sacs de toile. La barcasse s'alourdit de toutes les provisions qu'on peut se payer, de bidons d'eau potable et de lignes qui permettront de pêcher une fois en mer.

La nuit suivante, Courgibet et ses camarades s'entassent dans l'embarcation chargée à ras bord. Il n'a jamais navigué, ses compagnons non plus, mais ils le désignent comme capitaine.

La première partie du voyage se déroule sans problème. On sort de l'estuaire comme en un rêve. On souque une partie de la nuit pour trouver, au matin, le bienheureux courant annoncé. On hisse quand même la voile. On pêche. Quelques poissons frétillent sur le brasero. A l'horizon, un trait sombre rappelle aux évadés les côtes de Guyane...

Six jours de navigation. Normalement, les rivages du Venezuala doivent être proches. Mais, brusquement, l'affaire se gâte. Le ciel s'obscurcit. Les vagues secouent l'embarcation de plus en plus durement. Et puis le vent change de cap, poussant la barque vers le delta de l'Orénoque. La panique s'empare des matelots improvisés.

Une fausse manœuvre de l'homme de barre, et le bateau chavire. Miraculeusement, Courgibet réussit à se cramponner à la coque retournée. Deux hommes l'imitent. Les autres disparaissent dans les rugissements du vent qui couvrent leurs hurlements de détresse.

L'Orénoque, à son embouchure, se présente comme un lacis de larges canaux bordés de palétuviers. La barque, quille en l'air, dérive parmi les bancs de sable. Un des rescapés, à bout de forces, lâche prise et s'engloutit. Une vague projette ce qui reste du bateau contre un rocher. Courgibet se déchire le bras gauche sur le granit, mais il tient bon. Il progresse, se hisse hors de l'eau, encourageant son dernier compagnon qui lutte, lui aussi, pour sa vie. Comment a-t-il atteint le rivage ? Il l'a oublié. Sa dernière vision du naufrage est celle d'un homme, ce camarade d'infortune dont il n'a jamais su le nom, qui, subitement pris d'un accès de folie, s'est précipité vers la forêt en hurlant.

– Je suis resté là sur une île déserte, comme un cadavre, pendant des heures sans doute. Puis la nature a repris le dessus. L'instinct de vie, plutôt. J'ai réagi. La faim me tenaillait. J'ai dévoré des racines, des limaces grosses comme des saucissons que j'écrasais à l'aide de pierres. J'ai marché et déniché des œufs de crocodile. Cela m'a retapé. Le jour, le soleil cuisait, la nuit, le vent du large me glaçait. J'ai fait le tour de l'île, plusieurs fois, sans m'en rendre compte, à travers une végétation chaotique. Et une nuit, alors que les rayons de lune se reflétaient sur l'eau, j'ai aperçu au loin un phare dont le faisceau balayait l'horizon. Selon la carte que j'avais étudiée avant le naufrage, je devais me trouver au Venezuela.

Il n'hésite pas, Courgibet, il se jette à l'eau. Il nage plusieurs heures, patauge sur des îlots de sable où paressent des caïmans et des iguanes. Les bras de l'Orénoque sont larges de plusieurs kilomètres et se multiplient à l'approche du delta. Dans les marais qui bordent le grand fleuve vivent des porcs sauvages et de phénoménales tortues. Il lui faut nager encore pour atteindre le phare.

Il mettra deux jours, de banc de sable en banc de sable, sans se soucier des poissons carnivores, ni de la raie bouclée dont la piqûre est terriblement douloureuse, ni du tremblador, poisson-torpille à la redoutable décharge électrique. Deux jours pour arriver, exténué, non pas au pied du phare mais dans un village indien, bâti sur pilotis. Il tente de prendre pied sur une herbe épaisse, vert tendre, agitée par le vent, mais il sent le sol se dérober. L'herbe recouvre une terre fangeuse. Par miracle, un homme sort d'une des cases, une hutte assez longue posée sur l'eau, flanquée d'une sorte de ponton. Il est torse nu, vêtu d'un pagne. Il a vu Courgibet dont les bras battent l'air. Il saute dans une pirogue, atteint le naufragé qui s'enlise déjà, paralysé dans les sables mouvants.

C'est la fin de l'enfer. L'homme lance un coup de sifflet strident entre ses doigts et d'autres Indiens accourent. Courgibet est porté dans une hutte, où il sera soigné, nourri. Trois années durant, il reste l'hôte de ces Indiens pêcheurs. Il apprend leur idiome, leur fabrique tables et chaises avec les moyens du bord, participe aux expéditions de pêche et de chasse, passe maître dans l'art du tatouage. Il épouse aussi la jeune Indienne qui l'a soigné et lui donnera deux enfants.

Ayant appris que des plantations d'hévéas, nombreuses dans le secteur, cherchent du personnel, il quitte à regret son sauveur et sa nouvelle famille et se fait embaucher pour un salaire dérisoire qui lui sera payé tous les trois mois. La nourriture et le gîte, dans un hangar à chevaux couvert de tôle ondulée, lui sont au moins assurés. Mais quand il demande sa paie, on le menace de le livrer à la police du Delta. Furieux, il gagne clandestinement El Callao où les mines produisent chaque année deux mille kilos d'or. Il espère récolter suffisamment d'argent pour pouvoir atteindre Caracas et, de là, l'Argentine où vit son frère Georges, le troisième garçon de la famille.

Un soir, sur une route de montagne, à bout d'efforts et de privations, Courgibet s'effondre. Mais sa bonne étoile ne l'a pas abandonné. Des éleveurs le recueillent et il reste une année dans leur *hato*, ferme d'élevage des Llanos, à s'occuper du bétail.

La lettre qu'il a adressée à son frère restant sans réponse, il décide de repartir vers Caracas. Mais la route est longue, très longue, et les moyens de transport rudimentaires. Il faut procéder par étapes, de huttes en villages, de villages en ville. Ses forces le trahissent. Sa jambe gauche le fait souffrir depuis sa blessure aux armées. Il tombe malade, gravement cette fois, alors qu'il vient de toucher Carupano. Il partage alors la case d'une jeune métisse qui le remet sur pied à l'aide de plantes et d'onguents de sa composition. Elle voudrait le garder. Mais Émile Courgibet rêve d'autre chose que de fonder une famille au cœur du Venezuela. Il repart à nouveau. Par Cumana, Rio Chico et Guatire, après avoir tâté du terrassement, de travaux des champs et de la conduite des bovins dans les pâturages, hors des haciendas. Il atteint enfin Caracas, havre de beaucoup d'évadés.

Là, il reprend son métier d'ébéniste, relance son frère qui lui envoie, enfin, l'argent sollicité. Le temps de se procurer de faux papiers, et il embarque sur un cargo à destination de Santiago-du-Chili, via Panama et Lima. Du Chili, il passe en Argentine. A Buenos Aires, enfin, en 1933, il rejoint Georges. Il a mis onze années pour gagner cette ville où il trouve vite un emploi de menuisier. Émile Courgibet reste un an près de son aîné, mais il lui tarde de regagner la France.

– En quittant le pays, dit-il à son frère, je me suis promis de revenir embrasser notre mère. Il arrivera ce qui arrivera mais je veux tenir ma promesse.

Émile s'embarque comme soutier, sur un cargo mixte à destination du Portugal. De Lisbonne, il gagne Barcelone, où il se procure auprès de Fanfan, un tenancier de maison close, des faux papiers. C'est chez Fanfan qu'il rencontre l'homme qui sera, en partie, l'instrument de son destin : Émile Buisson.

En 1934, Buisson n'est pas encore l'ennemi public nº 1. Tout juste un petit truand sans envergure, décidé à jouer gros pour ramasser le paquet, et qui livre des armes aux communistes et aux franquistes qui se préparent à en découdre. Curieusement, la personnalité d'Émile Courgibet le séduit.

Il faut avouer que Buisson, à côté de lui, peut faire pâle figure. Courgibet est devenu un personnage, presque un mythe. Dans le Milieu français, on parle avec respect de Milo l'Évadé et on lui prête une réputation de dur.

Émile gagne Paris, pour apprendre que sa mère est décédée depuis un an. Mais la police découvre son retour. Buisson, qui est rentré avec lui, n'a pas pu s'empêcher de narrer les exploits de son nouvel ami. Très vite, l'air de la capitale devient malsain pour l'ancien ébéniste. Émile Buisson et son frère Jean-Baptiste, surnommé Le Nuss, pensent de même.

Le Nuss a un ami corse installé à Shanghaï, qui le presse de le rejoindre : on ramasse le fric à la pelle en Chine, en livrant des armes aux communistes chinois contre les nationalistes de Tchang Kaï-Chek.

Voici Courgibet et les frères Buisson à Gênes, dans

l'attente d'un passage pour Shanghaï. Un cargo mixte japonais y fera escale dans un mois, en route pour l'Extrême-Orient.

Jean-Baptiste a une maîtresse génoise dont la sœur, mariée à un capitaine fasciste, peut procurer les papiers nécessaires. Marcelle présente une amie à Courgibet, Marie-Claire Mizerrazzi. Elle devient sa maîtresse. Ugo, le malfrat reconverti dans les Chemises noires, pourvoit aux besoins du groupe.

Enfin, le cargo japonais arrive au port. Tout le monde embarque, sauf Émile qui décide de les rejoindre plus tard.

Devenu Giuseppe Nobelli, Courgibet, qui a pourtant voyagé, découvre le tourisme. Appareil photographique en bandoulière, il salue au passage l'Etna, clic-clac, la Crète, clic-clac, Suez, les poissons volants de la mer Rouge. A Bombay, il admire les éléphants transformés en débardeurs. A Singapour, il assiste avec horreur à une exécution capitale : le condamné place sa tête sur un billot et un éléphant blanc, sur un ordre de son cornac, pose une patte sur le crâne du malheureux qu'il fait éclater comme une citrouille.

Enfin, voici Shanghaï. Grouillante d'une foule cosmopolite. Tchang Kaï-Chek est au pouvoir. La terreur est à l'ordre du jour. Et la débauche. Fumeries d'opium, jeux, prostitution.

L'ami corse de Jean-Baptiste Buisson les attendait sur le quai, dans sa limousine, son chauffeur en livrée au volant. La douane franchie sans problèmes, la grosse voiture s'enfonce dans la foule qui s'écarte. On klaxonne mais on ne ralentit pas. La concession internationale est protégée par des chevaux de frise et des détachements militaires. Deux chars d'assaut veillent à l'entrée. Les avenues sont bordées d'arbres. Paix et silence. Là encore, la foule. Mais blanche. Des militaires, des femmes élégantes. Antoine conduit ses hôtes jusqu'à sa boîte. Un écrin de velours rouge. Musique de jazz, billards, femmes, alcool. Antoine explique, en balayant la salle d'un revers de main :

– Ça, c'est ma petite monnaie. Juste pour acheter les cigarettes et les journaux. Le vrai business, c'est la vente des armes aux communistes chinois. Un troc. Armes contre opium. On revend la drogue aux marins américains qui ravitaillent les USA.

Courgibet écoute. Visiblement, la combine ne l'enchante pas. Jean-Baptiste Buisson devine sa réaction.

– T'inquiète pas, Émile. Toi, tu t'occuperas des restaurants qu'on va monter...

Il ajoute, à l'intention d'Antoine :

– Il sera plus à sa place dans l'administration.

Antoine n'est pas contre. Ça tombe même bien. Son restaurant, le Giuletta, a besoin d'être dirigé par quelqu'un de sérieux et de fiable. Il conclut :

– OK. Les femmes s'occuperont de la caisse et Émile des employés et des fournisseurs.

Les fournisseurs, ce sont essentiellement les bateaux mis au pillage par leurs équipages. Émile s'incline. La vie s'organise. On s'installe, chacun chez soi, par couple, dans de coquets appartements. La domesticité est nombreuse. Jean-Baptiste Buisson fait fortune dans le trafic d'armes. Il ouvre un dancing, le Fantasio. Les jours de presse, ces dames mettent, si l'on peut dire, la main à la pâte : le client a tous les droits. Émile Buisson, informé de la situation, débarque avec son amie Yvonne Paimparay. Ugo, le capitaine des Chemises noires, fait parvenir des mitraillettes qui se vendent comme des petits pains. Courgibet dirige le restaurant et le dancing. A force de voyager, il est presque polyglotte. L'anglais, l'espagnol, un peu d'italien... Certes, il n'est pas vraiment heureux en Chine, mais il songe qu'après avoir fait fortune, il pourra changer d'air.

Il n'attendra pas longtemps. Émile Buisson se charge de précipiter les événements. L'Émile a fourni de la drogue de fantaisie à un Américain qui l'a payé avec de faux dollars. Match nul. Mais ces hommes d'affaires sont rancuniers. On retrouve le cadavre de l'Américain, les yeux crevés, dans le fleuve. Ses amis se fâchent. La police s'agite. Toute la bande détale, abandonnant son fric sur le terrain. Antoine réussit à embarquer les Buisson sur un cargo en partance pour les USA, via le Japon. Courgibet préfère regagner l'Europe. Il a sauvé la caisse des restaurants et son passeport italien. Marie-Claire l'accompagne.

Retour à la case départ. En janvier 1937, après trois années d'exil, Émile débarque à Marseille. Antoine lui a donné le nom d'un ami, Joseph, bien placé dans le milieu des proxénètes, et Marie-Claire trouve un emploi comme sous-maîtresse d'une maison d'Ollioules. Emploi provisoire : elle disparaît bientôt avec un nouvel amant de cœur.

Courgibet reste seul. Les yeux secs. Au diable Marie-Claire. Buisson lui ayant fait dire qu'il l'attendait à Paris, Émile remonte donc vers la capitale. Il n'a aucune expérience d'une vie de cavale. Dans le domaine de la marginalité, Buisson est son seul appui.

A Paris, le contact de Buisson siège au café le Petit Saint-Denis. Paul Coquis, dit le Bombé, apprend à Courgibet que Jean-Baptiste a été arrêté dès son retour de San Francisco, en flagrant délit de cambriolage à Lyon. Il vient d'en prendre pour cinq ans.

Courgibet retrouve donc Émile Buisson, qui compte sur lui pour un coup qu'il était en train de monter avec son frère. Il s'agit d'un braquage. A Troyes, tous les jours, les employés du Crédit lyonnais vont chercher des fonds à la Banque de France. Une affaire facile. Courgibet gémit :

– Ce n'est pas mon boulot, ces trucs-là...

– Je ne te demande rien d'autre que de faire le guet. Personne ne te verra.

Buisson lui jette un regard mauvais. L'Évadé ne va pas commencer à faire sa rosière, non !

– Et si ça tourne mal ? insiste Courgibet.

– Impossible, réplique le bandit.

En se rengorgeant, il explique à son futur complice que la bande a loué un magasin près de la banque. Déguisés en peintres et en maçons, ils observeront le manège des employés, noteront les horaires de leurs allées et venues.

– Une fois le coup fait, on fera mine de fuir en bagnole. En fait, on se glissera dans la boutique où on attendra que tombe la nervosité de ces messieurs de la maison Poulaga.

Que répondre ? Sans l'aide de Buisson, Courgibet ne tiendrait pas un mois à Paris. Si le Milieu le lâche, il est cuit. Il se résigne donc, la mort dans l'âme.

– D'accord, j'en suis.

En cette fin d'après-midi du 29 décembre 1937, une bise aigre siffle dans les rues de Troyes. Quelques rares passants, pressés de retrouver la chaleur bienfaisante de leur domicile, rasent les murs. Et dans la boutique dont le rideau de fer a été baissé, cinq hommes attendent le moment de passer à l'action.

– Qu'est-ce qu'ils peuvent foutre ? s'inquiète Buisson à l'adresse du guetteur. Toujours rien, Milo ?

Milo, c'est Courgibet qui, par une fente du volet métallique, surveille l'entrée de la Banque de France.

– Rien.

– Fais voir!

Brutalement, Émile Buisson l'a écarté de son poste d'observation, et a collé son œil à l'interstice, le nez plaqué à la paroi.

– Je comprends pas. D'habitude, il y a pas une minute de retard.

D'habitude, oui. Buisson a réglé son coup, un coup parfait, comme un mécanisme d'horlogerie. Chaque jour à la même heure, trois employés du Crédit lyonnais, trois braves pères de famille, Forestier, Chevalier et Descombes, véhiculent, dans leur sacoche, des millions prélevés à la Banque de France, de l'autre côté de la place. Le rite est immuable. Ils quittent le Crédit à 15 heures 45, passent devant la vespasienne décorée aux couleurs bleu et rouge de Cinzano, l'apéritif qui donne de l'appétit, et pénètrent, cinq minutes plus tard, dans les locaux de la banque. Le temps de descendre à la salle des coffres, de procéder au comptage des billets que le directeur leur remet en échange d'un bordereau, et les trois hommes abandonnent les lieux. L'opération ne dépasse jamais la demi-heure. Plutôt moins que plus. Les employés, sans méfiance, retraversent la place pour gagner leur établissement. Que pourraient-ils craindre, d'ailleurs, puisque dans leur ville aucune agression ne s'est jamais produite et que deux cents mètres à peine séparent les deux banques!

C'était sans compter avec Émile Buisson qui a eu l'ingénieuse idée de repérer une boutique en location, proche de la place, et de la louer, sous un faux nom, par l'intermédiaire de la maîtresse de son frère.

– Briefing, avait-il annoncé huit jours plus tôt, le plan de la ville étalé devant lui.

Comme toujours, dans ces veilles d'attaque, il s'exprime face à ses cinq complices avec la solennité d'un chef d'état-major.

– Il suffit de guetter le moment où les trois lascars pénètrent à la Banque de France. On sait qu'ils en ont pour une demi-heure très exactement. Le vieux Johanny m'a bien renseigné et j'ai vérifié. A 16 heures 10, toi, Lucien, et toi, Charlot, vous allez vous planquer dans la pissotière. Je vous y rejoindrai. De là, on verra la sortie de la banque. Toi, Eloy, tu te fous dans l'Hotchkiss, rue du Colonel-Driant. Quand tu nous vois braquer, tu mets le moteur en marche, tu viens au-devant de nous et tu nous cueilles au vol. Tu vires dans la première rue à droite, que tu vois là, sur le plan, et tu nous déposes vite fait sous le porche de la baraque médiévale en cours de restauration. On se colle les blouses et les pantalons de peintre qu'on y a planqués dans un cagibi et on revient tranquillement, une échelle sur le dos et les pinceaux à la main, à la boutique où on planque. Vu ?

Les autres approuvent en silence.

– Et si la voiture a été repérée ? demande Courgibet.

Buisson hausse les épaules.

– Toi, l'Évadé, tu me fatigues avec tes états d'âme. Le temps que les flics se réveillent, Eloy sera loin, avec le pognon sous son siège et son caniche sur les genoux. Qui veux-tu qu'on arrête avec un toutou sur les guiboles ? Tu rigoles ou quoi ? T'as pas vu la gueule de Pauly, on dirait un moine en rupture de confessionnal !

Lucien Blanchard, Charles Desgrandchamps, Eloy Pauly et Henri Schlick, tous repris de justice, sont aux anges. Buisson leur a promis, selon les tuyaux de Johanny Berthoin, le vieux propriétaire du bordel du coin, une rentrée d'au moins un million de francs. Ce devrait être la plus grosse prise de l'époque. Malheureusement, les minutes passent, Courgibet est toujours aux aguets, Buisson s'énerve de plus en plus, et Blanchard et Desgrandchamps, cloîtrés dans l'urinoir, s'impatientent d'autant plus que des Troyens veulent s'y soulager.

– Si on laissait tomber ? propose Courgibet. Quand ça traîne comme ça, c'est que ce n'est pas bon signe. J'en ai l'œil qui pleure à force de mater.

– Ils vont bien finir quand même par sortir, merde ! On a beau être le 29 décembre, ils n'en sont pas encore à fêter le nouvel an !

Ce qu'il ne peut deviner, Émile Buisson, c'est que dans le sous-sol de la banque, les employés ne sont pas à la noce. Voilà trois fois qu'ils recomptent les billets écornés, et la somme de un million huit cent mille francs n'y est toujours pas. Il n'y manque pas grand-chose, certes, mais même sur une pareille somme, une erreur de trois centimes est intolérable pour des professionnels.

– Je vais à la pissotière voir ce qui se passe, fulmine-t-il. Tu te rends compte, ça fait plus d'une heure qu'on poirote et on y verra bientôt plus clair !

La nuit est en effet tombée. Les lampadaires éclairent la place d'un blanc laiteux.

– Dès que tu les vois sortir, Milo, tu fonces prévenir Eloy qui doit se geler les grelots dans sa bagnole. Faut pas qu'il laisse le moteur refroidir.

La main dans la poche de sa veste, les doigts crispés sur la crosse de son énorme revolver à barillet, Buisson se dirige vers l'urinoir d'un pas accéléré. Il consulte sa montre. Les aiguilles marquent 5 heures 25. Courgibet a saisi, avant son départ, le coup d'œil mauvais qu'il lui a lancé. Un regard noir, qui pue la mort. « Pourvu qu'il ne tire pas sur ces pauvres types », pense-t-il.

Soudain, trois silhouettes apparaissent sur le seuil de la Banque de France. L'une d'elles porte une sorte de musette en bandoulière, les deux autres des sacoches. Un temps d'arrêt, un coup d'œil à droite, un autre à gauche. En fait, Forestier, Chevalier et Descombes ne regardent pas vraiment. Le coup d'œil fait partie de la routine, voilà tout. Ils s'engagent sur le trottoir puis sur la place, en direction de la vespasienne. Ils n'en sont qu'à cinq mètres quand trois hommes en jaillissent, revolver au poing.

– Le fric, vite! intime le plus petit, un bonhomme dont l'œil noir lance des éclairs, le regard d'un fou qui tirerait sans hésiter.

Les employés le comprennent tout de suite. Les bandits empoignent les sacoches alors qu'une voiture, une conduite intérieure de couleur sombre, glisse jusqu'à eux, sur la chaussée, au ras du trottoir. Ils s'y engouffrent, la voiture accélère et disparaît dans une rue adjacente.

Alors Descombes et Forestier recouvrent leurs esprits en même temps que leur voix :

– Aux voleurs! crient-ils, avec un ensemble parfait.

Des portes s'ouvrent, des gens sortent. En un clin d'œil, la place est remplie d'une vingtaine de personnes. D'autres viennent aux nouvelles, courent dans tous les sens. On ne comprend pas.

Un grelottement de sonnerie se fait entendre. Quelqu'un a eu l'idée de déclencher le signal d'alarme de la banque.

Tandis que la foule grossit et commente l'événement, personne ne prête attention aux trois peintres vêtus de blouses tachetées de couleurs, portant seaux et échelles, qui se coulent dans l'ancien magasin de Mlle Nas, la coiffeuse, insoucieux des cris et des gesticulations de la place. Après tout, leur journée est finie, de quoi se mêleraient-ils ?

Soigneusement, Courgibet a refermé la porte derrière les arrivants. Il est soulagé. Aucun coup de feu n'a retenti. Une veilleuse projette sa lumière tremblotante dans la boutique. Sans mot dire, le groupe descend à la cave que Buisson a fait aménager en salle de repos. Des boîtes de conserve vides traînent sur le sol, entre les matelas et les assiettes sales.

– Milo, ouvre la roteuse, commande-t-il. Faut qu'on arrose ce coup-là.

Courgibet sort d'un seau d'eau fraîche une bouteille de champagne, fait sauter le bouchon. Des verres se tendent vers lui.

– Au fric ! lâche Buisson en guise de toast. Je crois qu'il y en a un bon paquet. On se tient peinard encore un jour, puis on s'en va, un par un, par le train. Nettoyage fait, bien sûr, à cause des empreintes. Mais le nettoyage n'est-il pas le boulot des peintres ?

Il avale son verre cul-sec.

– Et ce n'est qu'un début, enchaîne-t-il. Parce que, dans trois jours, on remet ça. Une affaire superbe, les Magasins généraux de l'île Saint-Denis. Il paraît qu'il y a trois ou quatre briquettes à prendre. Quand on a la main, faut pas s'arrêter ! Pas vrai, Milo ?

Tout le monde opine du chef. Buisson bombe le torse, sourit, impérial. Soudain, son sourire s'efface :

– Qu'est-ce qu'il y a, Milo ? Tu as l'air de faire la gueule.

Courgibet ne fait pas vraiment la gueule, non. Mais, visiblement, il ne partage pas l'enthousiasme général.

– Moi, les gars, je laisse tomber, finit-il par dire.

Puis, se tournant vers Buisson :

– Émile, tu me connais. Ce boulot n'est pas fait pour moi.

– Qu'est-ce qui te prend, d'un seul coup ? grommelle son « protecteur ». Il n'y a même pas eu un coup de flingue !

– Ça pourrait arriver. Je vous laisse ma part puisque je n'ai pas fait grand-chose. Tout ce que je te demande, c'est un petit peu de fric pour me tirer.

En vérité, Desgrandchamps et les autres s'en moquent. Ils n'ont jamais considéré Courgibet comme appartenant à leur clan. C'est un copain de Buisson, à lui de décider.

Celui-ci réfléchit un instant.

– Tu fais ce que tu veux, Émile, dit-il enfin. Je sais que ce n'est pas toi qui nous balancerais. Mais ta vie te regarde. Tu as quelque chose derrière la tête ?

– Oui. Ici, en France, c'est chaud pour moi. Je parle l'anglais, j'ai un métier, je vais tenter ma chance aux États-Unis. Je me débrouillerai bien là-bas. Le tout est d'y entrer.

– Vois le Bombé, dit Buisson. Il te filera tous les tocs que tu veux.

Un matin de juin 1938, un homme présente son passeport aux douanes françaises avant d'embarquer sur le *Normandie.* Il se nomme Fernand Châtelain. Ce sera dorénavant l'identité d'Émile Courgibet, dit Milo l'Évadé. Grâce à Buisson, il a pu se procurer de quoi entamer une nouvelle vie, une nouvelle existence aux États-Unis.

Cette autre vie de Courgibet sera exemplaire. Peu après son arrivée à New York, il trouve du travail comme ébéniste. Puis son patron décède et sa veuve lui cède l'atelier. En 1945, il s'établit donc à son compte au 227 East 50th Street.

L'affaire prospère rapidement. L'ancien apprenti du faubourg Saint-Antoine travaille même pour la Maison Blanche. Sa demande de naturalisation reçoit un avis favorable. Le 26 novembre 1949, il épouse Mary Austin, une couturière. Le passé est loin. Le bagne n'est plus qu'un souvenir, un cauchemar qui, rarement, le visite la nuit. D'ailleurs, le bagne a disparu, supprimé en 1936, après les campagnes du journaliste Albert

Londres. Il reste encore à Saint-Laurent-du-Maroni quelques centaines de relégués, mais les bâtiments pénitentiaires sont peu à peu engloutis par la végétation. Courgibet-Châtelain est un honorable citoyen de New York, une fourmi parmi les millions qui s'activent au pied des gratte-ciel, qui encombrent les rues au volant de leurs voitures. Des citoyens d'un monde en perpétuelle mutation.

Dans les premières semaines de 1952, Fernand Châtelain est convoqué par les agents du FBI. De Paris, un inspecteur de police de la rue des Saussaies, nommé Borniche, demande des renseignements : Châtelain aurait été mêlé, sous un autre nom, à un hold-up, quinze ans auparavant, après s'être évadé du bagne.

Ne pouvant croire qu'un repris de justice ait pu vivre depuis si longtemps sur le sol américain sans y être inquiété, l'homme de l'Immigration veut lui laisser une chance :

– Jurez sur la Bible que Fernand Châtelain est bien votre nom.

En un éclair, Courgibet entrevoit la fin de sa vie d'honnête d'homme. Il veut la préserver, préserver surtout sa jeune femme, son foyer.

– Je le jure, répond-il, la gorge nouée.

C'est son erreur. Les Américains ne pardonnent pas à un parjure dans un pays où un grand nombre d'administrations se contentent de la parole donnée.

***

Le 15 février au matin, Émile Courgibet, dit Milo l'Évadé, franchit tête basse le porche de la Sûreté nationale. Je l'observe. Un frémissement des narines, une larme qui perle à son œil, un murmure :

– Tout est fichu, maintenant, pauvre fille.

Il pense à son épouse. Ce sera son seul instant d'émotion. Le reste, pour Leclerc, pour moi, ce n'est que de la routine : procès-verbal d'arrestation et notification du mandat d'arrêt pour évasion. Avec, bien entendu, le récit de l'arrestation à Chenevier qui s'empresse de prévenir les journalistes. La photographie de Milo l'Évadé s'étale en grand dans les journaux.

Telle fut la vie d'Émile Courgibet. Croyez-moi, il ne s'agit pas d'une histoire, d'un roman. Dans les heures qui ont suivi mon retour à Paris, j'ai ressorti le dossier de l'affaire de Troyes, reçu les confidences de Buisson, enregistré les aveux de Courgibet soulagé de pouvoir libérer sa conscience. La confrontation ne fut même pas orageuse. Pas une fois Milo l'Évadé reprocha à son ancien complice de l'avoir mis en cause.

J'étais accablé. A cause de ses aveux, je ruinais la vie d'un homme qui s'était battu pendant près de trente ans pour redevenir honnête. Avec Claudius Liogier et René Girier, il est de ceux pour qui j'ai éprouvé une réelle sympathie.

De mon mieux, j'ai essayé d'atténuer la rigueur de l'Administration. Au procès, Chenevier et moi avons témoigné en sa faveur. J'ai même plaidé sa cause, mais il faut croire que l'aune des juges différait de la nôtre.

Le 24 avril 1953, malgré une belle envolée oratoire de Me Jean Odin, Courgibet en a pris pour cinq ans. Cinq années de réclusion à « tirer » en France, cette fois. Et Milo l'Évadé a disparu dans l'anonymat de l'univers carcéral d'une centrale de province.

Le remords me tenaillait. J'ai continué mes démarches. Un ami, convaincu par mon zèle, est intervenu auprès du garde des Sceaux de l'époque, M. François Mitterrand.

Et le 31 mai 1954, Émile Courgibet bénéficiait d'une remise de peine. Je ne l'ai jamais revu. Juste un coup de téléphone avant son départ pour me dire adieu. Les Américains n'avaient rien à lui reprocher, il a pu rentrer chez lui.

Dois-je le dire ? Je n'ai jamais non plus cherché à avoir de ses nouvelles. J'ai toujours voulu ignorer Fernand Châtelain, un ébéniste américain honnête, qui n'avait rien à voir avec la police.

Il y aura bientôt quarante ans, j'étais au Havre, par une nuit sans lune secouée de rafales et de trombes d'eau. Je piaffais d'impatience sur un quai désert, au pied d'un sémaphore, rageant de ne pouvoir grimper à bord de l'*America* dont les hublots lumineux me narguaient, au large.

L'homme que je venais arrêter est aujourd'hui mort, sans aucun doute. Il m'arrive souvent de penser à lui et de m'en vouloir.

La prescription de la peine est trentenaire, c'est-à-dire qu'elle donne au criminel le privilège de ne plus être poursuivi lorsqu'une durée de trente ans s'est écoulée. Émile Courgibet s'est évadé du bagne le 20 septembre 1922. Je l'ai arrêté le 15 février 1952, à quelques mois seulement de la prescription.

Il n'avait pas été identifié formellement dans l'affaire de Troyes. Seule sa franchise l'a fait condamner.

C'est dur, parfois, d'être flic.

Mais être flic, n'est-ce pas aussi un métier d'honnête homme ?

Épilogue

En cette froide matinée d'octobre, proche de la Toussaint, j'ai trouvé refuge dans l'ambiance ouatée du Santa-Maria, le bar proche de la Sûreté nationale, là où les flics aiment venir admirer les mannequins du faubourg Saint-Honoré.

Juché sur un tabouret, devant une tasse de thé au jasmin, je dissèque l'arrêté qui vient de transformer le fonctionnaire d'autorité que j'étais en un civil anonyme et inoffensif.

« Qu'est-ce qui t'a poussé à faire un métier pareil ? » s'était autrefois exclamé le brave Martin Cayla, l'éditeur heureux de *Deux œufs durs dans du porto.* Sans s'en rendre compte, il m'avait fait pénétrer dans le monde interlope de la truanderie.

Le « métier pareil », je ne le ferai plus. Officiellement du moins. Je ne suis plus flic. Une signature ministérielle a suffi pour m'accorder, pour une durée maximum de deux ans, la disponibilité que je souhaitais, avec en plus, et en récompense de mes états de service, l'autorisation spéciale d'exercer pour mon compte la profession d'agent privé de recherches. Détective, en quelque sorte. S'il m'arrivait, par hasard, d'échouer dans l'exercice de ma nouvelle spécialité, j'aurais toujours la possibilité de réintégrer le bureau de la PJ que l'Administration a meublé, sans se ruiner, d'une table en bois blanc, de deux chaises dépareillées, d'une machine à écrire archaïque et d'un téléphone sans cadran.

Le commissaire-adjudant Doujon, voué aux tâches administratives, n'a pas accepté de bon cœur ma décision de quitter la police. Pour ce vieux fonctionnaire aux manches de lustrine, je suis un renégat. Lorsque j'ai frappé à sa porte, j'ai de suite senti qu'un abîme nous séparait. Il m'a toisé de bizarre façon sous ses sourcils charbonneux, m'a prié d'aligner sur sa table encombrée de paperasses les accessoires de la panoplie policière : le pistolet dont je ne me suis jamais servi, les sept balles piquées de vert-de-gris, qu'il a recomptées trois fois pour être certain de ne pas se tromper, l'insigne en métal doré, la carte tricolore ornée de ma photographie, les cartes millésimées de circulation gratuite sur les réseaux du métro, des autobus et de la SNCF...

– Et les menottes ! a-t-il rugi comme s'il interrogeait un coupable.

Les menottes m'appartiennent. Elles ont enserré les poignets de truands, célèbres ou non, sympathiques ou non. Je les conserve comme des reliques. Elles sont le témoin d'une époque révolue, elles ont vu la chute de marginaux qui ont dû les supporter, malgré eux. Celles que l'on m'avait octroyées, lors de mon entrée dans la Boîte, ne comportaient pas de clé. Je les avais refusées et je m'en étais procuré une paire, à mes frais, chez un armurier de la rue de Richelieu.

– Bon, a maugréé Doujon, gardez-les, vos menottes. Je me demande bien à quoi elles pourront vous servir.

Puis il avait ajouté :

– ... Dans le fond, vous êtes un marginal, vous aussi. Vous n'avez jamais été un vrai flic.

Si ce qu'on appelle être un vrai flic est de pratiquer le

passage à tabac pour obtenir des aveux, de moucharder ses collègues pour se faire valoir auprès des autorités supérieures, de manquer d'impartialité, d'objectivité, de loyauté dans les enquêtes, de courir après avancement et décorations, non, je ne suis pas un vrai flic.

J'ai signé le procès-verbal de restitution et je suis allé dire au revoir aux amis. Là aussi, j'ai réalisé que je ne faisais déjà plus partie de la « famille ». Mon bureau n'était plus le mien, ma table avait changé de place, disposée en biais dans l'angle de la pièce, devant la fenêtre à guillotine. Cela faisait, paraît-il, plus sérieux. Ce bureau, je l'avais créé, j'y avais grandi. J'y avais fait venir des collègues que je croyais fidèles en amitié, que j'avais emmenés dans mes coups et fait monter en grade.

J'avale le thé bouillant, quitte le bar. A l'angle de la rue des Saussaies, je me retourne pour contempler une dernière fois le portique sur lequel est gravée la raison sociale de mon ex-employeur : MINISTÈRE DE L'INTÉRIEUR. Je revois la larme de Courgibet, la mine défaite de René la Canne, les yeux noirs et anormaux de Buisson, le sourire de Marcantoni.

Puis j'enfile la rue d'Astorg.

Ce trajet, je l'ai fait cent fois, mille fois, seul ou en compagnie de mon patron. Chenevier aimait que chaque soir nous discutions des dossiers en cours devant l'apéritif du café des Arcades, boulevard Haussmann. Nous mettions au point les opérations du lendemain. Tout cela appartient au passé. A moins d'une réintégration éventuelle, ce qui m'étonnerait, il ne faut plus compter sur les auditions de témoins, les interrogatoires de suspects avec lesquels je jouais comme le chat avec la souris, les perquisitions pointilleuses et les arrestations au petit matin.

Je ne suis plus flic. Je m'en aperçois au bas des marches de la station de métro Saint-Augustin. Par habitude, j'ai plongé la main à l'intérieur de ma veste pour exhiber ma carte de circulation. Geste automatique, assuré, rituel. Je l'ai ressortie vide. Bêtement, je remonte l'escalier et j'achète, comme tout le monde, un ticket de seconde. Hier encore je voyageais en première classe.

Place Blanche, je retrouve la bonne vieille odeur de mon quartier que dominent le Sacré-Cœur de Montmartre, les cris des marchandes des quatre-saisons de la rue Lepic. Un Nord-Africain, sous le manteau, expose un objet noir. Je m'approche, intéressé. J'ai le temps d'apercevoir un colt, une arme qui a pu tirer, dont l'identité judiciaire aimerait peut-être posséder les caractéristiques.

Il faut agir. Je me prépare à annoncer « Police ! », ce mot fatidique qui cloue au sol les délinquants, à saisir le Nord-Africain par le bras pour l'entraîner vers le poste de police de la rue Ballu. Je me ressaisis. En vertu de quoi ? Je me sens tout à coup démuni, sans fonction, sans pouvoir. Cependant, j'insiste.

– Fais-moi voir ce flingue.

L'homme, surpris, a eu un geste de méfiance. Il referme les pans de son vêtement, s'écarte de moi à mesure que j'avance. Son œil noir ne me quitte pas. Son visage s'est crispé. Il détale vers la rue Coustou, me laissant pantois sur le bord du trottoir.

Je ne suis plus flic. Je n'ai plus ni carte, ni insigne de police. Je me suis débarrassé de tous ces attributs de la fonction policière. Par contre, je ne me déposséderai jamais de cette acuité du regard que, par force de l'habitude, j'ai acquis au fil des années. Que je le veuille ou non, je suis marqué. Je la conserverai longtemps, ma gueule de flic.

« Qu'est-ce qui t'a poussé à faire un métier pareil ? » demandait le brave Martin Cayla.

Los Angeles, 1990.

TABLE DES MATIÈRES

Cet ouvrage a été réalisé par la
SOCIÉTÉ NOUVELLE FIRMIN-DIDOT
Mesnil-sur-l'Estrée
pour le compte de France Loisirs
en juillet 1991

Imprimé en France
Dépôt légal : juillet 1991
N° d'édition : 25491 – N° d'impression : 18241